Das Thema Welternährung wird in den nächsten Jahren weiter an Brisanz gewinnen: Schon jetzt haben über 800 Millionen Menschen keine ausreichende Ernährung. Die Unterschiede zwischen Arm und Reich wachsen; die Zahl der Armen wird weiter zunehmen; ohne neue, verstärkte Anstrengungen wird es nicht gelingen, Fehl- oder Mangelernährung zu bekämpfen. Eine Steigerung der Nahrungsmittelproduktion, die zudem möglichst umweltschonend sein muß, eine gerechte Verteilung der Nahrungsmittel und der sichere Zugang gerade der Armen zu Nahrung sind daher von großer Dringlichkeit.

Das »Jahrbuch Welternährung« füllt eine Lücke. Es beschäftigt sich umfassend mit dem Thema und seinen Facetten: Landwirtschaft und Fischfang, Armut und Wohlstand, Handel und Technologie, Politik und Verbraucherverhalten. Das Jahrbuch will Handbuch und Diskussionsanstoß gleichzeitig sein; es liefert in einem ersten, regelmäßig aktualisierten Teil Grunddaten und Basisinformationen, analysiert Trends und beschreibt Lösungsmöglichkeiten. Jede Ausgabe hat zudem einen thematischen Schwerpunkt; in dieser ist es der wichtige Beitrag, den die kleinbäuerliche Landwirtschaft zur weltweiten Ernährungssicherung leistet. Der dritte Teil dokumentiert in Daten und Fakten die aktuelle Lage sowie Trends der Welternährung. Ein erstmals in diesem Jahrbuch präsentierter »Ernährungsindex« ermöglicht einen internationalen Vergleich der Ernährungssituation. Ein Anhang mit kommentierten Literaturhinweisen, Internet-Adressen und einem Register schließt den Band ab.

Deutsche Welthungerhilfe (Hg.)

Jahrbuch Welternährung

Daten, Trends, Perspektiven

Fischer
Taschenbuch
Verlag

Deutsche Welthungerhilfe, Bonn,
in Zusammenarbeit mit dem
Zentrum für Entwicklungsforschung
an der Universität Bonn (ZEF)
und dem International Food Policy
Research Institute (IFPRI), Washington, D.C.

Redaktion:
Uwe Hoering (Gesamtkoordination; Schwerpunkt; Anhang)
Torsten Feldbrügge, ZEF (Die Lage der Welternährung; Daten, Fakten, Trends)
Namentlich gekennzeichnete Beiträge geben nicht unbedingt
die Auffassung des Herausgebers,
des International Food Policy Research Institute (IFPRI), Washington, D.C.,
oder des Zentrums für Entwicklungsforschung an der Universität Bonn (ZEF) wieder.

Originalausgabe
Veröffentlicht im Fischer Taschenbuch Verlag GmbH
Frankfurt am Main, April 2000

Schaubilder: Christiane v. Solodkoff, Neckargemünd
Karten: bitmap, Mannheim
Satz: Fotosatz Otto Gutfreund GmbH, Darmstadt
Druck und Bindung: Clausen & Bosse, Leck
Printed in Germany
ISBN 3-596-14670-4

Inhalt

Die Lage der Welternährung: Daten, Fakten, Trends

Anhang

Vorwort

I.

Vielleicht war es Optimismus, vielleicht der Glaube an den technischen Fortschritt, vielleicht war es aber auch als Ansporn gedacht, als die Welternährungskonferenz 1974 verkündete, daß binnen zehn Jahren niemand mehr hungern solle. 1996, mehr als 20 Jahre später, war der Welternährungsgipfel in Rom schon sehr viel zurückhaltender. Da vereinbarten die Regierungen »nur« noch, bis spätestens zum Jahre 2015 die Zahl der weltweit Hungernden zu halbieren. Doch allen Versprechen und Vereinbarungen zum Trotz bleiben Hunger und Mangelernährung auch zu Beginn des neuen Jahrhunderts ein weltweites Problem, und wir sind weit davon entfernt, selbst das Ziel des Welternährungsgipfels zu erreichen. Ja, der anhaltende Hunger von über 800 Millionen Menschen ist eine der großen, wenn nicht die größte Herausforderung des neuen Jahrhunderts. Mit dem *Jahrbuch Welternährung* möchte die Deutsche Welthungerhilfe über diese Herausforderung präzise und umfassend informieren. Doch das Jahrbuch bleibt nicht bei der Beschreibung stehen, es will auch Lösungsvorschläge präsentieren und – mitunter kontrovers – diskutieren. Durch ihre eigenen Erfahrungen und ihre enge Zusammenarbeit mit Partnern in den Entwicklungsländern kann die Deutsche Welthungerhilfe dabei auch deren Stimmen in die Bestandsaufnahme und die Suche nach Handlungsmöglichkeiten einbringen.

II.

Von Unterernährung sprechen wir dann, wenn die tägliche Energiezufuhr unter dem Bedarfsminimum – durchschnittlich 2300 Kalorien am Tag – liegt, das für einen gesunden Körper und ein gesundes, aktives Leben benötigt wird. Die Folgen von Hunger und Unterernährung auf Menschen sind Auszehrung und Schwächung des Körpers, Apathie, Verlust an Kreativität, Abnahme der Abwehrkräfte gegen Krankheiten, bei Kindern Ausbleiben des Körperwachstums. Hunger und Armut beeinträchtigen auch die Würde der Menschen. Sie sind darüber hinaus eine Verschwendung gesellschaftlicher Ressourcen.

Hunger existiert nicht etwa deshalb, weil es nicht genug Nahrungsmittel geben würde, sondern weil so viele Menschen arm sind und keinen Zugang zu produktiven Ressourcen, Einkommen, Gesundheits- und Bildungseinrichtungen haben. Selbst wenn in Zukunft die Nahrungsmittelproduktion weiterhin schneller wachsen wird als die Weltbevölkerung, wird das nicht automatisch dazu führen, daß Armut, Hunger und Mangelernährung verschwinden.

Wir wissen auch, daß die Regierungen der von Hunger betroffenen Länder oft zu wenig für die ländliche Entwicklung, für die Bäuerinnen und Bauern tun. Beratungsdienste und Kreditmöglichkeiten fehlen; in die ländliche Infrastruktur, in den Bau von Straßen beispielsweise, in Bildung und Schulen oder in die Gesundheitsdienste wird zu wenig investiert. Kleinbauern sind mit unsicheren Bodenrechtsverhältnissen konfrontiert.

Aus Armut und Unsicherheit, aber auch aus Profitgier werden Böden übernutzt und ausgelaugt und verschlechtern sich zunehmend. Die Folge davon ist Erosion: fruchtbarer Boden geht verloren und damit die Möglichkeit, sich vom Ackerland zu ernähren. Aus dieser Not heraus verlassen viele Menschen ihre angestammte Heimat, ziehen in die Städte und vergrößern dort die Slums und das Heer der Armen – ein Grund, warum die Städte in den meisten Entwicklungsländern dramatisch wachsen.

Diese Probleme werden verschärft durch Regimes, die Hunger als Waffe in innenpolitischen Auseinandersetzungen einsetzen; sie werden verschärft durch unfähige oder korrupte Regierungen, durch Kriege und Bürgerkriege, durch undemokratische Verhältnisse und durch fehlende Interessenvertretungen der Menschen durch eigene Organisationen, wie beispielsweise Frauenvereinigungen oder Bauernverbände.

Eine erfolgreiche Strategie gegen den Hunger muß deshalb mindestens zwei Aspekte umfassen: Technische Neuerungen, die Produktionssteigerungen bringen, sind dazu ebenso notwendig wie politische und soziale Reformen.

III.

Hunger und krasse Armut – wo auch immer sie auftreten – dürfen besonders von reichen Gesellschaften nicht akzeptiert werden. Wer Hunger leidet, muß und wird allerdings in aller Regel zunächst versuchen, sich selbst zu helfen. Damit ist der einzelne oft jedoch überfordert, so daß Handeln anderer Menschen notwendig wird – zunächst in der unmittelbaren Umgebung, der Familie, dem Dorf, dem Land bis hin zu uns. Das heißt für die Deutsche Welthungerhilfe: Leitprinzip unserer Hilfe ist die Hilfe zur Selbsthilfe; denn die Menschen kennen ihre Nöte und Lebensumstände am besten und haben selbst das größte Interesse an einer Veränderung. Eine aktive Mitwirkung und Mitentscheidung der Betroffenen ist der Schlüssel für jede erfolgreiche Strategie gegen den Hunger.

Wir sind noch sehr weit entfernt vom Ziel des Welternährungsgipfels oder gar von der Verwirklichung des Menschenrechts auf angemessene Ernährung, das schon 1948 proklamiert wurde und für das wir eintreten. Über 1,3 Milliarden Menschen auf dieser Erde sind arm und haben keinen angemessenen Zugang zu Nahrungsmitteln, zu Land, Wasser und Krediten, zu Einkommensmöglichkeiten.

Uns geht es darum, einem Teil dieser Menschen eine Chance zur Selbsthilfe zu geben. Die Staaten und die Staatengemeinschaft müssen diese Chancen durch verbesserte Rahmenbedingungen unterstützen, beispielsweise durch Land- und Agrarreformen, stimmige Konzepte ländlicher Entwicklung, öffentliche Investitionen in die ländliche Infrastruktur und die Förderung privater Investitionen im Rahmen einer gerechteren Sozialpolitik.

In den Entwicklungsländern leben 60 bis 80 Prozent der Menschen nicht nur auf dem Land, sondern auch vom Land. Dementsprechend leben auch die meisten Hungernden in den ländlichen Regionen. Diese schlichte Tatsache, die wir aus unserer westeuropäischen Sicht – in Deutschland etwa leben nur noch drei Prozent der Bevölkerung von der Landwirtschaft – leicht vergessen, schließt auch aus, das Problem mit den Lebensmittelüberschüssen unserer Landwirtschaft im Norden zu lösen. Es ist zwar richtig, daß wir – global gesehen – genug Nahrungsmittel produzieren, um sechs Milliarden Menschen und auch mehr zu ernähren. Die Verteilung der Nahrungsmittel an Entwicklungsländer wäre aber eine kostspielige und unsinnige Methode: Die Armen haben kein Geld, um Nahrungsmittel zu kaufen. Transport und Verteilung wären zu teuer und zu kompliziert. Außerdem würde ein zusätzlicher Verbrauch an Dünger und Chemie unsere Umwelt noch mehr belasten.

Im Mittelpunkt unserer Bemühungen stehen deshalb die Bauern in den Entwicklungsländern, die Nahrungsmittel für sich selbst und für andere anbauen und damit einen Beitrag zur Versorgung ihres Landes leisten. Über die Vermarktung ihrer Produkte können sie zusätzlich Einkommen erwirtschaften, um daraus ihre grundlegenden Bedürfnisse nach Medizin, Kleidung, sauberem Trinkwasser oder dem Schulbesuch ihrer Kinder zu befriedigen. Von einer funktionierenden Landwirtschaft – das lehrt uns die eigene Geschichte – gehen auch wichtige Entwicklungsimpulse für andere Wirtschaftsbereiche aus.

IV.

Mit dem International Food Policy Research Institute (IFPRI) in Washington und dem Zentrum für Entwicklungsforschung an der Universität Bonn (ZEF) konnte die Deutsche Welthungerhilfe zwei international angesehene und kompetente Partner aus der Wissenschaft bei der Verwirklichung dieses Jahrbuches gewinnen. IFPRIs Aufgabe besteht darin, nationale und internationale Strategien und Vorschläge für politische Entscheidungen zu erarbeiten, um eine nachhaltig gesicherte Ernährung vor allem in den ärmsten Ländern und für die armen Bevölkerungsteile unter Berücksichtigung der nationalen Ressourcen zu erreichen. IFPRI hat sich vor allem mit den Prognosen und Empfehlungen im Rahmen seiner Initiative »A 2020 Vision for Food, Agriculture and the Environment« einen Namen gemacht. Das noch junge, seit 1997 bestehende Zentrum für Entwicklungsforschung (ZEF) ist eine international ausgerichtete Forschungseinrichtung der Universität Bonn. Die Wissenschaftler beteiligen sich an der Lösung globaler Entwicklungsprobleme. Durch ihre Forschung in den Bereichen Ernährungssicherung, Naturressourcen und Gesundheit leisten sie einen Beitrag zur Reduzierung der absoluten Armut und zu einer nachhaltigen Entwicklung. In Agrar- und Ernährungsfragen arbeiten ZEF und IFPRI zusammen.

Das Thema Welternährung ist zu komplex, um einfache Lösungen anzubieten. Und es gibt je nach Standpunkt oder Interessenlage verschiedene Strategien mit sehr unterschiedlichen Auswirkungen auf Landwirtschaft und Ernährung. Ernährungswissenschaftler setzen andere Schwerpunkte als Agrarwissenschaftler, Agrokonzerne andere als Handelspolitiker, Regierungen von Entwicklungsländern andere als die von Industrieländern, private Entwicklungsorganisationen wiederum andere als Regierungen. Das *Jahrbuch Welternährung* gibt solchen unterschiedlichen Positionen und kontroversen Auffassungen Raum.

Zu den besonders kontrovers diskutierten Themen gehören die Vor- und Nachteile der »Grünen Revolution«, der Gentechnologie und der weltweiten Handelsliberalisierung:

- Unstrittig ist, daß die »Grüne Revolution« durch verbessertes Saatgut, Chemieeinsatz, Mechanisierung und Bewässerung höhere Produktivität brachte und damit die Gefahr von Hungerkrisen vermindert hat. Beobachter machen aber auch geltend, daß ihr Ansatz, der sich auf Gunststandorte und Technologie konzentrierte, Arbeitslosigkeit, Landlosigkeit und Landflucht förderte und damit zum Wachstum städtischer Slums, zu Armut und Verelendung beigetragen hat.
- Kann die Gentechnologie die Ankündigungen, einen entscheidenden Durchbruch im Kampf gegen Hunger und Armut zu leisten, einlösen? Sollte sie deshalb vorrangig gefördert und unterstützt werden? Bisherige Erfahrungen – so Kritiker – nähren angesichts des bestimmenden Einflusses gewinnorientierter Interessen und Prioritäten auf Forschung, Entwicklung und Nutzung der Gentechnologie Skepsis, zumal die Risiken für Umwelt oder Gesundheit noch gar nicht absehbar seien.
- Erste Erfahrungen mit der Öffnung der Märkte und dem Abbau von Subventionen als Ergebnis der GATT-Uruguay-Runde zeigen Licht- und Schattenseiten. Sowohl Kritiker als auch Befürworter fühlen sich bestätigt. Die positiven Auswirkungen sind allerdings in der Regel für die Armen, insbesondere auf dem Land, am geringsten. Mehr noch: Gerade diese Gruppe könnte durch verschärfte internationale Konkurrenz, Preisschwankungen und den Abbau staatlicher Unterstützung besonders hart getroffen werden. Eng damit zusammen hängt die Frage, ob für Entwicklungsländer die Selbstversorgung mit Grundnahrungsmitteln – gegebenenfalls in begrenztem Umfang ergänzt um Importe – und der Schutz kleinbäuerlicher Landwirtschaft Vorrang haben sollten vor einer Ausweitung der Exportproduktion, die zu Abhängigkeit von Nahrungsmittelüberschüssen und marktbeherrschenden Konzernen führen kann – und dafür gegebenenfalls auch protektionistische Maßnahmen gerechtfertigt wären. Private Organisationen und Regierungen der Entwicklungsländer dringen deshalb darauf, daß bei den Verhandlungen in der Welthandelsorganisation (WTO) auch über Schutzmaßnahmen für die Entwicklungsländer gesprochen wird.

V.

Das Konzept eines Jahrbuchs, das künftig alle zwei Jahre erscheinen soll, bietet die Möglichkeit, aktuelle Entwicklungstendenzen, Debatten und Erfahrungen fortzuschreiben. Außerdem soll jeweils ein Schwerpunktthema, das für die Welternährung aktuell besonders wichtig ist, gründlich und umfassend behandelt werden.

Das Jahrbuch besteht aus drei Teilen, von denen die Teile eins und drei in der Verantwortung von IFPRI und ZEF liegen. Der Schwerpunkt wird von der Deutschen Welthungerhilfe verantwortet. Eingeleitet wird der erste Teil mit einem umfassenden Überblick über Perspektiven der globalen Ernährungssicherung bis zum Jahr 2020 und sich abzeichnende Tendenzen und Probleme wie der weltweit wachsende Fleischkonsum oder die Entwicklungen in China, Rußland oder Afrika. In den folgenden Beiträgen werden dann verschiedene Aspekte der Ernährungssicherung vertiefend behandelt. Kurze Einführungstexte zu den Themenbereichen globale Aspekte, Bevölkerung, Technologie, Umwelt, Gesundheit und aktuelle Ernährungskrisen sollen beim Einstieg in das jeweilige Thema helfen und eine schnelle Grundinformation ermöglichen.

Als Schwerpunktthema für dieses erste *Jahrbuch Welternährung* wurde die **kleinbäuerliche Landwirtschaft** gewählt. Hier ballen sich nicht nur Probleme der Ernährungsunsicherheit wie Armut, unzureichender Zugang zu Ressourcen und Umweltschäden. Sie ist zugleich auch ein Hoffnungsträger: Maßnahmen, die hier ansetzen und bei deren Umsetzung nichtstaatliche Organisationen eine zentrale Rolle spielen, können einen entscheidenden Beitrag leisten, um eine nachhaltige Landwirtschaft und das Recht auf Nahrung zu verwirklichen.

Der **Ernährungsindex (EI)**, der vom ZEF entwickelt wurde und hier erstmals vorgestellt wird, bildet das Kernstück des dritten Teils. Er soll einen raschen Vergleich der Ernährungssituation und ihrer Veränderung für einzelne Länder im Zeitvergleich ermöglichen. Der Ernährungsindex kann damit auch Ansatzpunkt für zivilgesellschaftliche Interventionen sein, indem er Fortschritte, beziehungsweise Rückschritte einzelner Länder erfaßt und damit einen Hinweis auf erfolgreiche oder weniger erfolgreiche Politik (»gute Regierungsführung«) gibt. Weitere entwicklungsländerbezogene Daten zu sozialer und wirtschaftlicher Situation, Nahrungsversorgung, Ernährungs- und Gesundheitszustand vervollständigen diesen Teil des Buches, der – ebenso wie Teil eins – in den kommenden Jahren fortgeschrieben und aktualisiert werden wird.

Ingeborg Schäuble
Vorsitzende der Deutschen Welthungerhilfe

Die Lage der Welternährung

Globale Aspekte der Ernährungssicherung

Es scheint widersinnig: Die Welt rückt durch Handel, durch die Entwicklung von Kommunikationstechnologien und Migration zusammen, und zugleich verzeichnen wir bei der Ernährungslage zunehmende Unterschiede zwischen Entwicklungs- und Industrieländern sowie zwischen verschiedenen Weltregionen. Der in diesem Jahrbuch erstmals präsentierte Ernährungsindex (EI) zeigt die krassen Unterschiede (vgl. *Zur Lage der Ernährung: Der Ernährungsindex*, S. 143 ff.). Trotz beeindruckender Erfolge in den letzten Jahrzehnten in einigen Ländern erfordert die Lösung des weltweiten Ernährungsproblems verstärkte politische, ökonomische und technologische Bemühungen. Nachhaltige Ernährungssicherung verlangt auch die rasche Nutzung und Weiterentwicklung neuer Methoden und Techniken der Produktion und Verarbeitung, insbesondere für die große Masse der Kleinbauern.

Mit dem Welternährungsgipfel 1996 wurde zuletzt die Notwendigkeit gemeinsamer, globaler Anstrengungen betont. Politische Instrumente wie das Menschenrecht auf Nahrung – auf dem Welternährungsgipfel von den meisten Staaten bestätigt – harren der Umsetzung. Ökonomische Instrumente wie Handelsliberalisierungen sind ein gutes Stück vorangekommen. Ihre Auswirkungen auf Hunger und Armut in Entwicklungsländern werden kontrovers diskutiert.

Durch künftige Verhandlungen im Rahmen der Welthandelsorganisation (WTO) wird die Handelsliberalisierung voraussichtlich noch weiter vorangetrieben. Allerdings hat die Liberalisierung durch das Scheitern des Versuchs, Ende 1999 in Seattle eine neue Runde der WTO einzuleiten, einen Dämpfer erhalten.

Bereits Ende September 1998 haben die Verhandlungen zu einem neuen Abkommen zwischen der Europäischen Union (EU) und den Partnerländern Afrikas, der Karibik und dem Pazifik (AKP) begonnen. Darüber hinaus sind Freihandelsabkommen wie das der EU mit Südafrika in Kraft getreten. Auch Verhandlungen anderer Wirtschaftsblöcke und innerhalb der Entwicklungsländer verdeutlichen die Tendenz hin zu regionalen Freihandelsabkommen. Der regionalen Integration, das heißt dem Zusammenschluß mehrerer Länder in einer Region wie zum Beispiel in Südamerika oder im südlichen Afrika, kommt derzeit nicht zuletzt innerhalb der WTO- und AKP-Verhandlungen eine wichtige Rolle zu, die auch aus der Perspektive der heute Hungernden aufmerksam beobachtet werden muß.

Selbst führende Experten in der Beobachtung von Weltmarktpreisen kommen zu unterschiedlichen Einschätzungen, ob die Preise für Grundnahrungsmittel langfristig steigen oder sinken werden (vgl. *Aussichten für die globale Ernährungssicherung im 21. Jahrhundert*, S. 19 ff. und *Entwicklung und Ernährungssicherung durch Welthandel?*, S. 38 ff.). Letztlich entscheidet darüber zweierlei: ob die Bauern in der Lage sind, die Kosten zu senken und ob die jetzt noch Hungernden in der Lage sind, kaufkräftig Nahrungsmittel nachzufragen.

Die weltweite Liberalisierung bietet Möglichkeiten für wirtschaftliches Wachstum in allen beteiligten Ländern – eine Grundvoraussetzung für Ernährungssicherung auf breiter Basis. Eine Garantie für die Überwindung des Hungers ist sie aber nicht. Es kommt auf die konkrete Ausgestaltung an. Politische Entscheidungsträger und Organisationen der Zivilgesellschaft müssen jetzt die Weichen dafür stellen, daß sich die Potentiale der Handelsliberalisierung auch in Armutsreduzierung und einer Verbesserung der Ernährung niederschlagen.

Aussichten für die globale Ernährungssicherung im 21. Jahrhundert

Rajul Pandya-Lorch, Per Pinstrup-Andersen

In den letzten Jahrzehnten haben sich dramatische Veränderungen in der Art der Nahrungsmittelproduktion, ihrer regionalen Verteilung, der Nahrungsmittelverarbeitung und im Nahrungsmittelhandel vollzogen. Die globale Getreideproduktion hat sich seit Anfang der sechziger Jahre verdoppelt und die Viehproduktion verdreifacht. Pro Person und Tag stehen heute durchschnittlich etwa 2700 kcal zur Verfügung. Sie sind ausreichend zur Deckung des durchschnittlichen täglichen Bedarfs an Nahrungsenergie. Dennoch haben mehr als 800 Millionen Menschen zu wenig Nahrung für ein gesundes und produktives Leben, über 160 Millionen Kinder sind stark untergewichtig. Selbst erstaunliche Fortschritte in der landwirtschaftlichen Produktivität und menschlicher Erfindungsreichtum konnten zum Ausgang des 20. Jahrhunderts noch keine Welt ohne Hunger und Mangelernährung schaffen.

Wie sind die Aussichten für weltweite Ernährungssicherheit im 21. Jahrhundert? Wird es genug Nahrung geben, um den Bedarf der jetzigen und der zukünftigen Generationen zu decken? Und falls genug Nahrung zur Verfügung steht – werden alle Menschen Zugang zu ausreichender Nahrung haben? Werden sie über die Mittel verfügen, die benötigten Lebensmittel anzubauen oder zu kaufen? Läßt sich überhaupt eine weltweite Ernährungssicherheit erreichen? Oder werden Nahrungsmittelüberschüsse weiterhin neben weitverbreitetem Hunger und Mangelernährung bestehen und die Welt noch weiter destabilisieren und polarisieren? Was muß getan werden, um eine Welt zu schaffen, in der alle Menschen ausreichend ernährt sind?

Zwar lassen Hochrechnungen der Nahrungsmittelproduktion und des Nahrungsmittelverbrauchs bis zum Jahr 2020 Lichtblicke erkennen, doch die Aussichten für globale Ernährungssicherheit – das heißt für eine Welt, in der gewährleistet ist, daß jeder Mensch jederzeit Zugang zu ausreichend Nahrung für ein gesundes und produktives Leben hat – bleiben weiterhin düster, wenn die globale Gemeinschaft so weitermacht wie bisher.

Unterernährung bei Kindern Berechnungen des IFPRI (Internationales Forschungsinstitut für Ernährungspolitik) im sogenannten IMPACT-Modell (International Model for Policy Analysis of Commodities and Trade)[1*] gehen davon aus, daß im Jahre 2020 im wahrscheinlichsten Fall, dem sogenannten Ausgangsszenario, etwa 133 Millionen Kinder unter sechs Jahren untergewichtig sein werden. Das sind knapp 17 Prozent weniger als 1995 (vgl. Tabelle 1).[2] Im Jahre 2020 werden noch 25

* Die Anmerkungen stehen jeweils am Ende eines Beitrages

Prozent der Kinder untergewichtig sein gegenüber 31 Prozent im Jahre 1995. Man geht davon aus, daß die Zahl der untergewichtigen Kinder in allen größeren Entwicklungsländerregionen zurückgehen wird, außer in Afrika südlich der Sahara, wo ihre Zahl zwischen 1995 und 2020 voraussichtlich um über 20 Prozent auf 39 Millionen ansteigen wird. Für Südasien, wo noch 1995 die Hälfte der untergewichtigen Kinder zu Hause war, schätzt man, daß ihre Zahl zwischen 1995 und 2020 um über 20 Millionen zurückgeht. Doch das Ausmaß von Unterernährung ist dort so hoch, daß selbst bei diesem Rückgang immer noch zwei von fünf Kindern dort untergewichtig sein werden (vgl. Tabelle 1). Mit einem Anteil von etwa 75 Prozent der untergewichtigen Kinder dieser Welt werden Südasien und Afrika südlich der Sahara wahrscheinlich auch im Jahre 2020 weiterhin die »Brennpunkte« der Unterernährung bei Kindern bleiben.

Globale Unterernährung Hochrechnungen der Ernährungs- und Landwirtschaftsorganisation der Vereinten Nationen (FAO) zur Anzahl der chronisch unterernährten Menschen bzw. der Menschen mit unzureichender Nahrungsmittelversorgung ergeben ein ähnlich gemischtes Bild.[3] Danach werden im Jahre 2010 noch immer 680 Millionen Menschen, d.h. zwölf Prozent der Bevölkerung in den Entwicklungsländern, unzureichend mit Nahrungsmitteln versorgt sein. Zum Vergleich: In den Jahren 1990–1992 gab es 840 Millionen Hungernde. Für Ostasien geht man von einem raschen, für Südasien und Lateinamerika von einem etwas langsameren Rückgang der Unterernährung aus. Dagegen könnte die Zahl der Unterernährten in Afrika südlich der Sahara, in Westasien und Nordafrika stark zunehmen. In Afrika südlich der Sahara und Südasien werden im Jahre 2010 schätzungsweise 70 Prozent der weltweit unterernährten Bevölkerung leben; der Anteil der unterernährten Menschen, die in Afrika südlich der Sahara leben, an der Gesamtzahl der Unterernährten in der Welt wird sich voraussichtlich gegenüber 1969–71 von elf auf 39 Prozent

Unterernährte Kinder 1995 und 2020
in Mio. und als prozentualer Anteil an allen Kindern unter 5 Jahren

Region	Anzahl (Mio)		Prozent	
	1995	2020	1995	2020
Lateinamerika	4,9	2,6	9,1	4,8
Westasien und Nordafrika	5,6	5,0	13,2	10,5
China	18,0	12,6	17,4	13,7
Südostasien	18,7	14,1	33,7	26,8
Afrika südlich der Sahara	31,9	39,2	32,9	28,6
Südasien	82,0	59,6	50,9	38,4
Entwicklungsländer	**161,2**	**133,2**	**31,4**	**24,7**

Quelle: IFPRI IMPACT Simulationen (März 1999)

Tabelle 1

fast vervierfachen. Bis zum Jahre 2010 wird wahrscheinlich jeder dritte Bewohner südlich der Sahara unterernährt sein. Dagegen trifft dies wahrscheinlich nur für jeden achten Bewohner Südasiens und jeden zwanzigsten Bewohner Ostasiens zu. Diese beunruhigenden Zahlen sind der Ausdruck weitverbreiteter Armut und eines schlechten Gesundheitszustands.

Verfügbarkeit von Nahrungsmitteln
Weltweit steigt die Verfügbarkeit von Nahrungsmitteln pro Kopf zwischen 1995 und 2020 voraussichtlich um etwa sieben Prozent von 2700 kcal auf 2900 kcal pro Tag an. In allen größeren Regionen wird eine Steigerung der Nahrungsmittelverfügbarkeit pro Kopf erwartet. China und Südasien werden voraussichtlich die größte, Westasien und Nordafrika dagegen die geringste Steigerung erleben (vgl. Tabelle 2). Die voraussichtliche durchschnittliche Verfügbarkeit von etwa 2300 kcal pro Tag und Kopf in Afrika südlich der Sahara liegt knapp über dem Minimum für ein gesundes und produktives Leben. Da die Nahrung, die zur Verfügung steht, nicht gleichmäßig verteilt ist, wird voraussichtlich ein großer Teil der Bevölkerung dieser Region keinen Zugang zu ausreichend Nahrung haben.

Verfügbare Kalorien 1995 und 2020
Kcal pro Kopf und Tag nach Regionen

	1995	2020
Lateinamerika	2789	3026
Westasien und Nordafrika	3081	3177
China	2752	3139
Südostasien	2622	2876
Afrika südlich der Sahara	2144	2295
Südasien	2357	2652
Industrieländer	**3185**	**3352**
Entwicklungsländer	**2579**	**2821**
Welt	**2717**	**2918**

Quelle: IFPRI IMPACT Simulationen (März 1999)

Tabelle 2

Bevölkerungswachstum und Urbanisierung Die Nahrungsmittelnachfrage hängt von einer Vielzahl von Faktoren ab, unter anderem von Bevölkerungswachstum und -wanderungen, Einkommenshöhe und Wirtschaftswachstum, Veränderungen des Lebensstandards, der Präferenzen und des Bildungsstandes. Im nächsten Vierteljahrhundert wird die Weltbevölkerung jährlich um fast 73 Millionen Menschen wachsen und sich damit um 32 Prozent von 5,66 Milliarden Menschen im Jahre 1995 auf 7,5 Milliarden bis zum Jahr 2020 erhöhen. Es wird erwartet, daß über 95 Prozent dieses Bevölkerungswachstums in den Entwicklungsländern erfolgt, so daß deren Anteil an der gesamten Weltbevölkerung voraussichtlich von 79 Prozent im Jahre 1995 auf 84 Prozent im Jahre 2020 ansteigen wird. In diesem Zeitraum wird die absolute Bevölkerungszunahme in Asien am stärksten sein. Die relative Zunahme wird jedoch in Afrika südlich der Sahara am höchsten sein: Für diese Region geht man bis zum Jahr 2020 von einer annähernden Verdoppelung der Bevölkerungszahl aus.

Ein Großteil des Bevölkerungszuwachses wird in den Städten der Entwicklungsländer erwartet. Die Stadtbevölkerung der Entwicklungsländer wird sich in den nächsten 25 Jahren voraussichtlich auf fast vier Milliarden verdoppeln. Die Urbanisierung wirkt sich stark auf die Ernährung und die Nahrungsmittelnachfrage aus: Eine steigende Entlohnung von Frauen, eine sich verändernde Lebensführung sowie Änderungen der Preise und Bevölkerungsabwanderungen vom Land in die Stadt führen zu vielfältigeren Ernährungsformen (vgl. *Nahrungsmittel und Ernährung in den großen Städten*, S. 44ff.).

Einkommensentwicklung Der Zugang der Menschen zu Nahrungsmitteln hängt u. a. von ihrem Einkommen ab. Derzeit leben über 1,3 Milliarden Menschen in absoluter Armut mit einem Pro-Kopf-Einkommen von einem Dollar pro Tag oder weniger, während weitere zwei Milliarden Menschen nur geringfügig bessergestellt sind. Die Wachstumsraten des Einkommens schwankten in den vergangenen Jahren erheblich zwischen den einzelnen Regionen. Afrika südlich der Sahara, Westasien und Nordafrika hatten mit negativen Wachstumsraten zu kämpfen, Ostasien konnte jährliche Wachstumsraten von über sieben Prozent verbuchen. In den nächsten 25 Jahren sind die Aussichten für wirtschaftliches Wachstum recht günstig, wobei die weltweite Steigerungsrate des Einkommens zwischen 1993 und 2020 voraussichtlich bei durchschnittlich 2,7 Prozent im Jahr liegen wird. Mit 4,3 Prozent wird die jährliche Einkommenssteigerungsrate in den Entwicklungsländern fast doppelt so hoch sein wie die mit 2,3 Prozent angesetzte Steigerungsrate in den Industrieländern. Die Wachstumsraten werden in Osteuropa und den Ländern der ehemaligen Sowjetunion voraussichtlich am niedrigsten sein. Sogar in Afrika südlich der Sahara wird zwischen 1993 und 2020 eine (wenn auch nur geringfügige) Steigerung der Pro-Kopf-Einkommen erwartet. Doch ohne grundlegende Änderungen in den Entwicklungsländern werden wahrscheinlich größere Unterschiede im Einkommensniveau und bei den Wachstumsraten zwischen den einzelnen Ländern und innerhalb der einzelnen Länder bestehenblei-

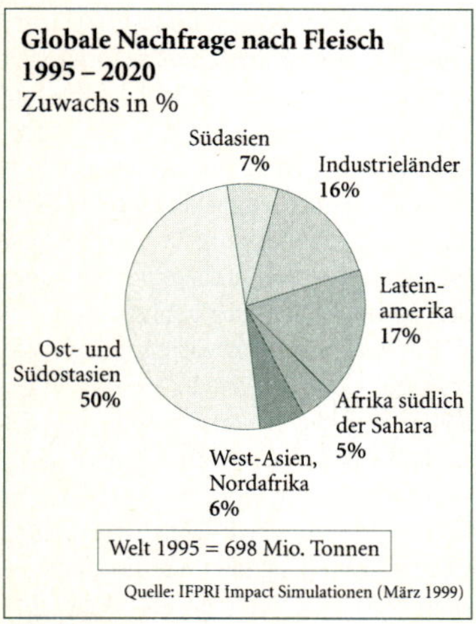

Abbildung 1

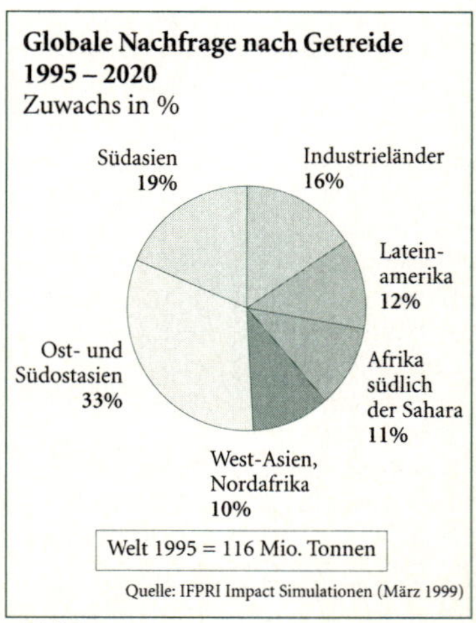

Abbildung 2

ben. Südasien und Lateinamerika werden wahrscheinlich auch zukünftig Zentren der Armut sein. In Afrika südlich der Sahara wird sich die Armutssituation voraussichtlich deutlich verschärfen.

Entwicklung der Nahrungsmittelnachfrage und -produktion In seinem Ausgangsszenario geht das IMPACT-Modell davon aus, daß die weltweite Getreidenachfrage zwischen 1995 und 2020 um 39 Prozent auf 2,476 Millionen Tonnen ansteigt, die Fleischnachfrage um 59 Prozent auf 314 Millionen Tonnen und die Nachfrage nach Wurzel- und Knollenfrüchten um 37 Prozent auf 868 Millionen Tonnen. Bei einem voraussichtlichen Bevölkerungswachstum von 32 Prozent und einem durchschnittlichen Einkommenswachstum von jährlich 4,3 Prozent wird vermutlich der größte Teil der Zunahme der weltweiten Nachfrage nach Getreide, Fleisch, Wurzel- und Knollenfrüchten zwischen 1995 und 2020 auf die Entwicklungsländer entfallen (siehe Abb. 1 und 2). Doch nach wie vor wird der Konsum von Industrie- und Entwicklungsländern weit auseinander liegen: Der Bewohner eines Entwicklungslandes wird im Jahre 2020 im Vergleich zum Bewohner eines Industrielandes im Durchschnitt nur 45 Prozent des Getreides, 37 Prozent des Fleisches und 71 Prozent der Wurzel- und Knollenfrüchte nachfragen (siehe Abb. 3).

Der erwartete Anstieg der Getreidenachfrage wird überwiegend durch Produktivitätssteigerungen gedeckt werden müssen. **Erweiterungen der Anbaufläche**

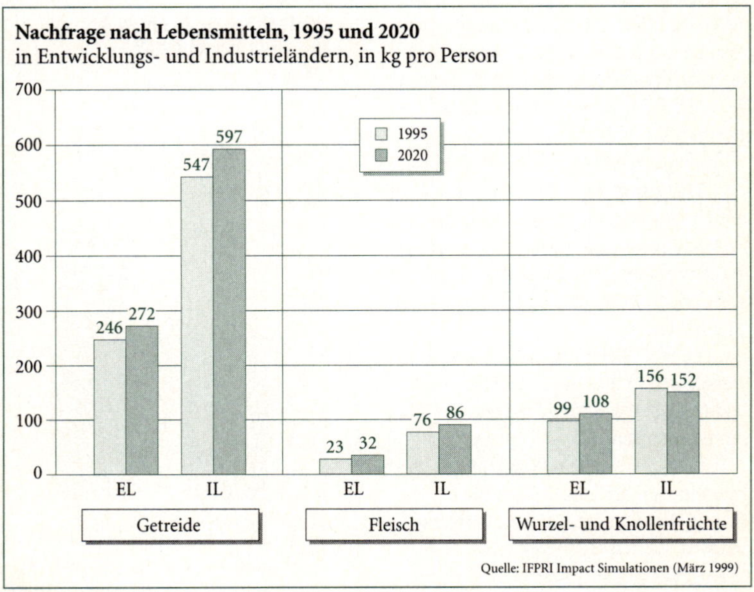

Abbildung 3

werden zwischen 1995 und 2020 weniger als 20 Prozent zur Erhöhung der weltweiten Getreideproduktion beitragen. Sie werden sich überwiegend auf die in Afrika südlich der Sahara angebauten Getreidesorten konzentrieren, die relativ wenig ertragreich sind (vgl. hierzu die Angaben in Tabelle 6, S. 154 ff.). In Lateinamerika wird es noch zu einer gewissen Ausdehnung kommen, doch in Asien werden die Getreideanbauflächen praktisch stagnieren (vgl. Abb. 11, S. 97).

Da der Ausbau von Anbauflächen keinen ausreichenden Beitrag zur notwendigen Produktionssteigerung leisten wird, ruht die Hauptlast für die Deckung der erhöhten Getreidenachfrage auf der **Verbesserung der Ernteerträge.** Die jährliche Steigerung der Erträge bei den wichtigsten Getreidesorten wird allerdings sowohl in Industrie- als auch in Entwicklungsländern geringer ausfallen. Dies ist beunruhigend, wenn man bedenkt, daß die Ertragssteigerungsraten bereits in der Vergangenheit rückläufig waren. Für diese Entwicklung gibt es zwei Schlüsselfaktoren:

1. in Regionen, wo mit hohem Einsatz von Düngemitteln und Pflanzenschutzmitteln gearbeitet wird, wie beispielsweise in Asien, nähern sich Bauern den optimalen Ertragsmengen, wodurch es immer schwieriger wird, weitere Ertragsgewinne zu erhalten;
2. rückläufige Weltmarktpreise für Getreide veranlassen immer mehr Bauern, den Anbau auf andere gewinnträchtige Nutzpflanzen umzustellen.

Außerdem drosseln Regierungen ihre Investitionen in landwirtschaftliche Forschung, Bewässerung und sonstige Infrastruktur.

Angesichts der erwarteten geringeren Zunahme der Anbauflächen und Erträge wird die Steigerung der Getreideproduktion in den Entwicklungsländern im Zeitraum 1995–2020 auf eine jährliche Wachstumsrate von 1,7 Prozent zurückgehen (1982–94: 2,3 Prozent). Sie wächst damit allerdings immer noch rascher als in den Industrieländern, wo sie mit 0,9 Prozent angesetzt wird.

Getreideimporte der Entwicklungsländer Die Nahrungsmittelproduktion in Entwicklungsländern wird nicht mit der Nachfrage Schritt halten können. Damit wird ein immer größerer Teil des Nahrungsmittelverbrauchs in den Entwicklungsländern durch Importe aus den Industrieländern gedeckt werden müssen. Der Anteil der Getreidenachfrage, der durch

Getreideimporte in Entwicklungsregionen, 1995 und 2020
in Mio. t

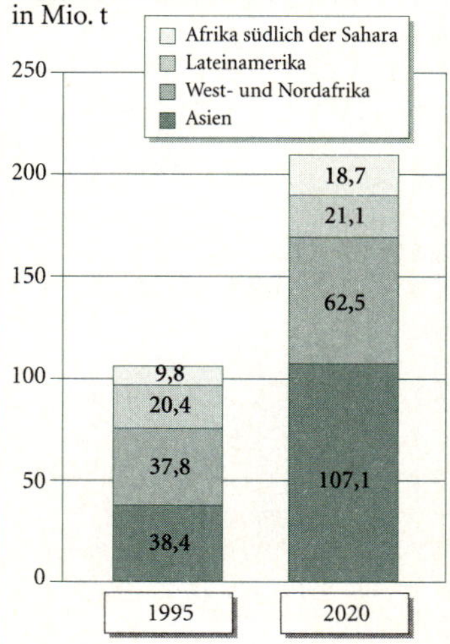

Quelle: IFPRI Impact Simulationen (März 1999)

Abbildung 4

Nettoimporte (Differenz zwischen Nachfrage und Produktion) gedeckt wird, wird von zehn Prozent 1995 auf voraussichtlich zwölf Prozent 2020 ansteigen. In ihrer Gesamtheit betrachtet, werden die Entwicklungsländer ihre Nettoimporte an Getreide in diesem Zeitraum wahrscheinlich mehr als verdoppeln (siehe Abb. 4). Mit Ausnahme von Lateinamerika werden voraussichtlich alle größeren Entwicklungsländerregionen ihre Nettoimporte an Getreide deutlich erhöhen: Die 166prozentige Steigerung der Nettoimporte Asiens wird hauptsächlich auf den schnellen Einkommenszuwachs zurückgehen, während die prognostizierte Verdoppelung der Importe in Afrika südlich der Sahara hauptsächlich durch die anhaltend schlechte Nahrungsmittelproduktion und das schnelle Bevölkerungswachstum bedingt sein wird. Die Europäische Union wird 2020 voraussichtlich 15 Prozent des Getreide-Nettoimports der Entwicklungsländer bereitstellen, die Vereinigten Staaten etwa 60 Prozent und Australien etwa zehn Prozent.

Bei anhaltendem Bevölkerungswachstum, schnellen Einkommenssteigerungen und Änderungen des Lebensstils wird die Nachfrage nach Fleisch im Zeitraum 1995–2020 in den Entwicklungsländern voraussichtlich um jährlich 2,8 Prozent und in den Industrieländern um jährlich 0,7 Prozent ansteigen. Während die Pro-Kopf-Nachfrage nach Getreide in den Entwicklungsländern zwischen 1995 und 2020 voraussichtlich um nur zehn Prozent steigen wird, wird die Nachfrage nach Fleisch um über 40 Prozent zunehmen. Der Anstieg wird in Ostasien am größten und in Afrika südlich der Sahara sowie in Südasien am geringsten sein. Bis 2020 wird die Pro-Kopf-Nachfrage in China achtmal so groß sein wie in Indien. Die Fleischproduktion in den Entwicklungsländern wird im Zeitraum 1995–2020 voraussichtlich um jährlich 2,7 Prozent steigen (verglichen mit 5,9 Prozent im Zeitraum 1982–94) und um 0,8 Prozent in den Industrieländern (verglichen mit 0,9 Prozent im Zeitraum 1982–94). Trotz des hohen Produktionswachstums werden die Entwicklungsländer ihren Fleisch-Nettoimport voraussichtlich auf 5,1 Millionen Tonnen im Jahre 2020 versechsfachen. Lateinamerika wird weiterhin ein Nettoexporteur für Fleisch sein, Asien wird sich von seinem jetzigen Status als geringfügiger Nettoexporteur zu einem großen Nettoimporteur entwickeln.

Nettoimporte verdeutlichen die Lücke zwischen Produktion und Marktnachfrage. Für zahlreiche arme Länder wird die Kluft zwischen der Nahrungsmittelproduktion und dem Bedarf wahrscheinlich noch größer sein als die zwischen Produktion und kaufkräftiger Nachfrage. Viele Menschen in diesen Ländern können selbst niedrige Nahrungsmittelpreise nicht bezahlen und sind daher nicht in der Lage, die Nachfrage nach der von ihnen tatsächlich benötigten Nahrung zu äußern. Die Entwicklungsländer mit etwas höherem Einkommen, insbesondere die Länder Ostasiens, werden die Lücke zwischen Produktion und Nachfrage durch Importe schließen können. Die ärmeren Länder hingegen müssen Devisen auch für andere Zwecke einsetzen und könnten somit nicht in der Lage sein, Nahrungsmittel in erforderlicher Menge zu importieren. Vor allem die letztgenannte Gruppe von Ländern, unter anderem die meisten Länder Afrikas südlich der Sahara und einige Länder Asiens, wird auch weiterhin besonderer Hilfe bedürfen, um der weiteren Ausbreitung von Hunger und Mangelernährung entgegenzuwirken.

Neu auftretende Probleme bei der globalen Ernährungssicherung

Instabile Getreidepreise Zukünftig werden genügend Nahrungsmittel produziert werden, um die Nachfrage von Personen mit ausreichender Kaufkraft zu decken. Somit könnten die Weltmarktpreise für Nahrungsmittel im Verlauf der nächsten zwei Jahrzehnte weiterhin fallen. Allerdings werden die Preise langsamer sinken als in der Vergangenheit. Dagegen wächst die Sorge, daß die Getreidepreise instabiler werden könnten (zur Entwicklung 1988–1997 vgl. Tabelle 11, S. 206). Neben Preisschwankungen auf den internationalen Märkten leiden zahlreiche Entwicklungsländer mit niedrigen Einkommen und unzureichender Nahrungsmittelversorgung an großen nationalen bzw. lokalen Preisschwankungen aufgrund von unzureichenden Märkten, schlecht ausgebauten Straßennetzen, mangelhafter Infrastruktur sowie unangemessenen politischen Maßnahmen und Institutionen. Schon kleinere Änderungen der Produktionsmenge, die sich aus besseren oder schlechteren Anbaubedingungen ergeben, können größere Schwankungen der lokalen Nahrungsmittelpreise hervorrufen.

Ernährungssituation in China Mit einer Einwohnerzahl, die ein Fünftel der Weltbevölkerung ausmacht, und einer Volkswirtschaft, die zu den am schnellsten wachsenden in der Welt gehört, kann China die globale Nahrungsmittelversorgung bedeutend beeinflussen. Einschätzungen über die Entwicklung der chinesischen Ernährungswirtschaft im 21. Jahrhundert gehen sehr weit auseinander. Einigen Prognosen zufolge wird China einer der größten getreideexportierenden Staaten sein, andere Vorhersagen warnen davor, daß China einer der größten, wenn nicht sogar der größte getreideimportierende Staat der Erde werden könnte. Laut IMPACT-Prognosen wird im Ausgangsszenario die Getreidenachfrage in China zwischen 1995 und 2020 um 47 Prozent auf 550 Millionen Tonnen, die Getreideproduktion um 39 Prozent auf 497 Millionen Tonnen ansteigen. Wollte China die Differenz durch Importe ausgleichen, würden diese Importe ein Viertel der für die Entwicklungsländer vorhergesagten Nettoimporte ausmachen. Obwohl die prognostizierten chinesischen Getreideimporte recht groß sind, werden sie wahrscheinlich keine untragbare Belastung für die globale Nahrungsmittellage darstellen. Bei der Fleischproduktion wird China voraussichtlich mit seiner steigenden Nachfrage fast Schritt halten können. Eine Verdoppelung der Nachfrage zwischen 1995 und 2020 würde zu Nettoimporten von 2,4 Millionen Tonnen führen – die Hälfte der für das Jahr 2020 prognostizierten weltweiten Nettoimporte aller Entwicklungsländer.

China ist bereits ein bedeutender Akteur auf den globalen Nahrungsmittelmärkten und wird wahrscheinlich in Zukunft eine noch wichtigere Rolle spielen. Doch stellt China keine größere Bedrohung für die weltweiten Nahrungsmittelmärkte dar.

Ernährungssituation in Indien Mit einer Bevölkerung von derzeit rund einer Milliarde Menschen ist Indien von der Bevölkerungszahl her das zweitgrößte Land nach China. Wie China vor über einem Jahrzehnt befindet sich auch Indien inmitten eines Stadiums größerer Wirtschaftsreformen. Wenn sich die Reformpolitik bewährt, werden die Einkommen in Indien viel schneller steigen, als dies in den vergangenen Jahrzehnten der Fall war. Das wird weitreichende Auswirkungen auf die Nahrungsmittelnachfrage und die Ernährungssicherheit haben.

Werden die Inder ihren Konsum an Produkten tierischen Ursprungs in dem Maße erhöhen, wie ihre Einkommen steigen? Oder werden sie mehr oder weniger Vegetarier bleiben, wie es Indiens bisherige Geschichte und kulturelle Traditionen nahelegen? Die Meinungen hierzu sind geteilt. Im Ausgangsszenario wird die Nachfrage nach Produkten tierischen Ursprungs zwischen 1995 und 2020 voraussichtlich um 4,9 Millionen Tonnen auf 9,0 Millionen Tonnen ansteigen (die Fleischnachfrage in China steigt um 47 Millionen Tonnen auf 94 Millionen Tonnen im Jahre 2020). In Anbetracht der extrem niedrigen Ausgangsmengen beim Konsum tierischer Produkte in Indien würde ein schneller Anstieg der absoluten Nachfrage nach diesen Produkten einen dramatischen Wandel der Eßgewohnheiten erfordern. In einem Szenario, das die Auswirkungen eines solchen Wandels nachbildet, wird der Anstieg der Nachfrage nach Fleisch und Eiern fast mit einer Vervierfachung von fünf Millionen Tonnen im Jahre 1993 auf 19,9 Millionen Tonnen im Jahre 2020 prognostiziert, während die Milchnachfrage voraussichtlich um mehr als das Fünffache von 52 Millionen Tonnen auf 290 Millionen Tonnen ansteigt. Sofern Indien versucht, den potentiell großen Nachfrageanstieg nach Produkten tierischen Ursprungs durch eigene Viehproduktion statt mit Importen zu decken, wodurch es zu einer Erhöhung der Nachfrage nach Futtermittelgetreide käme, wären die Implikationen für den weltweiten Vieh- und Getreidehandel sowie für die entsprechenden Preise wiederum völlig anders.

Der Wandel in Osteuropa und in den Staaten der ehemaligen Sowjetunion Der Fall der Berliner Mauer und der damit zusammenhängende politische Wandel in Osteuropa und den Staaten der ehemaligen Sowjetunion brachten vielversprechende Aussichten auf ein schnelles Wirtschaftswachstum in diesem Teil der Welt. Viele prognostizierten damals, daß die Lebensmittelproduktion in einer ganzen Reihe von betroffenen Ländern einschließlich der Ukraine und der Russischen Föderation rasch und in erheblichem Maße zunehmen würde. Dies hätte zu einem schnellen Rollenwechsel von Nettoimporteuren zu bedeutenden Nettoexporteuren von Getreide führen können. Obwohl die Nettoimporte an Getreide durch die ehemalige Sowjetunion drastisch zurückgegangen sind, hat sich dieses optimistische Szenario jedoch nicht verwirklicht. Es besteht immer noch große Ungewißheit über die zukünftige Nahrungsmittelproduktion und die Nachfrage in diesen Ländern.

Nach dem IMPACT-Modell ist davon auszugehen, daß Osteuropa und die ehemalige Sowjetunion im Jahr 2020 Nettoexporteure für Getreide sein werden, und zwar in einer Größenordnung von etwa 32 Millionen Tonnen. Die Getreideproduktion wird zwischen 1995 und 2020 voraussichtlich um fast 25 Prozent auf 255 Millionen Tonnen ansteigen, gegenüber einem Nachfrageanstieg um sechs Prozent auf 223 Millionen Tonnen. Wenn jedoch die Einkommen in Osteuropa und der ehemaligen Sowjetunion schneller wachsen und die Ertragsproduktivität langsamer steigt als angenommen, werden diese Regionen weiterhin Nettoimporteure bleiben. Niedrige

Ernten in Osteuropa und der ehemaligen Sowjetunion könnten dazu führen, daß die Getreidepreise im Jahre 2020 im Vergleich zum Ausgangsszenario höher sind. Änderungen der Getreideproduktion und der Getreidenachfrage in Osteuropa und der ehemaligen Sowjetunion können sich signifikant auf die Nahrungsmittelsituation der Welt auswirken. Doch müßte es in dieser Region schon zu massiven Einbrüchen der Produktion kommen, um die Getreidepreise dramatisch in die Höhe zu treiben (vgl. *Nahrungsmittelkonsum und Ernährungslage in Rußland*, S. 48 ff.).

Mühsame Erholung in Afrika südlich der Sahara In Afrika südlich der Sahara hat das Bevölkerungswachstum schon Anfang der siebziger Jahre das Wachstum der Nahrungsmittelproduktion überholt. Diese Diskrepanz wird immer größer und führt zu einem Rückgang der Pro-Kopf-Produktion. Setzt sich die Entwicklung, die sich seit 1961 gezeigt hat, fort, ergibt sich eine immer weiter auseinanderklaffende Schere zwischen Bevölkerungsentwicklung und Nahrungsmittelproduktion (siehe Abb. 5).

Die Möglichkeiten, die geeignete produktivitätssteigernde Technologien bieten, müssen in Afrika südlich der Sahara erst noch genutzt werden. Im Jahre 1961 lagen die Maiserträge in Afrika und Asien praktisch gleichauf. Doch seitdem haben sie sich in Asien verdreifacht und in China verfünffacht, während sie in Afrika bei einer Tonne pro Hektar stagnieren. Allerdings gibt es ermutigende Anzeichen dafür, daß durch produktivitätssteigernde Technologien nach und nach bei afrikanischen Kulturpflanzen Ertragssteigerun-

Bevölkerungsentwicklung und Nahrungsmittelproduktion in Afrika, 1961 – 2020
1961 = 100

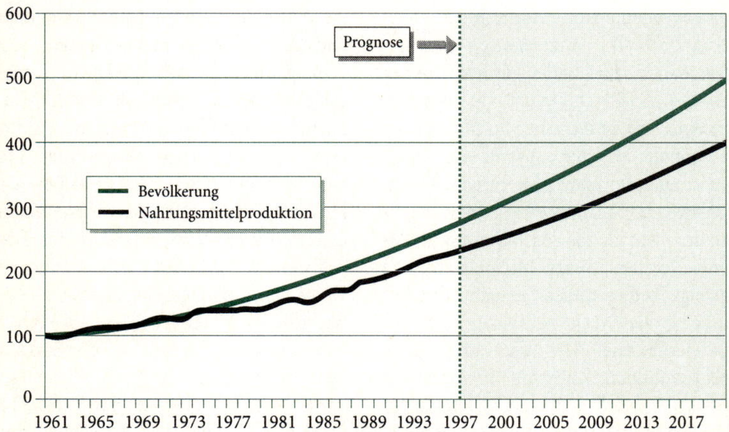

Quelle: IFPRI Impact Simulationen (März 1999); Daten 1961 – 1996: FAO

Abbildung 5

gen stattfinden. Größerer Anstrengungen bedarf es, den Zugang der Bauern zu geeigneten Produktionstechnologien zu gewährleisten und die Produktivitätssteigerung beim Anbau von Grundnahrungsmitteln zu fördern. Neben neuen Initiativen und der verstärkten Förderung der landwirtschaftlichen Entwicklung muß ebenfalls mehr unternommen werden, um das Bevölkerungswachstum zu stoppen. Darüber hinaus muß das Wachstum der Wirtschaft deutlich gesteigert werden, um der Armut in Afrika südlich der Sahara spürbar entgegenzuwirken. Das Pro-Kopf-Einkommen ist so weit gefallen, daß es selbst bei gleichbleibender Geschwindigkeit des Wirtschaftswachstums von derzeit etwa fünf Prozent jährlich mindestens ein Jahrzehnt dauern würde, das Niveau des Jahres 1980 wieder zu erreichen.

Unzureichende landwirtschaftliche Forschung Öffentliche Investitionen in die landwirtschaftliche Forschung sind für die Ernährungssicherung von entscheidender Bedeutung. Der private Sektor betreibt einen stetig wachsenden Anteil der landwirtschaftlichen Forschung, insbesondere im Bereich Biotechnologie. Er wird jedoch keinen großen Beitrag zu der Forschung, die von den Kleinbauern in Entwicklungsländern benötigt wird, leisten, weil die Gewinne die Kosten in diesem Bereich kaum decken werden. Der gesellschaftliche Nutzen dieser Forschung kann äußerst groß sein, ist jedoch nur zu erzielen, wenn der öffentliche Sektor die entsprechenden Investitionen tätigt. Länder mit niedrigem Einkommen investieren viel zu wenig in die auf Kleinbauern ausgerichtete landwirtschaftliche Forschung. Höchstens ein Prozent des Wertes der landwirtschaftlichen Produktion wird dieser Forschung zugeteilt. In Industrieländern sind es zwei Prozent.

Eine anhaltend geringe Produktivität in der Landwirtschaft trägt nicht nur zu Nahrungsmittelengpässen in armen Ländern bei, sondern verhindert auch einen Einkommenszuwachs auf breiter Basis und geringere Produktionskosten, die zur Bewältigung der Nahrungsmittelunterversorgung und zur Verbesserung der Ernährungssicherung erforderlich sind. Forschung ist notwendig, um die Produktivität von Kleinbauern langfristig zu verbessern. Dabei sollte der Schwerpunkt bei den Grundnahrungsmitteln liegen.

Wetter- und Klimaveränderungen
Mit dem kürzlichen Wiederauftreten der Klimaphänomene El Niño und La Niña sind größere Wetterveränderungen im Gange oder stehen in vielen Teilen der Welt bevor. Diese Schwankungen der Großwetterlage könnten zu größeren Einbußen in der Nahrungsmittelproduktion und einer Verschlechterung der Ernährungssicherung in vielen Teilen der Welt führen. Das 1997 bis 1998 aufgetretene Klimaphänomen El Niño verursachte schwere Dürren in Südostasien, Überschwemmungen in den Andenländern Südamerikas und eine Dürre in einem breiten, quer durch Ostafrika verlaufenden Landstreifen. El Niño bedeutet für die landwirtschaftliche Produktion und die Lebensgrundlage der Menschen auf der ganzen Welt einen erheblichen Unsicherheitsfaktor. Die Sorge wächst, daß El Niño in Zukunft aufgrund von Klimaveränderungen womöglich noch häufiger und heftiger auftreten wird.

Zunehmende Wasserknappheit Ohne ausreichendes Management kann sich Wasser durchaus als wichtigster begrenzender Faktor der globalen Nahrungsmittelproduktion herausstellen. Obwohl die Süßwasserbestände insgesamt ausreichen, um die Nachfrage in unmittelbarer Zukunft zu decken, ist Wasser ungünstig über die einzelnen Länder, innerhalb von Ländern, zwischen den einzelnen Jahreszeiten und zwischen einzelnen Sektoren verteilt. Zudem nimmt bei einer festen Menge an erneuerbaren Wasserbeständen bei einer stetig wachsenden Bevölkerung die pro Kopf zur Verfügung stehende Wassermenge allmählich ab. Heute haben 28 Länder mit einer Gesamtbevölkerung von über 300 Millionen Menschen »Wasserstreß«; bis zum Jahr 2025 könnte sich die Zahl dieser Länder auf etwa 50 erhöhen. Betroffen wäre dann eine Gesamtbevölkerung von etwa drei Milliarden Menschen.

Die Wassernachfrage wird schnell weiter ansteigen. Seit 1970 ist sie weltweit um 2,4 Prozent jährlich gewachsen. Schätzungen bis zum Jahr 2020 deuten darauf hin, daß die weltweiten Wasserentnahmen zwischen 1995 und 2020 um 35 Prozent auf 5060 Milliarden Kubikmeter steigen werden. Die Industrieländer werden ihre Wasserentnahmen voraussichtlich um 22 Prozent steigern, wobei über 80 Prozent des Anstiegs durch die Brauchwassernachfrage der Industrie bedingt sein werden. Die Entwicklungsländer werden ihre Entnahmen im gleichen Zeitraum voraussichtlich um 43 Prozent steigern und eine signifikante strukturelle Änderung in ihrer Wassernachfrage erleben: Ein geringerer Anteil des Wassers wird landwirtschaftlich genutzt werden. Die fehlende Diskussion über die Lücke zwischen immer knapper werdenden Wasserbeständen und steigendem Wasserbedarf könnte verhindern, daß Lösungen gefunden werden, um das Wachstum der Nahrungsmittelproduktion deutlich zu steigern (vgl. *Trinkwasserknappheit: Ein sich verschärfendes Nahrungsproblem*, S. 68 ff.).

Wachsende Sorge um unbedenkliche und genetisch veränderte Lebensmittel Sorgen um die Unbedenklichkeit der Nahrung sind nichts Neues. Immer schon sind Menschen nicht nur darüber besorgt, ob sie genug zu essen haben werden, sondern auch darüber, ob die von ihnen verzehrte Nahrung unbedenklich und gesund ist. Doch die Besorgnis über die Unbedenklichkeit der Nahrungsmittel nimmt immer mehr zu, insbesondere in den Industrieländern. Dies ist aus der steigenden Nachfrage nach Produkten aus biologischem Anbau, der zunehmenden öffentlichen Ablehnung gentechnisch veränderter Nahrungsmittel, dem außerordentlich starken Interesse der Verbraucher an genauen Herkunftsangaben sowie an der Produktions- und Verarbeitungsweise der von ihnen verzehrten Nahrung und aus der Vielzahl von Vorschriften zu Produktion, Verarbeitung, Lagerung und Transport von Lebensmitteln ersichtlich. Es ist in den vergangenen Jahren insbesondere in den Vereinigten Staaten und Westeuropa zu einer ganzen Reihe von nahrungsmittelbedingten Krankheitsausbrüchen und massiven Nahrungsmittel-Rückrufaktionen gekommen, die in der Öffentlichkeit breit diskutiert worden sind. In den Entwicklungsländern allerdings, wo durch Nahrungsmittel und Wasser übertragene Gesundheitsgefahren eine der wichtigsten Ursachen für Krankheit und Tod insbesondere bei Säuglingen und Kindern sind, konnten Sorgen um die Unbedenklichkeit von Nahrungsmitteln offensichtlich noch kein verstärktes Maß an Aufmerksamkeit gewinnen.

Doch die stärkere Sensibilisierung in den Industrieländern könnte sich auf mindestens zweierlei Art signifikant auf die Entwicklungsländer auswirken: *erstens* indem ihre Nahrungsmittelexporte neuen und strengeren Auflagen an die Unbedenklichkeit der Lebensmittel ausgesetzt sein könnten. Hierbei können Anforderungen an die Lebensmittelsicherheit für Entwicklungsländer zum Exporthindernis werden, weil entweder unangemessen hohe Auflagen nicht erfüllt werden können oder weil Importstaaten die Nahrungsmittelsicherheit als nicht-tarifäres Handelshemmnis vorschützen könnten. *Zweitens* könnte die Lebensmittelgesetzgebung der Industriestaaten in den Entwicklungsländern übernommen werden, ohne die lokalen Bedingungen, Beschränkungen und Einflüsse, die Verfügbarkeit und den Zugang zu Nahrungsmitteln u. a. m. differenziert zu betrachten. Beispielsweise könnten sich Gesetze zur Einschränkung bzw. zum Verbot des Einsatzes von Düngemitteln oder chemischen Pflanzenschutzmitteln aufgrund erhöhter Produktionskosten ungünstig auf die Nahrungsmittelproduktion auswirken.

Der öffentliche Druck in Westeuropa könnte die Regierungen zur Verabschiedung von Gesetzen zur Beschränkung bzw. zum Verbot der Ausnutzung gentechnischer Möglichkeiten und anderer Instrumente der modernen Wissenschaft bei der Nahrungsmittelproduktion und -verarbeitung veranlassen. In zahlreichen Ländern ist ein Trend festzustellen, der die Anwendung dieser Wissenschaft in der Landwirtschaft als Teil des Problems und nicht als Teil der Lösung sieht. Mit dieser Sichtweise verknüpft ist die Nichtanerkennung der Notwendigkeit zur Produktivitätssteigerung in der Nahrungsmittelproduktion. Obwohl die Anwendung moderner Wissenschaft einschließlich der Gentechnologie und sonstiger biotechnologischer Forschungsergebnisse als Lösungsmöglichkeit für medizinische Probleme der Menschen begrüßt und gefördert wird, stellt sich andererseits Sorge ein, daß die Anwendung dieser wissenschaftlichen Methoden in Nahrungsmittelproduktion und -verarbeitung die landwirtschaftlichen Produktionssysteme, die Unbedenklichkeit der Lebensmittel und die Gesundheit gegenwärtiger und zukünftiger Generationen gefährdet. Während diese Risiken bewertet werden müssen, bieten moderne wissenschaftliche Methoden einschließlich der molekularbiologischen Verfahren gewaltige Möglichkeiten zur Steigerung der Nahrungsmittelproduktion, zur besseren Beherrschung der Risiken bei der Nahrungsmittelproduktion, zur Verbesserung des Umweltschutzes und zum Ausbau des Nahrungsmittelvertriebs in den Entwicklungsländern. Eine größere Toleranz ausgewählter Grundnahrungsmittel gegenüber Dürre sowie eine verbesserte Widerstandsfähigkeit gegenüber Krankheiten und Schädlingen könnten die Nahrungsmittelproduktion und Einkommen der Kleinbauern deutlich erhöhen und stabilisieren. Sollte sich eine Gesetzgebung in den Industrieländern durchsetzen, die der modernen Agrarwissenschaft Beschränkungen auferlegt, könnte es zu schwerwiegenden Folgen für die langfristige Nahrungsmittelversorgung in den Entwicklungsländern kommen – teilweise aufgrund des Rückgangs der Exporte aus den Industrieländern, teilweise, weil ähnliche politische Maßnahmen auch in den Entwicklungsländern übernommen werden könnten (vgl. *Die Rolle der Bio- und Gentechnologie für die Sicherung der Welternährung*, S. 54 ff.).

Konflikte und Ernährungssicherheit Weitverbreitete lokale, nationale und regionale Instabilität und bewaffnete Konflikte tragen dazu bei, daß Armut, unzureichende Nahrungsmittelversorgung und Degradierung natürlicher Ressourcen andauern. Obwohl Hilfsorganisationen überall auf der Welt die katastrophalen Auswirkungen von bewaffneten Konflikten auf die Ernährungslage der Menschen kennen, sind bis vor kurzem die Möglichkeiten zur Vermeidung bzw. Lösung von Konflikten durch Verbesserung der Ernährungssicherheit und den nachhaltigeren Einsatz natürlicher Ressourcen kaum beachtet worden. Die Erkenntnis, daß Armut, unsichere Nahrungsmittelversorgung und Degradierung natürlicher Ressourcen zu Instabilität und zur Verlängerung von Konflikten beitragen, setzt sich immer mehr durch. Die komplexe, sich gegenseitig verstärkende Beziehung zwischen Armut, unsicherer Nahrungsversorgung und Ressourcendegradierung einerseits und sozialer sowie politischer Instabilität und Konflikten andererseits ist aber bisher noch nicht allgemein anerkannt worden (vgl. *Akute Ernährungskrisen und gewaltsame Konflikte*, S. 80 ff.).

Handel, der die Interessen der Entwicklungsländer berücksichtigt Künftige Verhandlungen zum weltweiten landwirtschaftlichen Handel im Rahmen der Welthandelsorganisation (WTO) sollten die Ernährungssicherung und die Armutsminderung in den Entwicklungsländern explizit als eines ihrer Ziele nennen. Industrieländer müssen sich bereit erklären, ihre Märkte für Waren aus den Entwicklungsländern zu öffnen.

Um die Handelsliberalisierung voll nutzen zu können, müssen Entwicklungsländer in die eigene Infrastruktur, in wirksame und leistungsfähige landwirtschaftliche Beschaffungs- und Absatzmärkte, Forschung und Technologie und eine gleichmäßigere Verteilung von Land und anderen Produktionsmitteln investieren. Obwohl man davon ausgeht, daß die Mehrheit der Armen von einer Liberalisierung des Handels profitieren würde, hängt die Verteilung des Gewinns größtenteils von der Verteilung des Produktivvermögens ab. In Entwicklungsländern muß dem Schwerpunkt Handelsliberalisierung ein Schwerpunkt lenkender innenpolitischer Maßnahmen einschließlich eines verbesserten Zugangs zu Arbeitsplätzen und Ressourcen für Arme gegenüberstehen (vgl. *Entwicklung und Ernährungssicherung durch Welthandel?*, S. 38 ff.).

Schlußfolgerung

Ernährungsunsicherheit galt lange Zeit hauptsächlich als Problem einer unzureichenden Nahrungsmittelproduktion und nicht als Folge eines unzureichenden Zugangs zu Nahrungsmitteln, auf die sie vor allem zurückzuführen ist. Den einzelnen Menschen in die Lage zu versetzen, Zugang zu einer Erwerbstätigkeit, Produktionsmitteln wie Land und Kapital und produktivitätssteigernden Ressourcen wie geeigneten Technologien, Krediten, Ausbildung sowie Gesundheitsfürsorge zu haben, ist grundlegende Voraussetzung für Ernährungssicherheit. Für jeden Menschen müssen ausreichend Mittel für den Anbau oder Kauf der Nahrungsmittel zur Verfügung stehen, die für ein gesundes und produktives Leben notwendig sind. Darüber hinaus sind genügend Mengen an Nahrungsmitteln erforderlich, um die steigende und sich verändernde Nahrungsmittelnachfrage zu decken, sowie eine bessere Bewirtschaftung natürlicher Ressourcen.

Die Gewährleistung globaler Ernährungssicherheit erfordert von allen maßgeblich Beteiligten die Zusammenarbeit in neuen bzw. stärkeren Partnerschaften; sie verlangt eine Änderung der Verhaltensweisen, Prioritäten und politischen Maßnahmen und eine verstärkte Kooperation zwischen Entwicklungs- und Industrieländern sowie von Entwicklungsländern untereinander. Mit den vorhandenen natürlichen Ressourcen kann für alle Menschen eine dauerhafte Ernährungssicherheit erreicht werden, wenn die derzeitige Ressourcenzerstörung gedrosselt und durch angemessene technische Veränderungen sowie eine nachhaltige Nutzung der natürlichen Ressourcen ersetzt wird.

Rajul Pandya-Lorch ist Koordinatorin der 2020 Vision Initiative am Internationalen Forschungsinstitut für Ernährungspolitik (IFPRI) in Washington, D. C.
Prof. Dr. Per Pinstrup-Andersen ist Generaldirektor des Internationalen Forschungsinstituts für Ernährungspolitik (IFPRI) in Washington, D. C.

Anmerkungen

1 Bei IMPACT handelt es sich um ein globales Nahrungsmittelmodell des IFPRI, das die Welt in 37 Länder und Regionen aufteilt (die praktisch die gesamte Nahrungsmittelproduktion und den gesamten Verbrauch ausmachen). Das Modell erfaßt 18 Waren (einschließlich aller Getreidesorten, Sojabohnen, Wurzel- und Knollenfrüchte, Fleischsorten und Milcherzeugnisse).

2 Untergewichtige Kinder liegen mit ihrem auf das Lebensalter bezogenen Gewicht mindestens zwei Standardabweichungen unter einem international anerkannten altersabhängigen Normgewicht.

3 Die Ernährungs- und Landwirtschaftsorganisation FAO klassifiziert Menschen als chronisch unterernährt, wenn ihr Zugang zu Nahrungsenergie unter dem 1,55fachen des physiologischen Mindestbedarfs liegt, den der Mensch zur Aufrechterhaltung der lebensnotwendigen Körperfunktionen benötigt.

Literaturauswahl

Hazell, P. / G. S. Bhalla, 1999. Can India continue to feed herself? IFPRI, Washington, D. C.

Pinstrup-Andersen, P. / R. Pandya-Lorch, 1996. Using modern science to assure food security. IFPRI Report, Washington, D. C.

Pinstrup-Andersen, P. / R. Pandya-Lorch / M. Rosegrant, 1999. World Food Prospects: Critical Issues for the Early Twenty-First Century. 2020 Vision Food Policy Report, IFPRI, Washington, D. C.

Rosegrant, M. W. / M. Agcaoili-Sombilla / N. D. Perez, 1995. Global food projections to 2020: Implications for investment. Food, Agriculture and the Environment Discussion Paper 5, IFPRI, Washington, D. C.

Wie die Welternährung im 21. Jahrhundert sichern?

Joachim von Braun

Den Menschen dieser Welt den Zugang zu genügend Nahrungsmitteln zu ermöglichen, damit sie ein gesundes und produktives Leben führen können, wird eine der größten Herausforderungen des 21. Jahrhunderts bleiben. Dieser Herausforderung bei immer knapper werdenden natürlichen Ressourcen angemessen begegnen zu können, wird innovative Technologie sowie Politikanpassung und Änderungen im menschlichen Verhalten erfordern.

Hunger hat für die Betroffenen immer noch dasselbe schreckliche Gesicht: Mangel, Krankheit, Schädigung der geistigen Kapazität, Lethargie, die zu verringerter Leistung und Armut führt, früher Tod. Die Ursachen des Hungers und seine Verteilung auf der Welt wandeln sich aber. Die Welt war noch nie so reich, und noch nie waren so viele so gut ernährt. Zugleich ist auch richtig, daß die Zahl der Hungernden kaum abnimmt. Dabei rückt das Hungerproblem uns in Europa immer näher: Fehl- und Unterernährung in einigen Ländern der ehemaligen Sowjetunion nehmen zu (vgl. *Nahrungsmittelkonsum und Ernährungslage in Rußland*, S. 48 ff.), auf dem Balkan mußte kriegsbedingter Hunger bekämpft werden. Die uns geographisch fernen Hungergebiete Südasiens und Afrikas scheinen in einer anderen Welt zu liegen, aber die durch Armut, Hunger und Krieg ausgelösten Bevölkerungsbewegungen tangieren auch uns.

Der Hunger ist heute versteckter, verstreuter, stiller, unberechenbarer. Hungerbekämpfung muß sich dem anpassen und ist schwieriger geworden. Sie muß deshalb auf guter Forschung ruhen und mit erhöhtem Engagement betrieben werden. Einfache Rezepte gibt es nicht.

Parallel zur Unterernährung bestehen weitverbreitete und wachsende Gesundheitsprobleme aufgrund von Übergewicht und Fettleibigkeit nicht nur im Vergleich zwischen reichen und armen Ländern, sondern auch in Ländern mit mittlerem Einkommen und besonders in deren städtischen Gebieten: eine Folge des veränderten Lebensstils, der Mangel an Bewegung mit einschließt. In den Industrieländern ist die Angst vor dem Hunger von der Angst vor übermäßigem Essen abgelöst worden.

Drei Sichtweisen zum Hunger

Dem Problem der Mangelernährung wird mit sehr unterschiedlichen Sichtweisen begegnet, mit unterschiedlichen Konsequenzen für politisches Handeln. Drei solche Betrachtungsweisen sind:

1. Wird die ausreichende Ernährung jedes einzelnen Menschen als **Menschenrecht** angesehen, so dürfen im Grundsatz keine Kompromisse in bezug auf das Recht auf Nahrung eingegangen

werden. Zwar unterstützen viele Staaten das Recht auf Nahrung, und der Welternährungsgipfel von 1996 hat es bekräftigt, doch wurde dieses Recht bislang nicht in spezifische, international rechtsverbindliche Verpflichtungen umgesetzt.

2. Betrachtet man Mangelernährung als **Folge von Armut und Entwicklungsproblemen**, legt dies nahe, daß die Verfügbarkeit von und der Zugang zu Nahrungsmitteln in erster Linie Ergebnis von strukturellen Bedingungen und niedrigem Einkommen sind und entsprechend Reformen und Entwicklungspolitik einzufordern sind.
3. Eine gute Ernährungslage als **Vorbedingung für Entwicklung** zu sehen, basiert auf der Vorstellung, daß mangelnde Produktivität teilweise Folge einer mangelhaften Ernährung ist. Eine verbesserte Ernährungslage führt zu einer höheren körperlichen Leistungsfähigkeit sowie verbesserten kognitiven Fähigkeiten und damit zu einer höheren Produktivität auf dem Arbeitsmarkt. Die Ernährungslage ist damit nicht allein eine Folgeerscheinung wirtschaftlichen Fortschritts, sondern eine seiner Vorbedingungen. Politik muß diese Erkenntnis in entsprechende Investitionen für Ernährungsverbesserung umsetzen.

Änderung von Konsumgewohnheiten

Natürlich lebt der Mensch nicht von Brot allein. Der Fleisch- und Milchkonsum ist in den Entwicklungsländern in den letzten 25 Jahren mehr als doppelt so stark gestiegen wie der Getreidekonsum für die direkte menschliche Ernährung, nämlich um über 150 Milliarden US-$. In den Industrieländern betrug dieser Anstieg nur rund 50 Milliarden US-$.

Selbst wenn die Pro-Kopf-Einkommen auf der Welt nur langsam steigen, wird der Fleisch- und Milchkonsum stark wachsen. An dieser Grundtendenz der Konsumgewohnheiten der Menschheit läßt sich nur sehr schwer etwas ändern. Sicher ist, daß sich Konsumgewohnheiten sehr viel weniger beeinflussen lassen als Produktivität. Forschung und Technologie müssen deshalb sicherstellen, daß der Konsumzuwachs für die Umwelt verkraftbar wird.

Nachhaltige Produktion von Nahrungsmitteln, Biotechnologie und genetische Ressourcen

Das Zwanzigste war ein bemerkenswertes Jahrhundert in der Agrargeschichte. Die Einführung hochertragreicher Sorten bei den wichtigsten Nutzpflanzen hat dazu geführt, daß viele Millionen Menschen heute weniger Hunger leiden, als sonst zu erwarten gewesen wäre. Ohne erhöhte landwirtschaftliche Produktivität werden Nahrungsmittel in den Armutsgebieten der Welt jedoch zunehmend knapp. Nachhaltige landwirtschaftliche Technologie erfordert gerade jetzt vermehrte Forschungs- und Entwicklungsinvestitionen zur Reduzierung des latenten Konflikts zwischen Naturraumerhaltung und Ernährungsbedarf. Die Potentiale der modernen Biotechnologie und Gentechnik müssen dazu genutzt werden (vgl. *Die Rolle der Bio- und Gentechnologie für die Sicherung der Welternährung*, S. 54ff.).

Sowohl die Nutzung als auch die Nichtnutzung von Technologie birgt Risiken für Nachhaltigkeit und wirft ethische Fragen auf, die im konkreten Fall abgewogen werden müssen. Landwirtschaftliches Wachstum ohne technische Verbesserung und mit niedrigen Inputeinsätzen wie Dünger ist durch die Erschöpfung von Ressourcen und die Erschließung von neuen Anbauflächen nur für eine begrenzte Zeit möglich. Solches Wachstum ist nicht nachhaltig; es führt meistens zum Abbau von Ressourcen. Umweltzerstörungen, wie zum Beispiel Waldrodungen und Erosion, sind oft dem verzweifelten und ohne Alternativen dastehenden Versuch der Armen, sich selbst zu ernähren, zuzuschreiben. Der Mangel an Agrartechnologie ist insbesondere für die Armen in der Regel riskanter als der Einsatz von Technologie zur Sicherung der Ernährung.

Über Jahrhunderte haben Bauern »ihre« Pflanzensorten entwickelt und den speziellen regionalen Besonderheiten und Bedürfnissen angepaßt. Genetische Ressourcen von Pflanzen und Tieren bleiben essentiell, um nachhaltig die Nahrungsmittelproduktion der Zukunft decken zu können.

Verarbeitung und Vermarktung

Weil die Städte ihre Bevölkerung in den nächsten 30 Jahren verdoppeln werden, wird u. a. die Lagerung, Verarbeitung und der Transport von Nahrungsmitteln zunehmend Bedeutung für den wachsenden Bedarf gewinnen (vgl. *Nahrungsmittel und Ernährung in den großen Städten*, S. 44 ff.). Eine zunehmende Vielfalt von Rohstoffen wird im 21. Jahrhundert zu qualitativ hochwertigen und sicheren Lebensmitteln verarbeitet werden, die sich über weite Strecken transportieren und lange Zeit lagern lassen. Dies schafft auch für Landwirte fernab der Städte Einkommensmöglichkeiten. Verbesserungen der Nachernte-Verfahren erlauben es den Verbrauchern, frische Früchte und Gemüse im Winter in den kalten Klimazonen zu kaufen. Dieser globale Austausch wird im 21. Jahrhundert noch weiter zunehmen; der Verbraucherschutz und der Schutz der Umwelt werden globale Probleme, die nicht an den nationalen Grenzen enden werden. Freier Handel mit Nahrungsmitteln dient in der Regel auch den Armen, denn er schafft Arbeitsplätze in Ländern mit Potential für arbeitsintensive Agrarprodukte (vgl. *Entwicklung und Ernährungssicherung durch Welthandel?*, S. 38 ff.).

Für nachhaltige Verbesserung der Ernährung

Ohne tiefgreifende Änderung in Politik und Verhalten werden Hunger und Überernährung im 21. Jahrhundert vermehrt nebeneinander existieren, und zwar nicht nur weit voneinander entfernt in armen versus reichen Ländern (in den Industrienationen beträgt die durchschnittliche Nahrungsenergieversorgung teilweise mehr als das Doppelte der Kalorienversorgung pro Kopf in den ärmsten Ländern der Welt, vgl. Tabelle 7, S. 166 ff.), sondern nahe beieinander, innerhalb desselben Landes und derselben Stadt. Dies birgt enormen sozialen Sprengstoff. Beide Probleme scheinen Kehrseiten derselben Münze, haben tatsächlich aber wenig miteinander zu tun und erfordern grundlegend verschiedene Maßnahmen zur Veränderung.

Angemessene politische Rahmenbedingungen, die Förderung der Bildung und das Recht der Menschen auf ausreichende Nahrung können unter demokratischen und freiheitlichen Bedingungen eher durchgesetzt werden. Fast alle großen Hungersnöte des 20. Jahrhunderts waren zumindest zum Teil bewußtes Produkt oder indirektes Resultat von politischer Unterdrückung.

Chancen wirtschaftlichen Wachstums mit breit gestreuten Einkommens- und Beschäftigungswirkungen, die die Armen erreichen, sind die Voraussetzung für nachhaltige Überwindung der Unterernährung. Direkte Maßnahmen zur Bekämpfung des Hungers wie z.B. Schulspeisungen und Mutter/Kind-Ernährungsprogramme, ergänzen diese nicht nur, sondern sind Voraussetzung für die nachhaltige Sicherung der Ernährung der Armen, denn solche Maßnahmen ermöglichen erst ein auch langfristig produktives Leben und somit die Erwirtschaftung höherer und stabilerer Einkommen (vgl. *Ohne Ernährungssicherung keine Gesundheit*, S. 75ff.). Die Investition in eine verbesserte Ernährung der Armen ist humanitär geboten und zielt auf die Überwindung eines der größten weltweiten Symptome von Politik- und Marktversagen.

Die Herausforderung, intelligente Lösungen des Ernährungsproblems zu finden und rasch umzusetzen, bleibt immens, insbesondere wenn dabei die natürlichen Ressourcen nachhaltig genutzt werden sollen. Die Konfliktlage zwischen »Welternährung sichern« und »Natur erhalten« läßt sich nicht durch isolierten Schutz der Natur, sondern nur durch rasche Reduzierung der Armut überwinden – d.h., die armutsbedingten Umweltprobleme müssen gemeinsam mit den Armen bekämpft werden. Die Überwindung von Hunger ist dabei nicht nur das Problem eines Mangels an Wissen und Technologie, sondern im Kern ein Problem von Politik und Macht sowie der Bereitschaft zum Teilen.

Prof. Dr. Joachim von Braun ist Direktor des Zentrums für Entwicklungsforschung der Universität Bonn.

Entwicklung und Ernährungssicherung durch Welthandel?

Ulrike Grote, Susanna Wolf

Die Teilnahme am Welthandel ermöglicht es Entwicklungsländern, in denen die Nachfrage nach Nahrungsmitteln die Produktion übersteigt, diese Lücke durch den Import von zusätzlichen Nahrungsmitteln zu schließen. Fände kein Handel statt, würden sich inländische Produktionsschwankungen unmittelbar auf den Verbrauch auswirken. Die ärmere Bevölkerung würde also an Nahrungsmittelmangel leiden, da die inländische Angebotsknappheit die Preise von Nahrungsmitteln in die Höhe triebe. Darüber hinaus wird durch die Möglichkeit des Imports die kostenintensive Lagerhaltung von Nahrungsmitteln bis zu einem gewissen Grad ersetzt.

Auch im Rahmen der Globalisierung wird dem Handel in seiner Funktion als Wachstumsmotor und somit im Hinblick auf die Entwicklung und Ernährungssicherheit in den Entwicklungsländern eine wichtige Bedeutung zuerkannt. Das Allgemeine Zoll- und Handelsabkommen (GATT) und die seit 1995 bestehende Nachfolgeorganisation, die Welthandelsorganisation (WTO), stehen für weltweite Handelsliberalisierung durch den Abbau von Handelsbarrieren (Zölle, mengenmäßige Beschränkungen etc.) und damit auch für die Zunahme des Welthandels und der internationalen Arbeitsteilung. Der enorme Anstieg des Handelsvolumens in den letzten beiden Jahrzehnten von 2,034 Milliarden US-$ (1980) auf 5,375 Milliarden US-$ (1998) führt zu einem steigenden Wettbewerb. Dabei ist der Anteil der Nahrungsmittel an den gesamten Exporten der Entwicklungsländer von 24 (1980) auf 14 Prozent (1997) gefallen.

Die verstärkte internationale Arbeitsteilung durch den Handel wiederum führt zu steigendem Wachstum, das allerdings nicht gleichmäßig auf die einzelnen Länder und Bevölkerungsgruppen verteilt ist.

Damit die Entwicklungsländer von dieser Arbeitsteilung profitieren können, muß die Öffnung der Märkte der Industrieländer fortgesetzt werden. Dadurch erhalten die Entwicklungsländer die Möglichkeit, vermehrt zu exportieren und Deviseneinnahmen zu erzielen, die etwa für Investitionen in verbesserte Produktionstechnologien benötigt werden. Insbesondere wird es den Entwicklungsländern ermöglicht, sich auf die Verarbeitung ihrer Rohprodukte zu konzentrieren. Hohe Protektionsraten auf die Verarbeitungsprodukte haben bisher die inländische Veredlung der Rohprodukte behindert.

Herausforderungen einer Handelsliberalisierung

In Entwicklungsländern kann die Liberalisierung der eigenen Märkte aber auch Probleme mit sich bringen. Der Anteil Schwarzafrikas am Welthandel ist beispielsweise von 3,3 (1950) auf 0,9 Prozent (1995) gesunken. Diese zunehmende Marginalisierung kann dazu führen, daß insbesondere die ärmsten Entwicklungsländer unzureichend an der Entwicklung teilhaben und daß die großen Machtblöcke Europäische Union (EU) und USA den Handel weitgehend bestimmen. Die Schere zwischen arm und reich würde sich infolgedessen zwangsläufig erweitern. Darüber hinaus besteht der Trend, Zölle durch andere Handelshemmnisse wie Umwelt- oder Sozialstandards zu ersetzen und zum Schutz des eigenen Marktes zu mißbrauchen. Weiterhin wird befürchtet, daß die vom Handel abhängigen Länder vermehrt Weltmarktpreisschwankungen ausgesetzt sind. Größere Offenheit der Märkte bedeutet auch, daß ein Land stärker von externen Schocks wie Finanzkrisen betroffen sein kann. Um zu verhindern, daß die schwächsten Mitglieder der Gesellschaft die Anpassungskosten tragen, sind funktionierende soziale Sicherungssysteme und starke Institutionen notwendig. Da viele Entwicklungsländer solche Programme nicht finanzieren können, ist hier Unterstützung durch Entwicklungszusammenarbeit notwendig.

Folgen einer Liberalisierung des Agrarhandels für Entwicklungsländer

Bei einem Viertel der Entwicklungsländer lag der Anteil der Agrarexporte in den frühen neunziger Jahren bei mehr als zwei Drittel ihrer jeweiligen Gesamtexporte. Dabei sind die Entwicklungsländer häufig vom Export eines einzigen Agrarproduktes abhängig, wie Mosambik von Fisch oder Uganda von Kaffee. Da die Produktion von Agrargütern stark von den klimatischen Bedingungen abhängt, sind die Produzenten einem besonders hohen Risiko ausgesetzt. Außerdem entsteht bei der Produktion dieser Güter im allgemeinen nur eine geringe Wertschöpfung. Bei den Rohprodukten treten im Vergleich zu den Verarbeitungsprodukten auch relativ große Preisschwankungen auf.

In der Uruguay-Runde des GATT wurden erstmals Vereinbarungen über den Agrarhandel getroffen. In der EU und in den USA wird ein Abbau der hohen Subventionen für die Agrarproduzenten zu einem Rückgang der Überschußproduktion führen. Dadurch sinken die Lagerbestände, so daß mehr importiert werden muß. Zusammen mit einer Öffnung des Agrarmarktes in Industrieländern führt dies zu steigenden Weltmarktpreisen.

Im Vergleich dazu tendieren Entwicklungsländer bisher dazu, ihre landwirtschaftliche Produktion zu besteuern und inländische Preise zu subventionieren. Anreize für die Produktion werden dadurch zwar nicht geschaffen, dafür wird die Nachfrage gestärkt, einschließlich der Importnachfrage. Eine Liberalisierung des Handels in Entwicklungsländern hätte somit eigentlich sinkende Weltmarktpreise zur Folge. Es wird aber damit gerechnet, daß die Preiswirkungen einer Handelsliberalisierung in Industrieländern relativ stärker sein werden als die Reaktionen einer Marktöffnung der Entwicklungsländer, so daß prinzipiell eher von einem Anstieg der Weltmarktpreise für Agrarprodukte auszugehen ist. Dies kann zu einem Anstieg der Exporterlöse für etliche Entwicklungsländer führen, die mehr Agrarprodukte exportieren als importieren, wie etwa Nicaragua, Tansania und Simbabwe. Allerdings wird die beschlossene Liberalisierung erst bis zum Jahr 2005 umgesetzt. Zwischen 1993 und 1999 war ein kontinuierlicher Anstieg der durchschnittlichen Weltmarktpreise für Nahrungsmittel um 15 Prozent zu beobachten. Danach gingen sie wieder leicht zurück, was auch auf klimatische Einflüsse zurückgeführt werden kann.

Durch höhere Weltmarktpreise für Agrargüter steigen auch die Anreize, die inländische Produktion zu steigern, was mehr Beschäftigung und weniger Armut im ländlichen Raum zur Folge haben kann, insbesondere wenn die Armen am Landeigentum beteiligt sind. Es ist allerdings auch möglich, daß Marginalstandorte für die Produktion erschlossen werden, die sich nicht für die landwirtschaftliche Bewirtschaftung eignen, oder daß die Produktion auf Kosten der Umwelt intensiviert wird. Während somit kurzfristig Gewinne erwirtschaftet werden können, sind mittel- und langfristig erhebliche Umweltschäden und externe Kosten zu erwarten. Eine nachhaltige Landbewirtschaftung muß für die Erhaltung der Ernährungssicherheit eines Landes sichergestellt werden.

Für die nahrungsmittelimportierenden Länder werden sich allerdings die Kosten durch die relativ teurer gewordenen Importe von Nahrungsmitteln erhöhen. Um die Nahrungsmittelversorgung in den armen Ländern nicht zu gefährden, wurden einige Sonderregelungen in der sogenannten Marrakesch-Deklaration, die 1994 von den WTO-Mitgliedstaaten unterzeichnet wurde, aufgenommen. Diese sehen u. a. eine regelmäßige Kontrolle des Bedarfs an Nahrungsmittelhilfelieferungen vor. Die Nahrungsmittelhilfe soll zunehmend in Form nicht zurückzuzahlender Zuschüsse anstelle von Krediten geleistet werden. Dies ist insbesondere deshalb wichtig, weil sich auch die Kosten für Nahrungsmittelhilfe durch die Preissteigerungen erhöhen. Die technische und finanzielle Unterstützung für die am wenigsten entwickelten sowie Nahrungsmittel importierenden Länder soll verstärkt werden, um die Produktivität im Agrarsektor sowie die Infrastruktur zu verbessern.

Perspektiven der WTO

Mit dem Scheitern der Verhandlungen Ende 1999 in Seattle über eine neue WTO-Runde ist der Prozeß einer weitergehenden Handelsliberalisierung vorläufig unterbrochen. Die Gründe für das Scheitern sind vielfältig: Einige Länder bemängelten die geringe Transparenz und den Ausschluß der Entwicklungsländer von wichtigen Entscheidungsprozessen, andere die überladene und zu ehrgeizige Agenda. Auch die Situation in den USA vor den nächsten Präsidentschaftswahlen, die Absicht der USA, Sozialstandards durch Handelssanktionen durchzusetzen, und die Haltung der Europäischen Union im Agrarbereich werden verantwortlich gemacht. Immerhin wurde beschlossen, die Verhandlungen über die Liberalisierung von Dienstleistungen und im Agrarbereich im Jahr 2000 fortzusetzen.

Lomé verliert an Bedeutung

Auch nach dem Abschluß der Verhandlungen über die Entwicklungszusammenarbeit zwischen der EU und den Partnerländern in Afrika, dem Karibik- und Pazifikraum (AKP) bleiben noch viele Details der Handelsbeziehungen offen. In diesem Abkommen wurde ursprünglich die Entwicklungszusammenarbeit der EU mit den ehemaligen Kolonien der Mitgliedstaaten geregelt; inzwischen sind weitere Entwicklungsländer beigetreten. Ein Grundgedanke der EU-AKP-Partnerschaft ist die Unterstützung der Entwicklung durch »Handel und Hilfe«. Zwar sind sich beide Seiten weitgehend darin einig, daß der Erfolg der bisherigen Kooperation hinter den Erwartungen zurückgeblieben ist, ziehen daraus jedoch unterschiedliche Konsequenzen.

Einigkeit wurde darüber erzielt, daß der Handelsteil des Abkommens grundlegend reformiert werden muß. Die Neuregelung der Handelsbeziehungen soll in Übereinstimmung mit den Regeln der WTO auf der Basis regionaler Freihandelsabkommen geschehen, über die in den nächsten Jahren verhandelt wird. Um die gegenwärtigen Präferenzen, die zollfreien Zugang zum EU-Binnenmarkt für die meisten Produkte aus AKP-Ländern gewähren, behalten zu können, sollen die AKP-Staaten ihrerseits ihre Märkte für EU-Produkte öffnen. Wie weit diese Öffnung gehen wird und welche konkreten Zugeständnisse die EU macht, muß in den Folgeverhandlungen geklärt werden. Nur die am wenigsten entwickelten AKP-Staaten sind von dieser Forderung ausgenommen. Die AKP-Staaten fordern von der EU einen verbesserten Marktzugang für Agrarprodukte, da der Agrarsektor für die meisten AKP-Staaten die wichtigste Devisenquelle ist und für absehbare Zeit auch bleiben wird. Durch ein Freihandelsabkommen mit der EU werden die AKP-Staaten hingegen gezwungen, ihre Märkte für subventionierte Agrarprodukte aus der EU zu öffnen, wodurch die einheimische Produktion unter unfairer Konkurrenz leiden würde. Darüber hinaus kann dies dazu führen, daß die Zolleinnahmen stark zurückgehen, die in vielen AKP-Staaten einen hohen Anteil am Staatshaushalt haben. Als Folge davon würden voraussichtlich Bildungs- und Gesundheitsprogramme weiter eingeschränkt werden.

Im nächsten Jahrzehnt werden die Lomé-Präferenzen weiter an Bedeutung verlieren. Daher ist es um so wichtiger, sich auf eine Verbesserung der Wettbewerbsfähigkeit der AKP-Produzenten zu konzentrieren. Da der Preiswettbewerb für Güter mit hoher Wertschöpfung – wie Obst und Gemüse[1] außerhalb der europäischen Saison oder fertige Schokolade an Stelle von Rohkakao – weniger wichtig wird, kommt der Fähigkeit, Qualitätsansprüche zu erfüllen und z. B. Umweltstandards zu erreichen, auch in Entwicklungsländern eine hohe Bedeutung zu. Zudem kann der Erlös pro Fläche gesteigert werden, wenn statt Kaffee, für den der Preis tendenziell sinkt, Blumen oder Gemüse angebaut werden, so daß das Einkommen der ländlichen Bevölkerung steigt, aber gleichzeitig genug Anbaufläche für Nahrungsmittel übrigbleibt. Bei der Unterstützung der Vermarktung und der Umstellung auf Produkte mit wachsender Nachfrage spielt der Aufbau eines funktionierenden Vertriebsnetzes eine wichtige Rolle, wozu die EU verstärkt Hilfe leisten will. Allerdings ist auch die Zusammensetzung der Exporte in einer Region von Bedeutung. Spezialisieren sich alle Länder auf die Blumenproduktion oder den Gemüseanbau, dann wird dies wiederum die Preise drücken. Eine ausgewogene regionale Exportpalette muß somit die Stabilität der Preise sicherstellen.

Die Partnerschaft zwischen der EU und den AKP-Staaten umfaßt Handel *und* Hilfe. Da es das oberste Ziel der Zusammenarbeit ist, die Armut zu verringern, haben beispielsweise Kreditprogramme für Kleinbetriebe, die die Beschäftigungsmöglichkeiten für die arme Bevölkerung erhöhen, einen steigenden Stellenwert.

Regionale Integration stärken

Regionale Integration spielt sowohl in der WTO als auch in den Lomé-Verträgen eine wichtige Rolle. Durch die Liberalisierung des regionalen Handels kann die Ernährungssicherheit der Region erhöht werden. Das einzelne Land kann leichter auf Überschüsse seiner Nachbarn zurückgreifen, wenn einzelne Länder einer Region in unterschiedlichem Maß von Dürren u. ä. betroffen sind. Wenn nicht mehr jedes Land Selbstversorgung mit allen Nahrungsmitteln anstrebt, kann eine stärkere Spezialisierung und Arbeitsteilung erfolgen. Dadurch kann die Wirtschaftlichkeit erhöht werden. Voraussetzungen sind die Koordinierung sektoraler und makroökonomischer Politiken in einer Region, wie die Verbesserung der Infrastruktur, die Förderung von Forschung und neuen Technologien und die Harmonisierung von Regelungen. Die regionale Integration, die die Abhängigkeit der Entwicklungsländer von den Industrieländern verringert, kann als ein erster Schritt zur Integration in den Welthandel betrachtet werden. Die EU sollte weiterhin die regionale Integration durch Infrastrukturmaßnahmen und Kapazitätsbildung unterstützen.

Dr. Ulrike Grote, Agrarökonomin, ist wissenschaftliche Mitarbeiterin am Zentrum für Entwicklungsforschung der Universität Bonn.
Dr. Susanna Wolf, Wirtschaftsmathematikerin, ist wissenschaftliche Mitarbeiterin am Zentrum für Entwicklungsforschung der Universität Bonn.

Anmerkung

1 Die Entwicklungsländer sind in steigendem Umfang Nettoexporteure von Obst und Gemüse (vgl. Tabelle 10, S. 206).

Literaturauswahl

Wolf, S., 1999: Die handelspolitische Zusammenarbeit als Hindernis oder Schub für die Integration der AKP-Länder in die Weltwirtschaft?, in: Journal für Entwicklungspolitik, Nr. 3

Box, L./J. von Braun/J.-J. Gabas, 1999: Was kommt nach Lomé IV? Die Politik muß sich stärker an der Praxis orientieren, Maastricht

Grote, U./T. Feldbrügge, 1999: Auswirkungen veränderter Rahmenbedingungen auf die Welternährung und Agrarentwicklung, in: Agrarwirtschaft, Vol. 48, Nr. 7, S. 257–268

UNCTAD, 1998: The Least Developed Countries 1998 Report, New York, Genf

Bevölkerung und Ernährung

Die Weltbevölkerung hat 1999 die Sechs-Milliarden-Marke überschritten. Noch lange wird die Menschheit vor der Frage stehen, wie die wachsende Bevölkerung ernährt werden kann. Über die Hälfte des Weltbevölkerungszuwachses auf 7,5 Milliarden Menschen bis zum Jahr 2020 wird in Asien, fast ein Drittel in Afrika stattfinden. Die Reduzierung des Bevölkerungswachstums ist eine entscheidende Herausforderung für die globale Ernährungssicherung. Aber selbst wenn die Anzahl der Geburten pro Frau durch erfolgreiche Maßnahmen deutlich sinken würde, wird die Bevölkerung in den Entwicklungsländern wegen des hohen Anteils junger Menschen weiterhin stark ansteigen.

In einigen Regionen der Erde beunruhigen das rasche Wachstum der Städte und die Frage, wie die Stadtbevölkerung zu ernähren ist. Städte in den Entwicklungsländern wachsen mit einer Rate von über drei Prozent pro Jahr und damit dreimal so schnell wie die Bevölkerung auf dem Lande. 90 Prozent des Bevölkerungswachstums in den Entwicklungsländern werden in den kommenden 25 Jahren in den Städten stattfinden. Die Bevölkerung auf dem Lande wird nur in Afrika anwachsen. Bis zum Jahr 2025 werden mehr als die Hälfte der Bevölkerung in Asien und Afrika und 80 Prozent der Bevölkerung Lateinamerikas in Städten leben.

Land-Stadt-Migration ist oft ein Ergebnis zu geringer Investitionen in den ländlichen Raum. Städtische Landwirtschaft – von kleinen Gartenstücken irgendwo am Straßenrand bis zu Hühnern und Ziegen in Wohnungen der Großstädte – wird dabei häufig als eine Möglichkeit angesehen, den zunehmenden Nahrungsmittelbedarf der Städte zu decken. Allerdings ist städtische Landwirtschaft eher das Ergebnis mangelhafter Entwicklung des ländlichen Raumes und aus der Not geboren. Fehlende Beschäftigungsmöglichkeiten, Armut der städtischen Bevölkerung und eine für den Transport der Nahrungsmittel vom Land in die Stadt unzureichende Infrastruktur sind die Hauptursachen. Als Konsequenz bedeutet dies, daß ländliche Räume attraktiv gestaltet werden müssen, denn nur dort kann die Nahrungsmittelproduktion effizient sein.

Nahrungsmittel und Ernährung in den großen Städten

James L. Garrett, Marie T. Ruel

Das schnelle Wachstum der Städte – oftmals begleitet von hohen Zuwanderungsraten – setzt die lebensnotwendige »Hardware« wie etwa die Infrastruktur und die öffentlichen Einrichtungen, aber auch die »Software«, d.h. den sozialen Zusammenhalt, großen Beanspruchungen aus. Für immer mehr Menschen werden Gewalt und Kriminalität, schlechte Wohnverhältnisse und unhygienische Lebensbedingungen in Verbindung mit Hunger und Mangelernährung zum alltäglichen Los.

Zunehmende Armut und Mangelernährung in den Städten

Mit der Urbanisierung verlagert sich der Schwerpunkt der Armut vom Land in die Städte. In den bevölkerungsreichen Ländern Bangladesch, China, Indien und Nigeria, aber auch beispielsweise in Ghana ist der Anteil der Armen, die in Städten leben, sowie die absolute Anzahl der Armen im Laufe des vergangenen Jahrzehnts angestiegen. Schätzungen zufolge leben wahrscheinlich knapp 300 Millionen Arme in den Städten der Entwicklungsländer. Städtische Armut ist auch für Länder, die keine besonders ausgeprägte städtische Besiedlung aufweisen, eine große Herausforderung. Mosambik beispielsweise ist immer noch überwiegend ländlich geprägt, aber es leben bereits zwei Millionen Arme in seinen großen und kleinen Städten. Dies sind mehr als im hoch urbanisierten Kolumbien. Auch die Ernährungslage ist betroffen. Der Anteil untergewichtiger Kinder an der Gesamtzahl unterernährter Kinder in den Städten stieg in elf von 15 Ländern, die in einer aktuellen Studie untersucht wurden. Noch besorgniserregender ist, daß die absolute Anzahl der in den Städten lebenden untergewichtigen Kinder in neun der 15 Länder anstieg.

Neben den Preisen hängt die Ernährungssicherung in den Städten davon ab, ob der einzelne genug verdienen kann, um Lebensmittel kaufen zu können. Die meisten Armen in den Städten arbeiten für niedrige Löhne in Wirtschaftssektoren, in denen die Arbeitsbedingungen bedenklich sind und keine Sicherheit des Arbeitsplatzes gegeben ist. Im Gegensatz zur ländlichen Bevölkerung ist der Lebensunterhalt der Stadtbewohner nicht eng mit der Landwirtschaft verknüpft, ihre Jobs sind vielfältiger und umfassen mehrere Sektoren.

Dennoch ist die Bewirtschaftung von Grund und Boden für viele Bewohner der Städte und der stadtnahen Gebiete sehr wichtig. Bäuerliche Haushalte existieren oftmals in der Peripherie der Städte, die bis an sie heran und um sie herum gewachsen sind. Für diese Haushalte ist die Bewirtschaftung des bäuerlichen Betriebs die Haupteinnahmequelle. Andere, zentraler gelegene Haushalte wiederum treiben ein wenig Landwirtschaft als Strategie zur Diversifizierung des Nahrungsangebots oder als zusätzliche Einkommensquelle. Obwohl diese Haushalte mit oftmals niedrigem Einkommen ihre Lebensmittel immer noch überwiegend kaufen, kann der Anbau von Gemüse oder die Kleinviehhaltung im städtischen Umfeld eine äußerst wichtige Form der Ernährungssicherung sein und die Ernährungssituation der Kinder verbessern.

Schätzungen zufolge arbeiten etwa 800 Millionen Menschen in der einen oder anderen Form in der urbanen Landwirtschaft. Bis zu 40 Prozent der Bevölkerung in den afrikanischen Städten und bis zu 50 Prozent der Bewohner städtischer Siedlungsgebiete in Lateinamerika betreiben städtische Landwirtschaft. Bei vielen Erzeugern handelt es sich um Frauen. Der Umfang der urbanen Landwirtschaft ist recht unterschiedlich und hängt von der Verfügbarkeit von Grund und Boden und gesetzlichen Beschränkungen ab. Städtische Bauern vollziehen hierbei oftmals eine juristische Gratwanderung und nutzen mit oder ohne Genehmigung öffentliche Freiflächen oder Parzellen privater Eigentümer, die diese selbst nicht bewirtschaften.

Ernährungsformen in der Stadt

Die Lebensweise in der Stadt bringt Änderungen der Ernährungsweise mit sich. Der Anteil an verarbeiteten Lebensmitteln und Essen, das nicht zu Hause zubereitet wurde, ist in der Regel höher als bei der ländlichen Bevölkerung. Imbißstände sind eine wichtige Bezugsquelle für das Essen außer Haus und machen oftmals einen wesentlichen Teil des Lebensmittelbudgets aus. In Nigeria decken Kinder bis zu 50 Prozent, in Haiti bis zu 25 Prozent ihres Kalorienbedarfs über Imbißessen. Für die Armen ist Imbißessen nicht nur bequemer, sondern kann sogar kostengünstiger sein als die zu Hause zubereiteten Mahlzeiten, wenn der Zeitaufwand für Einkäufe und Kochen und die Transportkosten mit berücksichtigt werden.

Die gesundheitlichen Auswirkungen von Imbißessen sind noch nicht geklärt. Imbißessen aus Straßenverkäufen hat in der Regel einen hohen Zucker-, Salz- und Fettgehalt und ist eventuell mit Krankheitserregern belastet.

Umweltbedingte Bedrohungen für Ernährung und Gesundheit

Ein weiterer Faktor, der sich auf die Ernährungssicherheit in den Städten auswirkt, ist die Umwelt innerhalb und außerhalb des Haushalts, einschließlich des Zugangs zu Gesundheits- und Bildungseinrichtungen. Stadtbevölkerungen haben im allgemeinen einen besseren Zugang zu Gesundheitseinrichtungen, Schulen, sauberem Wasser, Sanitäreinrichtungen und Abfallentsorgung als die ländliche Bevölkerung. Kommunalverwaltungen können die Infrastruktur aber nicht immer schnell genug ausbauen, um mit dem raschen Bevölkerungszuwachs Schritt zu halten. Wohlhabendere Bewohner schaffen es in der Regel eher als die arme städtische Bevölkerung, sich Zugang zu öffentlichen

Dienstleistungen zu verschaffen. Laut Weltgesundheitsorganisation (WHO) und Weltkinderhilfswerk (UNICEF) haben beispielsweise weltweit weniger als 20 Prozent der armen städtischen Bevölkerung Zugang zu sauberem Wasser gegenüber 80 Prozent der reichen Stadtbewohner. Gleiches gilt für Einrichtungen des Gesundheitssystems.

Innerhalb des Haushalts leben die Armen oft in erbärmlichen Verhältnissen. Somit ist es für sie schwer, eine Verunreinigung von Lebensmitteln und Wasser zu vermeiden, den Haushalt sauberzuhalten und Krankheitsüberträger wie Ratten und Moskitos fernzuhalten. Zusätzlich verschärft durch überfüllte, beengte Wohnverhältnisse, tragen diese Bedingungen bei Kindern zu Krankheit und Tod durch akute Atemwegsinfekte, Durchfall und Malaria bei und verursachen bei Erwachsenen Erkrankungen, die ihre Arbeitsfähigkeit und ihre Fähigkeit zur Ernährung der Familie bedrohen.

Der urbanen Herausforderung begegnen

Um die Probleme der Armut und der fehlenden Ernährungssicherheit in den Städten beheben zu können, müssen politische Entscheidungsträger und Planer diese Probleme erst einmal anerkennen. Allzu oft assoziieren sie Urbanisierung mit Modernisierung und Entwicklung und gehen fälschlich davon aus, daß eine anhaltende Entwicklung ihrem Land die Möglichkeit geben wird, Probleme »wegzuurbanisieren«. Die quälende Armut, unter der Millionen Menschen im hochurbanisierten Lateinamerika und in den sich stetig ausweitenden Slums in Afrika und Asien tagein, tagaus leiden, zeigt ebenso wie die Not von Millionen Armen in den Städten der Industrieländer deutlich, daß Urbanisierung allein keine Lösung ist.

Zur Bewältigung komplexer städtischer Probleme und deren Ursachen müssen Strategien entwickelt werden. Diese sollten folgende Punkte beinhalten:

In der Lebensmittelwirtschaft

- Sicherstellung des Zugangs zu den Ressourcen, die die Armen zur Verbesserung ihrer Lage benötigen; Erhöhung der Arbeitsplatzsicherheit und Unterstützung beim Aufbau ihrer eigenen Betriebe durch Schulungen, Kredite, Marktinformationen und rechtliche Sicherheit;
- Ausbau der Verbindungswege vom Bauernhof zum Markt sowie Verbesserung der Lagermöglichkeiten; Reduzierung interner bzw. gegebenenfalls internationaler Handelsbeschränkungen, um Nahrungsmittelpreise zu senken;

Landwirtschaft in der Stadt

- Erstellen von Vorschriften und Maßnahmen, um die Rechte von städtischen Landbesitzern und Landwirten in der Stadt abzusichern, so daß diese ihre Produktivität erhöhen und ihren Betrieb umweltfreundlich bewirtschaften können;
- Berücksichtigung von Infrastruktur und Raumbedarf für die städtische Landwirtschaft in der Städteplanung einschließlich der Bereitstellung von Wasserversorgung und Abwasserentsorgung;

Gesundheit und Ernährung

- Informationen über gute Fürsorge, einschließlich Hygiene und Nahrungszubereitung für Mütter sowie Erleichterung ihres Zugangs zu Kinderbetreuung;
- Unterstützung des Ausbaus von Bildungschancen und Arbeitsmöglichkeiten für Frauen;
- Bereitstellung von Sanitäreinrichtungen, Abwasserentsorgung und Versorgung mit sauberem Wasser für jede Familie, so daß sie in einer sauberen und gesunden Umgebung leben kann.

Maßnahmen und Programme zur Beseitigung von Ernährungsunsicherheit in den Städten müssen multisektoral angelegt sein. Eine Erhöhung des Einkommens bzw. des Nahrungsangebots allein reicht nicht aus: Sie müssen begleitet sein von Verbesserungen der Ausbildung, des Gesundheitssystems und des unmittelbaren Umfelds. Die eigenen dynamischen Strategien der Armen sollten nicht ersetzt, sondern in die Problemlösung einbezogen werden. In partnerschaftlicher Zusammenarbeit zwischen Regierung, privatem Sektor und Haushalten können die urbanen Herausforderungen Armut und Ernährungsunsicherheit zweifellos beantwortet und bewältigt werden.

Dr. James L. Garrett ist wissenschaftlicher Mitarbeiter am Internationalen Forschungsinstitut für Ernährungspolitik (IFPRI) in Washington, D. C.
Dr. Marie T. Ruel ist wissenschaftliche Mitarbeiterin am Internationalen Forschungsinstitut für Ernährungspolitik (IFPRI) in Washington, D. C.

Literaturauswahl

Haddad, L./M. Ruel/J. Garrett, 1999: Are urban poverty and undernutrition growing? Some newly assembled evidence. IFPRI, Food Consumption and Nutrition Division Discussion Paper No. 63, Washington, D. C.

Kenzer, M., 1999: Healthy cities: a guide to the literature, in: Environment and Urbanization, Vol. 11, No 1, pps.

Ruel, M. / J. Garrett / S. Morris / D. Maxwell / A. Oshaug / P. Engle / P. Menon / A. Slack / L. Haddad, 1998: Urban Challenges to Food and Nutrition Security: A Review of Food Security, Health, and Caregiving in the Cities. IFPRI, Food Consumption and Nutrition Division Discussion Paper No. 51, Washington, D. C.

Tinker, I., 1997: Street foods: Urban food and employment in developing countries, New York

Nahrungsmittelkonsum und Ernährungslage in Rußland

Karin Elsner

Seit Beginn des politischen und wirtschaftlichen Wandels Anfang der neunziger Jahre hat sich die Lebenssituation großer Teile der russischen Bevölkerung nachhaltig verschlechtert. Mit dem politischen Ziel, eine ausreichende Versorgung der Bevölkerung mit Nahrungsmitteln zu geringen und stabilen Preisen sicherzustellen, wurde der Agrar- und Ernährungssektor zu sozialistischen Zeiten sehr stark staatlich reguliert. Mit einem Anteil von etwa 15 Prozent am inländischen Bruttosozialprodukt hatte er traditionell eine große Bedeutung in Rußland. Im Zuge der Transformation von einer Plan- zu einer Marktwirtschaft wurden in unterschiedlichem Ausmaß die Preise und der Außenhandel liberalisiert sowie Staatsunternehmen privatisiert. Der begonnene Systemwandel setzt den Agrar- und Ernährungssektor einem hohen Anpassungsdruck aus. In seiner Folge ist der Anteil des Agrarsektors am Bruttosozialprodukt auf sieben Prozent im Jahre 1997 geschrumpft, die gesamte Agrarproduktion ist um 36 Prozent gesunken.

Nahrungsmittelpreise und -konsum

Als die hoch subventionierten Konsumentenpreise für Nahrungsmittel zu Beginn der neunziger Jahre weitgehend freigegeben wurden, stiegen die Preise stark an. Dies trug zum drastischen Rückgang der Realeinkommen der Haushalte bei. Gleichzeitig haben sich die Preisverhältnisse zwischen unterschiedlichen Lebensmitteln deutlich verschoben. Allgemein sind tierische Produkte, die während der sowjetischen Ära stärker als die pflanzlichen Nahrungsmittel subventioniert wurden, relativ teurer geworden. Die skizzierten Entwicklungen resultierten in Veränderungen der Höhe und Zusammensetzung des Nahrungsmittelverbrauchs. In sozialistischen Zeiten führten stark subventionierte Nahrungsmittelpreise zu einer hohen Nachfrage nach Lebensmitteln, insbesondere nach Fleisch- und Milchprodukten. Seit 1990 ist der Pro-Kopf-Verbrauch an diesen Nahrungsmitteln auf 51 kg und 166 kg im Jahr 1997 gesunken (Deutschland: 90 kg und 243 kg). Dieselbe Tendenz ist bei frischem Gemüse und Obst zu beobachten, deren Pro-Kopf-Verbrauch um 16 bzw. 20 Prozent abgenommen hat. Demgegenüber hat der Verbrauch von Grundnahrungsmitteln wie Kartoffeln und Getreideprodukten um 19 und acht Prozent auf 126 kg und 128 kg deutlich zugenommen (Deutschland: 73 kg und 75 kg). Der durchschnittliche Anteil der Ausgaben für Nahrungsmittel an den Gesamtausgaben der russischen Haushalte hat sich zwischen 1990 und 1996 von 36 auf 50 Prozent erhöht[1], während er in Deutschland nur bei 18 Prozent liegt.

Eigenproduktion von Nahrungsmitteln Die Bedeutung selbst hergestellter Lebensmittel hat gemessen an ihrem Anteil an der gesamten russischen Agrarproduktion und dem Nahrungsmittelverzehr der Haushalte in den vergangenen Jahren zugenommen. Dies ist vor allem auf eine Verringerung der Agrarproduktion und des Nahrungsmittelkonsums zurückzuführen, weniger auf eine Ausweitung der Eigenproduktion. Die eigene Erzeugung von Nahrungsmitteln ist in Rußland kein gänzlich neues Phänomen und hat vor allem in ländlichen Gebieten Tradition. Aber nur für die wenigsten Haushalte stellen die selbst produzierten Lebensmittel die Grundlage ihres Überlebens dar, so daß nicht von Subsistenzproduktion im engeren Sinn gesprochen werden kann. Insgesamt bewirtschaften über 60 Prozent aller Haushalte Flächen für die eigene Herstellung von Nahrungsmitteln. Für verschiedene Haushaltsgruppen ist die Eigenproduktion von Nahrungsmitteln jedoch unterschiedlich bedeutsam. Drei Viertel der Haushalte der unteren Einkommensklasse und zwei Drittel der beiden mittleren Gruppen ergänzen ihr Nahrungsmittelangebot durch Selbstversorgung, während der Anteil in der obersten Einkommensklasse mit 57 Prozent deutlich niedriger liegt.

Haushalte produzieren vor allem Kartoffeln, Obst und Gemüse, aber auch tierische Produkte, in erster Linie Geflügelfleisch und Eier, und in geringerem Umfang Schweine- und Rindfleisch. Die Erzeugnisse werden auch zu Hause verarbeitet. Der Verzehr selbst hergestellter Lebensmittel am Gesamtkonsum variiert zwischen 40 Prozent bei Fleisch über 70 Prozent bei Eiern bis zu 90 Prozent bei Kartoffeln. Der weitaus bedeutendste Teil der eigenen Erzeugung dient der Versorgung der Haushalte, doch einige Haushalte verkaufen auch Teile ihrer Produktion.

Armut Arme Haushalte konsumieren weniger Nahrungsmittel als reiche und sind häufiger von Mangelernährung betroffen. Die Armut hat in Rußland in den vergangenen Jahren sowohl hinsichtlich ihrer Verbreitung als auch ihrer Intensität drastisch zugenommen. Die realen Einkommen sanken zwischen 1991 und 1997 um ungefähr 30 Prozent[2]. Der sinkende Lebensstandard ist dabei von einer wachsenden wirtschaftlichen Ungleichheit zwischen den Haushalten begleitet. Diese ist maßgeblich verursacht durch Veränderungen in Höhe und Struktur der Löhne, sich unterschiedlich entwickelnde sektorale und regionale Arbeitslosigkeit sowie eine bedeutende Vermögensbildung in den Händen der sogenannten »Neuen Russen«, welche die wohlhabende Wirtschaftselite der heutigen russischen Gesellschaft bilden. Die Einkommensungleichverteilung ist in Rußland weit stärker ausgeprägt als in anderen Transformationsländern. 1996 haben in Rußland die zehn Prozent der Bevölkerung mit den höchsten Einkommen 34 Prozent des gesamten Geldeinkommens erhalten, während die zehn Prozent der Bezieher der geringsten Einkommen lediglich über 2,6 Prozent verfügten. Armutsanalysen zeigen, daß die Armen keine gleichbleibende Gemeinschaft bilden, sondern daß viele Haushalte der Armut entfliehen können, während andere verarmen. Trotz dieses dynamischen Charakters verbleibt ein bedeutender Anteil der bedürftigen Haushalte in Armut und ist auf Unterstützung angewiesen.

Ernährungssituation Die Ernährungslage in Rußland hat sich insgesamt nicht so gravierend verschlechtert, wie im Hinblick auf die stark rückläufigen Einkommen zu erwarten gewesen wäre. Hierfür gibt es verschiedene Erklärungen. Die russische Ernährung ist traditionell übermäßig reich an tierischen Fetten, Übergewicht bei Erwachsenen ist weit verbreitet. Eine Kalorienreduzierung führt somit im Durchschnitt nicht unmittelbar zu einer bedenklichen Ernährungssituation. Weil Ernährung ein Grundbedürfnis darstellt, versuchen die Haushalte durch verschiedene Anpassungsstrategien die negativen Effekte verschlechterter wirtschaftlicher Bedingungen auf ihre Ernährung zu mildern. Beispielsweise werden die Ausgaben für Nahrungsmittel nicht entsprechend dem realen Einkommensrückgang gesenkt. Des weiteren nehmen Haushalte vermehrt relativ preiswerte Grundnahrungsmittel wie Kartoffeln und Getreideprodukte in ihre Ernährung auf und verzehren weniger, vergleichsweise teure, tierische Produkte wie Fleisch und Milch. Teilweise führen die aus ökonomischen Zwängen resultierenden Anpassungen sogar zu einer verbesserten qualitativen Zusammensetzung der Ernährung, vor allem weil weniger tierische Fette aufgenommen werden. Trotzdem ist festzustellen, daß sich einige Haushalte deutlich schlechter ernähren, als Empfehlungen es vorsehen. Für ungefähr zehn Prozent der Haushalte liegt die Gesamtenergieaufnahme unterhalb empfohlener Richtlinien. Infolge des drastisch reduzierten Verzehrs von ernährungsphysiologisch wertvollen Nahrungsmitteln wie Milchprodukten, frischem Gemüse und Obst tritt verstärkt Fehlernährung auf, die zu spezifischen Mangelkrankheiten führt. Der Anteil mangelernährter Kleinkinder ist gestiegen, und es lassen sich vermehrt zu niedrige Geburtsgewichte beobachten (vgl. Tabelle 8, S. 178 ff.). Die Rate chronischer Krankheiten russischer Erwachsener ist eine der höchsten in der Welt. Unübersehbar ist auch das verstärkte Auftreten von parasitären und infektiösen Krankheiten wie Tuberkulose und Rachitis, Diphtherie und Masern, die zum Teil mit grassierender Armut assoziiert werden.

Die schwierigen Lebensbedingungen haben sich für viele russische Haushalte durch die ökonomische Krise des Sommers 1998 noch verschlechtert.

Maßnahmen zur Verbesserung der Ernährungssituation Zur Verbesserung der Versorgungslage müssen im Agrarsektor in vielen Bereichen Probleme überwunden werden. Unternehmen benötigen derzeit dringend Kapital. Häufig sind die Betriebe faktisch noch nicht privatisiert, und sie verfügen nicht über uneingeschränkte Eigentumsrechte an dem von ihnen genutzten Land und anderen Produktionsmitteln. Aus diesem Grund können sie keine ausreichenden Sicherheiten für Kredite anbieten, der Zugang zu Fremdkapital oder anderen Finanzierungsquellen ist dadurch erschwert.

Auch die Ernährungsindustrie und der Groß- und Einzelhandel haben sich bislang nur unvollkommen den Marktbedingungen angepaßt. Neben Ineffizienzen in der Produktion und Problemen im Zusammenhang mit dem Privatisierungsprozeß fehlt es hier noch an Managementfähigkeiten im Bereich des Einkaufs, der Produktion und der Vermarktung.

Abgesehen von diesen Schwierigkeiten auf der Mikro- und der Sektorebene hängt eine positive Entwicklung im Agrar- und Ernährungssektor auch von Rahmenbedingungen wie einem stabileren makroökonomischen Umfeld mit vorhersehbaren Preisen und Wechselkursen ab. Des weiteren ist der Aufbau von marktwirtschaftlich ausgerichteten Institutionen sowie der Agrar- und Ernährungspolitik erforderlich. Diese war in den vergangenen Jahren durch Ad-hoc-Maßnahmen gekennzeichnet, welche den ökonomischen Anpassungsdruck mildern sollen. Die in verschiedenen Regionen Rußlands oft unterschiedlichen Agrar- und Ernährungspolitiken behindern den Warenfluß von Überschuß- in Defizitregionen. Außerdem hemmen Mängel in der Infrastruktur und fehlende Marktkenntnisse den Handel zwischen Regionen. Zu einer erfolgreichen Umgestaltung des Agrar- und Ernährungssektors sind in diesen Gebieten noch große Anstrengungen erforderlich. Von einer Erholung der Produktion und Vermarktung ist auch eine Verbesserung der russischen Nahrungsmittelsituation zu erwarten. Begleitende sozialpolitische Maßnahmen müssen dazu beitragen, die negativen sozialen Folgen der Transformation zu mildern.

Karin Elsner, Volkswirtin, war wissenschaftliche Mitarbeiterin am Institut für Agrarentwicklung in Mittel- und Osteuropa (IAMO) in Halle/Saale.

Anmerkungen

1 Die Ausführungen betreffen die marktmäßige Nachfrage und schließen Konsum aus Eigenproduktion nicht ein. Alle Zahlenangaben beziehen sich auf Elsner (1999a, 1999b), sofern nicht anders gekennzeichnet.

2 Die Messungen sind mit bedeutenden Unsicherheiten behaftet, die unter anderem auf den hohen Anteil der Schattenwirtschaft und der nicht geldlichen wirtschaftlichen Transaktionen an der ökonomischen Aktivität zurückzuführen sind.

Literaturauswahl

Elsner, K., 1999a: Food Consumption in Russia: The Need to Consider Disparities Between Households, Institut für Agrarentwicklung in Mittel- und Osteuropa, Halle/Saale, mimeo.

Elsner, K., 1999b: Analysing Russian Food Expenditure Using Micro-Data, Institut für Agrarentwicklung in Mittel- und Osteuropa, Halle/Saale, IAMO-Diskussionspapier

Seeth, H., tho 1997: Rußlands Haushalte im Transformationsprozeß: Einkommens-, Armuts- und Versorgungsanalyse, Series V, Economics and Management, Vol. 2098, Frankfurt

Wildner, S., 1997: Ernährungssituation und deren Determinanten in russischen Haushalten im Transformationsprozeß, Discussion Papers Food Economy and Food Policy, Series: The Russian Food Economy in Transition No. 10, Institut für Ernährungswirtschaft und Verbrauchslehre, Kiel

Technologie für Ernährungssicherung

Die Nahrungsmittelproduktion – insbesondere die Erzeugung von Getreide – in Entwicklungsländern wird bis zum Jahre 2020 um rund 70 Prozent erhöht werden müssen, wenn die dann erwartungsgemäß dort lebenden rund 6,3 Milliarden Menschen sicher mit Nahrung versorgt werden sollen. Die Verwirklichung dieser notwendigen Produktionsausweitung erfordert sowohl eine nachhaltige Ertragssteigerung bei den Hauptgetreidesorten und Hülsenfrüchten als auch eine Reduzierung der Ernte- und Nachernteverluste durch Schädlinge.

Technologie allein wird die sozialen, wirtschaftlichen und politischen Ursachen von Hunger und Unterernährung nicht beseitigen können. Aber ohne die Anwendung neuer Technologien werden die Folgen des steigenden Bedarfs für die Ernährung – und auch für die Umwelt – gravierender sein. Die viel kritisierte »Grüne Revolution« – eine Kombination von Bewässerung, Hochleistungssorten, Düngemitteln und Pflanzenschutz, die besonders in Asien bei Reis und Weizen zur Anwendung gekommen ist – hat neben einer Steigerung der Produktivität insgesamt positive einkommenschaffende Wirkungen für die landwirtschaftliche und nichtlandwirtschaftliche Bevölkerung gehabt. Die Grüne Revolution wirkte sich in dreifacher Hinsicht positiv auf die Ernährungssicherung aus: durch die gesteigerte Nahrungsmittelmenge, durch reduzierte Preise und durch gestiegene Einkommen. Nicht »blinde Technologiegläubigkeit«, sondern der bewußte Einsatz moderner Verfahren und das Abwägen von Vor- und Nachteilen sollten über den Einsatz von neuen biotechnologischen Verfahren entscheiden. Auch der Kleinbauernsektor in den Entwicklungsländern beginnt aus den Chancen der Gentechnik Nutzen zu ziehen (vgl. *Die Rolle der Bio- und Gentechnologie für die Sicherung der Welternährung*, S. 54ff.).

Technologie für Ernährungssicherung umfaßt neben produktionsorientierten Aspekten auch die Sorge um sichere Nahrungsmittel – eine begründete Sorge nicht nur in Industrieländern, sondern zunehmend auch in Entwickungsländern. Standards der Industrieländer können allerdings nicht ohne weiteres auf die Entwicklungsländer übertragen werden.

Die Rolle der Bio- und Gentechnologie für die Sicherung der Welternährung

Matin Qaim

Daß die Steigerung der Nahrungsmittelproduktion in den letzten Jahrzehnten mit dem Bevölkerungswachstum Schritt halten konnte, ist vor allem der Agrarforschung zu verdanken, die zu beachtlichen technologischen Fortschritten geführt hat. Durch die Impulse der »Grünen Revolution« verdoppelten sich beispielsweise in Asien die Getreideerträge von Mitte der sechziger bis Mitte der achtziger Jahre. Die Weltbevölkerung wächst aber weiter, und auch steigende Einkommen tragen zu einer kontinuierlichen Erhöhung der Nachfrage nach Nahrungsmitteln bei. Gleichzeitig werden die natürlichen Ressourcen zunehmend knapp. Während ein Hektar Ackerfläche heute rund vier Menschen ernähren muß, werden es im Jahr 2025 zwischen sechs und sieben Menschen sein. Diese Herausforderung ist nur durch verstärkte Agrarforschung zu meistern. Neben den konventionellen Forschungsmethoden müssen auch neue Technologien konsequent genutzt werden. Die Biotechnologie wird in diesem Zusammenhang vielfach als Schlüsseltechnologie für das 21. Jahrhundert bezeichnet. Im Bereich der Pflanzenzüchtung könnte sie zu einem erheblichen Wachstum der Agrarproduktivität beitragen. Dennoch ist speziell die Gentechnologie – als wichtiger Teilbereich der Biotechnologie – nicht unumstritten. Während Befürworter die vielversprechenden Potentiale der Biotechnologie zur nachhaltigen Ertrags- und Einkommenssteigerung hervorheben, stellen die Kritiker die sozialen, ökologischen und gesundheitlichen Risiken in den Vordergrund der Diskussion.

Biotechnologische Verfahren und bisherige Anwendung

In einer weitgefaßten Definition umfaßt Biotechnologie all diejenigen Verfahren, bei denen biologische Prozesse vom Menschen zu einem bestimmten Zweck eingesetzt werden. Im gängigen Sprachgebrauch wird Biotechnologie jedoch enger definiert. Moderne Biotechnologie im Bereich der Pflanzenzüchtung umfaßt im wesentlichen Zell- und Gewebekulturtechniken, molekulare Marker und Gentechnologie.

Zell- und Gewebekulturtechniken erlauben die Regeneration ganzer Pflanzen aus einzelnen Zellen oder Gewebeteilen im kontrollierten Nährmedium. Ein wichtiges Anwendungsfeld dieser Techniken ist die Mikropropagation, das heißt die Vermehrung von Pflanzenmaterial im Labor. Gegenüber der konventionellen Vermehrung hat sie den Vorteil, wesentlich schneller zu sein, so daß Pflanzen mit erwünschten genetischen Eigenschaften rasch verbreitet werden können. Darüber hinaus ist das im Labor entstehende Pflanzmaterial frei von Krankheiten und Schädlingen.

Molekulare Marker sind spezielle Genfragmente, die mit geeigneten Analysemethoden sichtbar gemacht werden können. Durch markergestützte Selektion kann sich in Zukunft die Entwicklungszeit neuer Pflanzensorten erheblich verkürzen, da die Weitervererbung von erwünschten Merkmalen schon im Laborstadium festzustellen ist. Ohne diese Methode ist die Auswahl oft erst durch Beobachtung nach der Aussaat im Versuchsfeld möglich.

Gentechnologie wird hier verstanden als die Übertragung von Genen aus fremden Organismen in den Zielgensatz mittels spezieller Übertragungsverfahren. Gentechnisch veränderte Pflanzensorten werden als transgen bezeichnet. Während bei der klassischen Züchtung nur Gene innerhalb der gleichen Art übertragbar sind, werden mit der Gentechnik diese natürlichen Schranken der Fortpflanzung überwunden. Ein prominentes Beispiel ist der Transfer von Genen des Bodenbakteriums *Bacillus thuringiensis* (Bt) in Mais und andere landwirtschaftliche Kulturpflanzen zur Erzeugung von Insektenresistenz. Das Potential solcher Resistenzmechanismen wird deutlich, wenn man sich vor Augen hält, daß trotz chemischen Pflanzenschutzes weltweit rund ein Drittel der möglichen Erntemengen durch Krankheiten und Schädlinge verlorengeht (vgl. *Schädlingsbekämpfung: Ein Blick in die Zukunft*, S. 59 ff.). Auch könnte mit Hilfe der Gentechnologie eine höhere Toleranz gegen widrige Umwelteinflüsse, wie etwa Dürre oder Bodenversalzung, erreicht werden. Darüber hinaus sind Verbesserungen der Pflanzeninhaltsstoffe für die Welternährung interessant. Beispielsweise ist es Forschern jüngst geglückt, auf gentechnischem Wege den Gehalt an Vitamin A und Eisen in Reis signifikant zu erhöhen. Obwohl die genannten Züchtungsziele nicht grundsätzlich neu sind, bietet die Gentechnologie gegenüber konventionellen Methoden zwei entscheidende Vorteile. Zum einen wird das Spektrum der zur Verfügung stehenden Gene enorm erweitert, da der Gentransfer auch artübergreifend möglich ist. Hierdurch steigt die Wahrscheinlichkeit, Gene zu finden, die nützliche Eigenschaften in der Kulturpflanze erzeugen können. Zum anderen wird der Züchtungserfolg beschleunigt, weil durch den gezielten Transfer erwünschter Einzelgene die gleichzeitige Übertragung unerwünschter Eigenschaften vermieden wird. Dennoch ist nicht zu erwarten, daß Gentechnologie die konventionellen Forschungsmethoden ersetzen wird. Die Entwicklung einer vorteilbringenden transgenen Sorte basiert immer auf lokal angepaßten Ausgangssorten, die wiederum nur aus der klassischen Kreuzungszüchtung und Selektion am entsprechenden Standort hervorgehen können.

Der gentechnologische Fortschritt findet bisher überwiegend in den Ländern des Nordens statt. Von wenigen Ausnahmen abgesehen sind die meisten Entwicklungsländer weit davon entfernt, gentechnische Verfahren in die Praxis umzusetzen. Obwohl für die globale Nahrungsmittelproduktion auch die Steigerung der Agrarproduktivität in den Industrieländern eine wichtige Rolle spielt, sind es die Entwicklungsländer, die am meisten von der Biotechnologie profitieren könnten. Bio- und gentechnologische Forschung ist jedoch verhältnismäßig teuer und verlangt ein hohes Maß an Know-how. Viele ärmere Länder sind überfordert, ihre eigenen Technologieprodukte national zu entwickeln. Wie sieht es dagegen mit dem Technologietransfer aus dem Ausland aus? Weltweit wird die Biotechnologie von transnationalen Konzernen dominiert. Diese privaten Firmen konzentrieren ihre Forschungsinteressen auf Regionen mit guten Vermarktungschancen. Da die potentiellen Anwender landwirtschaftlicher Technologie in Entwicklungsländern überwiegend arm sind, ist es für private Unternehmen oft zu risikoreich, ihre Forschungsschwerpunkte speziell auf diese Länder auszurichten. Bei der Grünen Revolution waren es die öffentlichen internationalen Agrarforschungsinstitute, die geeignete Saatguttechnologien für die Bedürfnisse der Länder des Südens entwickelten. Diese Institute haben allerdings die Potentiale der Biotechnologie erst verhältnismäßig spät erkannt, so daß die spezifischen Erfahrungen noch entsprechend gering sind. Mehr öffentliche Forschung, aber auch eine effizientere Kooperation des öffentlichen und des privaten Sektors sind gefragt, um einen besseren Zugang der Entwicklungsländer zur Bio- und Gentechnologie zu gewährleisten.

Umwelt- und Gesundheitsaspekte

In der Diskussion um die Gentechnik werden immer wieder Bedenken geäußert, daß aufgrund der direkten Manipulation im pflanzlichen Erbmaterial neue und unverantwortlich große Risiken für Umwelt und menschliche Gesundheit entstehen könnten. Grundsätzlich kann bei keiner neuen Technologie die Existenz unkalkulierbarer Risiken mit absoluter Sicherheit ausgeschlossen werden. Die bisher durchgeführten Risikostudien legen aber den vorläufigen Schluß nahe, daß gentechnisch erzeugte Pflanzen nicht generell gefährlicher sind als herkömmlich gezüchtete. Das heißt nicht, daß transgene Pflanzen frei von Risiken sind. Eine Risikoabschätzung kann aber nicht pauschal für die Gentechnik als ganze erfolgen, sondern muß von Fall zu Fall für jede Einzeltechnologie durchgeführt werden. Zu den wichtigsten Umweltrisiken zählen das mögliche Auswildern der transgenen Kulturpflanze in den natürlichen Lebensraum sowie die Übertragung von eingebrachten Einzelgenen in wildlebende Artgenossen durch Pollenflug (Auskreuzen). Wenn die transgenen Eigenschaften für die Pflanzen des Lebensraums einen erheblichen Vorteil bieten, besteht die Gefahr einer unkontrollierten Ausbreitung und des Verlusts an genetischer Vielfalt. Prinzipiell ist das Risiko des Auskreuzens in Entwicklungsländern größer, da dort häufig der genetische Ursprung der domestizierten Kulturarten liegt, und infolgedessen mehr natürliche Kreuzungspartner vorhanden sind.

Die wichtigsten Gesundheitsrisiken beim Verzehr gentechnisch veränderter Nahrungsmittel sind die unbeabsichtigte Entstehung toxischer Stoffwechselprodukte und das Auftreten neuer Allergien durch die Einführung fremder Gene in die Nahrungskette. Die Existenz dieser und ähnlicher Risiken und das hohe Ausmaß des möglichen Schadens erfordern die Schaffung effektiver Regelungen der biologischen Sicherheit, bevor gentechnisch veränderte Organismen in Verkehr gebracht werden. Während viele Industrieländer darin schon mehrjährige Erfahrungen haben, steht der Aufbau solch administrativer Voraussetzungen in den meisten Entwicklungsländern erst noch bevor. Eine umfassende Bewertung von Umwelt- und Gesundheitsaspekten der Biotechnologie sollte aber neben den Risiken auch die möglichen positiven Effekte berücksichtigen. Ein positiver Umwelteffekt ist vor allem im verringerten Pestizideinsatz zu sehen. Positive Gesundheitseffekte würden durch eine bessere Versorgung der Nahrungsmittelkonsumenten mit essentiellen Makro- und Mikronährstoffen entstehen.

Soziale Aspekte

Jede neue Technologie kann sowohl positive als auch negative soziale Auswirkungen haben. Dies gilt vor allem dann, wenn es sich um eine bahnbrechende Innovation wie die Biotechnologie handelt. Negative soziale Effekte würden sich international ergeben, wenn biotechnologische Fortschritte ausschließlich auf die Industrieländer begrenzt blieben. Darüber hinaus besteht die Gefahr, daß sich die Handelsposition der Entwicklungsländer verschlechtert, wenn klassische Agrarexportprodukte der Tropen (z. B. Vanille, Kakao) künftig durch biotechnologische Verfahren auch in den Industrieländern hergestellt werden könnten. Um eine Verschärfung des Nord-Süd-Gefälles zu vermeiden, dürfen die Entwicklungsländer von biotechnologischen Entwicklungen nicht ausgeschlossen werden. Neben solchen internationalen Effekten müssen Verteilungswirkungen der Biotechnologie aber auch für die Nutzung innerhalb einzelner Entwicklungsländer untersucht werden.

Grundsätzlich ist die Biotechnologie sowohl für Kleinbauern als auch für größere Landwirte geeignet. Obwohl insbesondere die gentechnische Forschung im High-Tech-Bereich anzusiedeln ist, trifft dies für das letztlich vom Bauern angewendete Technologieprodukt – das transgene Saatgut – nicht zu. Gentechnisch veränderte Sorten erfordern keine ergänzenden Inputs (wie zusätzliche Düngemittel, Pflanzenschutz oder Bewässerung), so daß sie sich gut in die traditionellen landwirtschaftlichen Betriebssysteme integrieren lassen. Da ressourcenarme Kleinbauern häufig größere Verluste durch Krankheiten, Schädlinge und andere Streßfaktoren erleiden, könnten transgene Resistenzen für sie sogar höhere Ertrags- und Einkommenszuwächse bewirken als für reichere Großbauern. In einer Studie über den zukünftigen Einsatz transgener virusresistenter Kartoffeln in Mexiko zeigt sich, daß die möglichen Ertragszuwächse für die Kleinbauern bei 46 Prozent liegen, während der Zuwachs für große Farmer lediglich 15 Prozent betragen würde. Entsprechend höher werden die relativen Einkommenssteigerungen für die kleinen Kartoffelbauern sein. Eine andere Studie über die Verwendung von Gewebekulturtechniken in der Bananenproduktion Kenias zeigt ebenfalls, daß die Nutzenpotentiale dieser Innovation für die Kleinbauern am größten sind. In beiden Fällen können auch die Konsumenten erheblich profitieren, da durch den technologischen Fortschritt die Preise für Nahrungsmittel sinken.

Die tatsächlichen Verteilungswirkungen ergeben sich nicht nur aus den technologischen Gegebenheiten selbst, sondern hängen auch von den jeweiligen institutionellen Rahmenbedingungen ab. Hierzu zählt beispielsweise die Infrastruktur der Saatgutverbreitung ebenso wie die Effektivität der landwirtschaftlichen Beratungsdienste und Kreditmärkte. Darüber hinaus spielen patentrechtliche Regelungen eine zunehmend wichtige Rolle, weil sie den Preis für die Technologie und die Möglichkeiten des Nachbaus von Saatgut durch die Bauern beeinflussen.

Zusammenfassend läßt sich festhalten, daß die Bio- und Gentechnologie große Potentiale bietet, die globale Agrarproduktivität nachhaltig zu steigern und die Einkommenssituation der Menschen in den Ländern des Südens zu verbessern. Der tatsächliche Beitrag der Biotechnologie zur Welternährungssicherung ist aber bisher noch begrenzt, da die Innovationsdynamik erst ganz am Anfang steht. Es ist vor allem eine politische Herausforderung, die biotechnologische Entwicklung so zu lenken, daß die Potentiale der Technologie realisiert und gleichzeitig die Risiken und negativen Begleiterscheinungen minimiert werden können.

Matin Qaim, Agrarökonom, arbeitet als wissenschaftlicher Mitarbeiter am Zentrum für Entwicklungsforschung der Universität Bonn.

Literaturauswahl

Gestrich, C. (Hg.), 1998: Welternährung und Gentechnologie; Praxis und ethische Bewertung, Berlin

Ives, C. L./B. M. Bedford (Hg.), 1998: Agricultural Biotechnology and International Development, CAB International, Wallingford

Qaim, M., 1998: Transgenic Virus Resistant Potatoes in Mexico: Potential Socioeconomic Implications of North-South Biotechnology Transfer. ISAAA Briefs No. 7, International Service for the Acquisition of Agri-biotech Application, Ithaca, New York

Qaim, M., 1999: Assessing the Impact of Banana Biotechnology in Kenya. ISAAA Briefs 10, Ithaca, New York

Schädlingsbekämpfung: Ein Blick in die Zukunft

Montague Yudelman

Eine breite Palette an Schädlingsarten steckt der landwirtschaftlichen Produktion, insbesondere der Produktion von Nutzpflanzen, Grenzen. Zu diesen Schädlingen gehören Tiere, einschließlich Insekten, Krankheitserreger und Unkraut. Ihre Verteilung und die Häufigkeit ihres Auftretens hängen von einer komplexen Vielfalt ökologischer, agroklimatischer und sozioökonomischer Bedingungen ab. Änderungen im Anbaumuster der Kulturpflanzen, zum Beispiel ein Wechsel von traditionellen Anbausystemen zu Monokulturen und Daueranbau, beeinflussen ebenfalls die Größe und Häufigkeit des Auftretens von Schädlingspopulationen.

In einer Studie zu acht wichtigen Nutzpflanzen (s. Literaturverzeichnis) wurde festgestellt, daß etwa 42 Prozent der erzielbaren Jahresproduktion Schädlingen zum Opfer fielen. Die größten Verluste an potentiellen Erträgen wurden durch Insekten (15 Prozent) verursacht, gefolgt von Krankheitserregern (13 Prozent) und Unkraut (13 Prozent). Da nach der Ernte weitere zehn Prozent Verlust entstehen, schätzt man die gesamten schädlingsbedingten Verluste bei diesen wichtigen Nutzpflanzen auf mehr als die Hälfte des erzielbaren Ertrags. Die Produktionsverluste lagen in Europa (28 Prozent), Nordamerika (31 Prozent) und Ozeanien (36 Prozent) deutlich unter den Durchschnittswerten für Afrika und Asien, deren Verluste bei knapp 50 Prozent lagen – dem höchsten Anteil der Ernteverluste in Entwicklungsländern.

Chemische Pestizide

Der Einsatz chemischer Pestizide ist und wird auch weiterhin wichtig für die Reduzierung schädlingsbedingter Ernteverluste sein. Der Pestizidmarkt hat derzeit einen Umsatz von 30 Milliarden US-$ pro Jahr; etwa 80 Prozent der verwendeten Pestizide kommen in den Industrieländern zum Einsatz. Man geht gemeinhin davon aus, daß die Nachfrage nach Pestiziden in dem Maße ansteigen wird, in dem die Entwicklungsländer ihren Nutzpflanzenanbau intensivieren, um den nationalen Bedarf zu decken. Diese Expansion wird vermutlich noch durch andere Kräfte vorangetrieben, die in der Vergangenheit zu einem schnellen Anstieg des Pestizideinsatzes geführt haben: die Betonung »chemischer« Lösungen für landwirtschaftliche Probleme; die Förderung des Pestizideinsatzes durch landwirtschaftliche Beratungsdienste; die aggressive Vermarktung durch Pestizidhändler; die unzureichenden Investitionen in die Entwicklung von Alternativen zu Pestiziden insbesondere in den Entwicklungsländern und die erhöhte Resistenz von Pflanzenschädlingen.

Es gibt eine bereits seit längerer Zeit geführte kontroverse Diskussion über das

Ausmaß der schädlichen Nebenwirkungen chemischer Pestizide. Der Nachweis tatsächlicher und potentieller Schäden für die Gesundheit des Menschen und für die Umwelt sowie der wirkungsvolle Druck seitens der Umweltschützer hat insbesondere in den Industrieländern zu strengeren Auflagen beim Pestizideinsatz und zum Verbot bestimmter Pestizide geführt. Als Folge davon investieren die transnationalen Konzerne, die den Pestizidmarkt beherrschen, im großen Maßstab in die Entwicklung neuer, weniger toxischer, weniger dauerhafter Produkte mit schmalerer Wirkungsbandbreite, um die strengeren Vorschriften in den wichtigsten Märkten Nordamerikas, Westeuropas und Japans einzuhalten.

Diese neueren, teureren und verbesserten Produkte müssen in den Entwicklungsländern mit billigeren älteren Produkten konkurrieren. Bei vielen dieser älteren Produkte handelt es sich um Pestizide, für die das Patent bereits freigegeben ist, bzw. die unspezifisch wirken. Sie enthalten gefährliche und in den Industrieländern bereits verbotene Verbindungen. Manche sind eventuell auch schon in den Entwicklungsländern verboten, doch aufgrund fehlender starker Umweltbewegungen und »grüner« Parteien wird die Durchsetzung dieser Vorschriften häufig extrem halbherzig gehandhabt.

Nichtchemische technologische Ansätze

Es gibt technologische Ansätze zur Verbesserung der Schädlingsbekämpfung, die auch ohne chemische Pestizide auskommen. Hierzu gehören unter anderem die Pflanzenzüchtung, der Einsatz biologischer Bekämpfungsmittel und die Biotechnologie (Zum Einsatz der Biotechnologie bei der Bekämpfung von Schädlingen vgl. *Die Rolle der Bio- und Gentechnologie für die Sicherung der Welternährung*, S. 54 ff.) Einzelne Elemente dieser Technologien werden oftmals zusammen und auch in Kombination mit chemischen Pestiziden eingesetzt.

Pflanzenzüchtung Seit Jahrhunderten verfügen Pflanzen in Ökosystemen über ein gewisses Maß an Resistenz gegenüber Krankheitserregern. Im Laufe der Zeit haben Züchter verschiedenste Pflanzenarten miteinander gekreuzt, um bessere Sorten mit höherer Resistenz gegenüber Schädlingen zu erhalten. In diesem Jahrhundert haben Züchter beachtliche Erfolge bei der Steigerung der Nutzpflanzenresistenz erzielt, allerdings mehr gegen Krankheiten, weniger gegen Insekten und am wenigsten gegen Unkraut.

Das Züchten von Pflanzen erfordert ein dauerhaftes und langfristiges Engagement. Ohne ausreichende Geldmittel für die Bestandserhaltungsforschung können schädlingsbedingte Verluste wieder zunehmen, wenn Schädlinge sich weiterentwickeln und die »vorübergehenden« Erfolge zunichte machen, die bei der Entwicklung der vielen derzeit verwendeten schädlingsresistenten Sorten erzielt worden sind.

Biologische Bekämpfungsmittel sind natürlich vorkommende Feinde von Schädlingen und umfassen Insekten, Kleintiere und Krankheitserreger. Die biologische Schädlingsbekämpfung arbeitet gezielt mit natürlichen Feinden, um die Schädlingspopulation unter Kontrolle zu halten, und verfolgt drei verschiedene Strategien:

- die herkömmliche biologische Bekämpfung, bei der ökologisch angepaßte natürliche Feinde aus dem Ursprungsgebiet des Schädlings in das Zielgebiet eingeführt werden;

- Erhaltung natürlicher, bereits im Ökosystem lebender Feinde mit Hilfe von Anbaupraktiken oder eines Habitatmanagements, das ihre Aktivität erhöht; und
- künstliche Erhöhung lokaler Populationsbestände der natürlichen Feinde.

Die biologische Bekämpfung hat den Vorteil, daß sie den Einsatz chemischer Schädlingsbekämpfungsmittel überflüssig macht und wenig kostet. Darüber hinaus setzt sie sich selber fort, verlangt kein Eingreifen der Bauern und ist unschädlich für Umwelt und Gesundheit des Menschen. Biologische Bekämpfungsmittel sind offensichtlich besonders wirksam bei der Bekämpfung exotischer oder fremder Schädlinge, die sich aufgrund fehlender natürlicher Feinde in einem neuen Ökosystem ungezügelt vermehren können.

Trotz ihrer Attraktivität hat die biologische Schädlingsbekämpfung bisher noch keine breite Wirkung auf die weltweit übliche Praxis der Schädlingsbekämpfung gehabt. Sie macht weniger als 0,5 Prozent des Marktes zur Schädlingsbekämpfung aus. Es ist nicht davon auszugehen, daß die biologische Schädlingsbekämpfung im Laufe des nächsten Jahrzehnts ein wichtiger Faktor bei der Schädlingsbekämpfung wird, wenn keine Gelder für eine breite Akzeptanz mobilisiert werden.

Integrierte Schädlingsbekämpfung (IPM)

Die Förderung der Integrierten Schädlingsbekämpfung (IPM) wäre eine Möglichkeit zur Reduzierung des Einsatzes chemischer Pestizide. Mehr als 20 Jahre nach der Einführung dieses Begriffs gibt es noch keine allgemeine Übereinkunft über eine Definition. Einige sehen IPM als Teil eines breitangelegten Ansatzes, der zu einer »chemiefreien« Landwirtschaft hinführt, während andere darin ein System mit dem effizientesten Einsatz chemischer Pestizide sehen. Alle sind sich aber darin einig, daß IPM in einem viel größeren Maße auf nichtchemische Ansätze zur Schädlingsbekämpfung angewiesen ist.

Angesichts der derzeitigen Abhängigkeit von chemischen Pestiziden und der gleichzeitig vorhandenen Unwägbarkeiten vieler »chemiefreier« Ansätze ist die Aussicht recht unwahrscheinlich, daß es in den nächsten Jahrzehnten eine pestizidfreie Landwirtschaft geben wird. Weitaus wahrscheinlicher ist, daß die IPM-Formen unterstützt werden, die einen höheren Einsatz von biologischen Ansätzen und einen wohldurchdachten Einsatz einiger chemischer Pestizide kombinieren. Es wird vermehrt darauf geachtet werden, daß die richtigen Pestizidmengen zum richtigen Zeitpunkt angewandt und die natürlichen Feinde der Schädlinge geschützt werden. Gleichzeitig wird IPM Gebrauch von Fruchtwechsel und schädlingsresistenten Nutzpflanzensorten machen.

Zu den IPM-unterstützenden Maßnahmen gehört die Abschaffung der einseitigen Förderung des Pestizideinsatzes durch Subventionierung von Pestiziden. Darüber hinaus werden sich die Forschung und Entwicklung des öffentlichen Sektors auf die effizientesten Bewirtschaftungssysteme konzentrieren müssen, die im Einklang mit IPM arbeiten. Vor allem aber werden sich die Regierungen zur Förderung der IPM verpflichten müssen. Dabei müssen sie die grundlegenden Bildungsbemühungen unterstützen, die notwendig sind, um Millionen von Produzenten zu anderen Formen der Schädlingsbekämpfung zu bewegen, geeignete Methoden zu entwickeln und wissensaufwendige IPM-Praktiken zu vermitteln.

Die Rolle des privaten Sektors

Der private Sektor wird die treibende Kraft bei der Forschung und Entwicklung innovativer landwirtschaftlicher Produktionsfaktoren einschließlich Pestiziden in den kommenden Jahren sein. Das ist allerdings in Frage gestellt, wenn die Produktion gesellschaftlich gewünschter Produkte die Kosten der Erzeuger erhöht und die Unternehmensgewinne senkt. Eine wichtige Frage ist daher, welche Rolle Regierungen und andere Akteure spielen können und müssen, um transnationale Konzerne zur Produktion von landwirtschaftlichen Inputs zu motivieren, die die schädlichen Nebenwirkungen vermindern, ohne zu einem Rückgang der Erzeugung zu führen. Dieses Ergebnis kann eventuell durch den (teilweisen) Rückzug des öffentlichen Sektors und eine stärkere Förderung öffentlich-privater Partnerschaften bei ganz bestimmten Produktentwicklungen erreicht werden. Auch kann es durchaus sein, daß die Industrie selbst sich darauf einigen kann, einen internationalen Code zur Regelung der Entwicklung und des Vertriebs von neuen Produkten zu erarbeiten und umzusetzen. Sollte ihr das nicht gelingen, könnten die Regierungen sowohl der Industrie- als auch der Entwicklungsländer einen solchen Code gemeinsam erstellen und umsetzen.

IPM hat die besten Aussichten, die pragmatischste Methode der Schädlingsbekämpfung zu sein. Deshalb sollten Regierungen die IPM nicht nur unterstützen, sondern auch den Einsatz gefährlicher Pestizide regulieren. Eine verbesserte Schädlingsbekämpfung bedeutet auch die Entwicklung weniger aggressiver Pestizide.

Dr. Montague Yudelman war Mitarbeiter des World Wildlife Fund (WWF) und Leiter der Abteilung Landwirtschaft und ländliche Entwicklung bei der Weltbank.

Literaturauswahl

Oerke, E. C. / H. W. Dehne / F. Schohnbeck / A. Weber, 1994: Crop production and crop protection: Estimated losses in major food and cash crops, Amsterdam

Yudelman, M. / A. Ratta / D. Nygaard, 1998: Pest Management and Food Production: Looking to the Future. IFPRI, Food, Agriculture, and the Environment Discussion Paper No. 25, Washington, D. C.

Umwelt und Ernährung

Wasser ist ein Grundnahrungsmittel. Die große Bedeutung von Wasser für die Ernährungssicherung ergibt sich auch durch den Bedarf in der landwirtschaftlichen Produktion. Durch Bewässerungslandwirtschaft werden auf 17 Prozent der gesamten landwirtschaftlich genutzten Fläche 40 Prozent der weltweiten Agrarproduktion erzeugt. Trotzdem ist Wasser oft ein wenig beachtetes Lebensmittel. Im Jahr 1999 starben rund fünf Millionen Menschen an Krankheiten, die durch Wasser übertragen wurden.

Die mangelnde Verfügbarkeit von Wasser ist eines der gravierendsten Umweltprobleme, und dieses Problem verschärft sich zunehmend. Während heute 28 Länder mit 300 Millionen Menschen mit Wasserknappheit zu kämpfen haben, werden es in 25 Jahren fast 50 Länder mit drei Milliarden Menschen sein. Die gesamte Wasserentnahme der Industrieländer wird schätzungsweise um 22 Prozent steigen, die der Entwicklungsländer voraussichtlich um 43 Prozent. Die Lücke zwischen regionaler Wasserverfügbarkeit und steigender Wassernachfrage unterstreicht die Notwendigkeit technischer, rechtlicher und ökonomischer Lösungen.

8,7 Milliarden Hektar Land werden weltweit von Menschen genutzt, davon besteht auf etwa 3,2 Milliarden Hektar die Möglichkeit, Landwirtschaft zu betreiben. Auf etwas weniger als der Hälfte dieses Landes werden derzeit Agrargüter angebaut, der Rest besteht aus Weiden und Wäldern. Jüngere Studien zeigen, daß die Bodenqualität auf etwa drei Viertel dieser Fläche seit Mitte des 20. Jahrhunderts relativ gleich geblieben ist. Für das verbleibende Viertel ist eine weitverbreitete und zunehmende Bodendegradation festgestellt worden. Auf rund 16 Prozent der landwirtschaftlichen Fläche der Entwicklungsländer hat die Produktivität des Bodens abgenommen. Fast 75 Prozent der landwirtschaftlichen Böden in Zentralamerika sind schwerwiegend degradiert, in Afrika liegt diese Quote bei 20 Prozent, in Asien bei 11 Prozent. Allein in Afrika werden die Ernteverluste durch Wassererosion zwischen 1970 und 1990 auf acht Prozent der gesamten Ernte geschätzt. Insgesamt sind die zukünftigen Auswirkungen von Bodendegradation auf die globale Nahrungsmittelversorgung bis zum Jahr 2020 dennoch als gering anzusehen. In Ländern mit hohem Bevölkerungsdruck auf die Landressourcen sind die Auswirkungen aber gravierender. Anstrengungen zur Erhaltung dieser Ressourcen müssen langfristig ausgerichtet sein und neben der Vermeidung von Bodendegradation den Schutz der Vegetation, von Wasser und Tieren einschließen.

Landdegradation: Probleme und Lösungen

Manfred Denich, Holm Tiessen

In der Diskussion über globale Umweltkrisen gibt es immer wieder Hinweise auf Landdegradation. Aber anders als bei den Klimaänderungen, bei denen eine Vielzahl von Ursachen sich auf wenige Effekte mit globaler Bedeutung (z. B. Treibhauseffekt, Abnahme der Ozonschicht) verengen lassen, werden unter dem Begriff Landdegradation die unterschiedlichsten Veränderungen in der Landschaft mit ganz unterschiedlichen geographischen Ausmaßen zusammengefaßt.

Landdegradation – was man darunter versteht

Ganz allgemein wird unter Landdegradation die fortschreitende Zerstörung der Landschaft und die damit verbundene Minderung ihres Naturraumpotentials sowie ihrer Nutzungsmöglichkeiten verstanden. Die zerstörerischen Änderungen in der Landschaft können natürliche Ursachen haben, z. B. Unwetter oder Bodenerosion. Weitreichendere Folgen haben aber die Eingriffe des Menschen in das Landschaftsgefüge. Dabei können Boden, Wasser, Vegetation, Tierpopulationen oder das Mikroklima degradieren. Leidtragende sind allen voran die Land- und Forstwirte als unmittelbare Nutzer der Landschaft, wobei die Probleme von den verschiedenen Landnutzern und Interessengruppen sehr unterschiedlich und oft gegensätzlich bewertet werden. So werden Indios, Kautschuksammler oder Förster im brasilianischen Amazonasgebiet als Waldbewohner und -nutzer bereits von Degradation sprechen, wenn ein Viehfarm- oder Plantagenbesitzer seine Landnutzungsinteressen gerade optimal erfüllt sieht. Die Bewertung hängt auch ganz wesentlich davon ab, ob die Situation aus ökologischer, ökonomischer, soziokultureller oder politischer Sicht betrachtet wird. Selbst innerhalb der Fachgebiete sind voneinander abweichende Beurteilungen keine Seltenheit: Ein Regenwaldökologe wird weite Teile des östlichen Amazonasgebietes Brasiliens als degradiert bezeichnen, wohingegen ein Agrarökologe auf die seit mehr als einem Jahrhundert zufriedenstellende landwirtschaftliche Produktion der Region hinweisen wird. Die unterschiedliche Bewertung der Degradation geht Hand in Hand mit der jeweiligen Zielsetzung für Landschaftsnutzung und -erhaltung.

Landdegradation wird als ein Grund für geringe landwirtschaftliche Produktion und Hunger in den Entwicklungsländern angegeben, obwohl amerikanische Wissenschaftler global keinen klaren Zusammenhang zwischen Landdegradation und Bevölkerungsdichte oder Armut finden konnten. Allerdings besteht zwischen Landdegradation und Ernteerträgen auf lokaler Ebene ein Zusammenhang. Hierbei müssen die natürlichen Ressourcen unterschiedlich gewichtet werden: ganz oben hinsichtlich ihrer Bedeutung für die landwirtschaftliche Produktivität stehen Boden und Wasser, gefolgt von der Vegetation, insbesondere Wäldern.

Entwaldung

Im Mittelpunkt der öffentlichen Diskussion steht seit Jahren die Zerstörung der tropischen Regenwälder, die fast ausschließlich in Entwicklungs- oder Schwellenländern liegen und etwa die Hälfte der globalen Waldfläche ausmachen. Weltweit werden in den Tropen 12 bis 13 Millionen Hektar Regenwald im Jahr abgeholzt. Das entspricht der Gesamtfläche von Baden-Württemberg, Bayern und Hessen. Der größte Teil der Entwaldungen läßt sich in Afrika auf steigenden Bevölkerungsdruck (70 Prozent), in Lateinamerika dagegen auf industrielle Land- und Forstwirtschaft sowie staatlicherseits initiierte Siedlungsprojekte (60 Prozent) zurückführen. In Asien spielen beide Ursachen eine Rolle.

Entwaldung stellt hinsichtlich der Vernichtung von Biomasse, Biodiversität und Lebensraum für Mensch und Tier eine ganz beträchtliche Landdegradation dar. Aber in den Entwicklungsländern gibt es Millionen von Kleinbauern, die auf die Umwandlung von Wald in Anbauflächen angewiesen sind, um ihre Ernährung zu sichern. Im tropischen Amerika beispielsweise sind Kleinbauern für ein Drittel der Entwaldungen verantwortlich. Für sie ist die Entwaldung keine Landdegradation, sondern eine Inwertsetzung des Landes. Abgesehen von der Landreserve, die Waldflächen darstellen, wird bei der Anlage der Anbauflächen durch Brandrodung Asche aus der Waldbiomasse freigesetzt, die die Produktivität des für landwirtschaftliche Nutzung meistens nicht geeigneten Tropenbodens derart verbessert, daß ein zwei- bis dreijähriger Anbau von beispielsweise Mais, Reis, Bohnen und Maniok möglich wird. Außerdem wird durch die Brandrodung die Zahl der Schädlinge reduziert und die Fläche einfach und billig von unerwünschtem Bewuchs befreit.

Brandrodung hat neben den Vorteilen auch ganz entscheidende Nachteile: Beim Brand entweichen eine ganze Reihe von Nährstoffen, die für die Pflanzen wichtig sind, gasförmig in die Atmosphäre. Außerdem entsteht das Treibhausgas Kohlendioxid. Organische Substanz, die eingesetzt werden könnte, um den Humusgehalt des Bodens zu verbessern, geht verloren. Wiederholte Brandrodungen in Abständen von wenigen Jahren führen daher zu einer langsam fortschreitenden Degradation des Landnutzungssystems.

Traditionelle Landnutzungssysteme machen sich die organische Bodenfruchtbarkeit zunutze, indem sie Nutzungs- mit Regenerierungsphasen abwechseln. Ist nicht genug Land verfügbar, um im Brandrodungsfeldbau ausreichend lange Brachezeiten einzuhalten, nimmt die Produktivität des Systems langfristig ab – die Erträge, und damit auch das Einkommen der Bauern, sinken. Diese Landdegradation betrifft am stärksten die ärmsten Bauern, die am wenigsten Zugang zu ausreichend regeneriertem Land haben. Gleichzeitig haben diese Bauern auch kaum die Möglichkeit, den Verlust an Bodenfruchtbarkeit durch Kauf von Dünger oder durch Freistellung von Land für Gründüngungsmaßnahmen auszugleichen.

Bodendegeneration

Landdegradation aus der Sicht der Landwirtschaft wird meistens mit Bodendegradation gleichgesetzt, da sie sich am stärksten auf die landwirtschaftliche Produktion auswirkt. Weltweit sind 38 Prozent der Ackerböden durch menschliche Einwirkung degradiert. Während Asien und Südamerika etwa im Weltdurchschnitt liegen, sind in Afrika 65 Prozent und in Zentralamerika 74 Prozent aller Ackerböden unterschiedlich stark von Degradation betroffen. In Afrika ist die Hauptursache für Bodendegradation Überweidung, in Asien und Südamerika Entwaldung. Unangepaßte landwirtschaftliche Praktiken liegen in allen drei Erdteilen als Ursache an zweiter Stelle. Die wichtigste Erscheinungsform der Bodendegradation ist Wind- und Wassererosion.

Eine weitere Form der Bodendegradation ist die chemische Degradation. Sie tritt in ihrer Bedeutung deutlich hinter der Erosion zurück, stellt aber in vielen tropischen Regionen einen wichtigen Faktor für geringere Erträge in der Landwirtschaft dar. Die Versalzung von Trockengebieten ist eine der historisch wichtigsten Formen der chemischen Bodendegradation. Der schleichende, oft erst nach Jahren erkennbare Prozeß hat schon zum Untergang nahöstlicher Kulturen geführt und verwüstet immer noch wichtige Siedlungs- und Bewässerungsgebiete, vor allem dort, wo der sichtbaren (und damit politisch relevanten) Bewässerungsanlage eine größere Bedeutung gegeben wird als der unsichtbaren, aber für die Salzabfuhr und Nachhaltigkeit unabdingbaren Drainage.

Wo Bewässerung möglich ist, kann die Produktivität des Landes um ein Vielfaches gesteigert werden. Allerdings setzt dies gute Beratungsdienste voraus; denn weder die Anforderungen einer höheren Produktion an die Erhaltung der Bodenfruchtbarkeit noch die Gefahren unsachgemäßer Bewässerung können vom Bauern alleine bewältigt werden.

Folge der Landdegradation für die landwirtschaftliche Produktion

Die Folgen der Landdegradation für die landwirtschaftliche Produktion abzuschätzen, ist ein schwieriges Unterfangen. Global scheinen die Schäden, die durch Landdegradation entstehen, nur einen Bruchteil der landwirtschaftlichen Wertschöpfung auszumachen. Auch wird davon ausgegangen, daß Nahrungsmittelmangel durch andere Faktoren als Landdegradation entsteht. Unterernährung ist meistens eine Folge von Armut. Es gibt aber auch Szenarien, die in China und Pakistan von einer möglichen Unterversorgung mit Nahrungsmitteln aufgrund zunehmender Landdegradation ausgehen. Für Afrika werden Ertragsminderungen von zwei bis 40 Prozent durch Erosion angegeben. Andere Erhebungen gehen in Afrika von jährlichen Produktionsverlusten von 0,04 bis elf Prozent aus. Die höchsten Produktivitätsverluste werden lokal begrenzt festgestellt, beispielsweise in hügeligen Gebieten oder im Bewässerungslandbau mit Versalzungsproblemen.

Maßnahmen gegen Landdegradation

Landdegradation ist ein facettenreicher Begriff, der unkritisch und pauschal verwendet schnell zu einer Leerformel werden kann. Landdegradation ist nicht nur ein ökologisches, sondern vor allem auch ein ökonomisches und damit politisches Problem. Im globalen Rahmen wird versucht, sich darüber in internationalen Abkommen wie der Agenda 21, meistens unter dem Dach der Vereinten Nationen, zu verständigen und Lösungen zu finden. Die Umsetzung der Abkommen ist ausgesprochen schwierig und ein langwieriger Prozeß. Flankierende Maßnahmen auf regionaler Ebene könnten in einer ökonomisch-ökologischen Zonierung des Landes bestehen – keine einfache Aufgabe, da die Ansprüche und Bedürfnisse der unterschiedlichsten Interessengruppen berücksichtigt werden müssen. Wenn sich Degradation auf einzelnen Flächen über ganze Landschaften summiert, muß sowohl die Beurteilung als auch die Entscheidung über geeignete Maßnahmen und Finanzierung auf einer Ebene getroffen werden, die alle Landnutzer sowie kulturelle und politische Werte berücksichtigen kann. Oft liegen hier die Hauptkonflikte zwischen Interessen der Landeigner bzw. -nutzer und der übrigen Gesellschaft. Auf lokaler bis hinunter auf die Betriebsebene kann eine Landnutzungsplanung helfen, Landdegradation zu vermeiden. Da 84 Prozent der degradierten Böden eine leichte bis moderate Degradation aufweisen und damit relativ leicht wiederherzustellen sind, müssen Aufklärungskampagnen durchgeführt, standortgerechte Landbaumethoden sowie die Erforschung und Entwicklung zukunftsfähiger Landnutzungssysteme gefördert, Eigentumsverhältnisse gesichert, Vermarktungsstrukturen aufgebaut und die ländlichen Einkommensmöglichkeiten verbessert werden.

Dr. Manfred Denich, Biologe, ist wissenschaftlicher Mitarbeiter am Zentrum für Entwicklungsforschung der Universität Bonn.
Prof. Dr. Holm Tiessen arbeitet am Institut für Bodenkunde der Universität Saskatchewan in Kanada und ist Gastprofessor am Zentrum für Entwicklungsforschung der Universität Bonn.

Literaturauswahl

Oldeman, L. R., 1992: Global Extent of Soil Degradation. ISRIC Bi-Annual Report 1991–1992, S. 19–36

Scherr, S., 1999: Land Degradation in the Developing World: Implications for Food, Agriculture, and the Environment to 2020. IFPRI, Food, Agriculture and the Environment Discussion Paper 14

Trinkwasserknappheit: Ein sich verschärfendes Nahrungsproblem

Maria Iskandarani, Patrick Webb

Bis vor kurzem ist über die Folgen des Bevölkerungswachstums, der zunehmenden Industrialisierung und Verstädterung sowie einer wachsenden landwirtschaftlichen Produktion für die Trinkwassersicherheit von Haushalten in Entwicklungsländern erstaunlich wenig diskutiert worden. Jedoch wird das Problem der Trinkwassersicherung für die arme Bevölkerung in Entwicklungsländern immer vordringlicher. Die weltweit jährlich entnommene Wassermenge steigt kontinuierlich an. Die Anzahl der Länder mit Wasserversorgungsproblemen und -engpässen nimmt stetig zu. Bereits jetzt haben rund 1,2 Milliarden Menschen immer noch keinen Zugang zu sauberem Trinkwasser. Viele davon leben in den 20 Entwicklungsländern, die zu den Ländern mit Wasserknappheit zählen.

Wie bei Nahrungsmitteln verfügt die Welt insgesamt gesehen über genügend Wasservorräte, um den Mindestbedarf jedes Menschen decken zu können. Den geschätzten jährlich erneuerbaren Süßwassermengen von etwa neun bis 14 Trillionen Kubikmetern steht ein derzeitiger weltweiter Verbrauch von knapp vier Trillionen Kubikmetern gegenüber. Das weltweit zur Verfügung stehende Wasser ist jedoch geographisch und zeitlich ungleichmäßig verteilt, was dazu führt, daß für einige Menschen Wasser im Überfluß zur Verfügung steht, während andere in ständiger Wasserunsicherheit leben.

Die Probleme der mangelnden Trinkwassersicherheit lassen sich in drei Hauptgruppen einteilen: Verfügbarkeit, Zugang und Nutzung.

Wasserverfügbarkeit ist eine Funktion der vorhandenen *Wassermenge* (größtenteils abhängig von ökologischen Faktoren, von denen einige durch menschliches Eingreifen günstig oder ungünstig beeinflußt werden können) und der *Verteilung* (Mechanismen, mit denen das Wasser für den Menschen und das Ökosystem nutzbar gemacht wird). Es ist recht wahrscheinlich, daß es sich überwiegend um Arme handelt, die in einem der nachstehenden vier Problemräume leben, wo Trinkwasserunsicherheit ein Hauptelement in den Wechselbeziehungen zwischen Armut, Unterernährung und Umweltzerstörung darstellt:

- **Trockene Randgebiete.** Ländliche Halbwüsten, weit ab von den Hauptwasservorräten (wie z. B. der Nordwesten Chinas und die Sahel-Zone).
- **Dürre- bzw. hochwassergefährdete Gebiete.** Hierbei handelt es sich um Räume, in denen das Produktivitätspotential hoch sein kann (wie in Teilen von Bangladesch oder Brasilien), doch bestehen durch regelmäßig auftretende extreme Witterungsbedingungen hohe Risiken für die Trinkwassersicherheit.
- **Empfindliche Höhenlagen von Wasserscheiden,** die zwar wichtige Wasser-

quellen sind, doch in der Regel weit ab am ›Oberlauf‹ des infrastrukturellen und wirtschaftlichen »Entwicklungsflusses« liegen (wie in Laos und Vietnam); diese abgelegenen strukturschwachen Räume werden oftmals von indigenen Minderheiten bewohnt, die von der Regierung vernachlässigt und/oder im Zuge von Dammbauten umgesiedelt wurden. Hinzu kommt, daß durch Abholzung im Zuge der Umsiedlungsmaßnahmen bzw. zur Erschließung landwirtschaftlicher Nutzflächen durch die von der Subsistenzwirtschaft lebende arme Bevölkerung der Wasserhaushalt negativ beeinflußt wird.

▶ **Städtische Slums.** Wohnbezirke, die bei der Stadtentwicklung vernachlässigt wurden.

Wasserzugang bezieht sich auf die Kontrolle des Haushalts über Wasser als ein ökonomisches Gut. Der Zugang wird zum Teil durch die Art und Weise der Wasserverteilung bestimmt (wobei nationale politische Maßnahmen und Investitionsschwerpunkte eine wichtige Rolle spielen) und teilweise durch den tatsächlichen Bedarf. Der Bedarf hängt vom Einkommen, dem physischen Standort (in bezug zu den Wasserversorgungswegen) und manchmal auch vom gesellschaftlichen Status ab (in Gemeinwesen mit traditionellen Zuteilungsmechanismen). Besonders problematisch ist die Wasserversorgung in vielen Ländern Afrikas, wo teilweise weniger als 50 Prozent der Bevölkerung Zugang zu einer einwandfreien Trinkwasserversorgung haben (siehe Abb. 6, S. 70).

Die Sorge um den sparsamen Umgang mit Wasser als ökonomischem Gut lenkt neuerdings die Aufmerksamkeit auf Fragen der Wasserpreise und Märkte. Dieser Trend wurde beschleunigt durch den steigenden Druck auf Regierungen, Subventionen zu beseitigen, Gebühren für die Bereitstellung von Wasser zu erheben oder sogar die Verantwortung über die Wasserversorgung und -zuteilung völlig abzugeben. Herkömmlich subventionieren Regierungen einen großen Teil der Wasserversorgungskosten. Subventionen nutzten bisher jedoch selten den ärmsten Haushalten, weil diese weit ab von den öffentlichen Trinkwasserversorgungs- oder Bewässerungssystemen leben. Daher hat der Abbau von Subventionen oder die Kodifizierung handelsfähiger Wasserrechte eher eine begrenzte Auswirkung auf die Menschen, die unter Trinkwassermangel leiden, da sie nur wenige Wasserrechte geltend machen können. Vielmehr zahlen die Armen sogar oft mehr für ihr Wasser als wohlhabendere Haushalte. Zahlreiche Studien dokumentieren, daß arme städtische Haushalte oftmals höhere Preise und einen viel größeren Anteil ihres Einkommens für Trinkwasser aufbringen müssen als Familien mit Anschluß an das städtische Wasserversorgungsnetz. Beispielsweise zahlen Slumbewohner in den Städten, die von der Wasserversorgung durch Straßenverkäufer abhängig sind, bis zu 100mal mehr für ihr Wasser, als wenn sie Zugang zu den herkömmlichen öffentlichen Versorgungseinrichtungen hätten. Als Folge davon ist zu beobachten, daß Slumbewohner bis zu 30 Prozent ihres Einkommens für Wasser aufwenden gegenüber nur zwei Prozent, die von den wohlhabenderen städtischen Haushalten hierfür ausgegeben werden müssen.

Wassernutzung bezieht sich auf die individuellen Nutzungsansprüche und Berechtigungen innerhalb des Haushalts. Ob das vorhandene Wasser angemessen vom

Trinkwasserversorgung 1995*
Bevölkerungsanteil mit Zugang zu sauberem Trinkwasser, in %

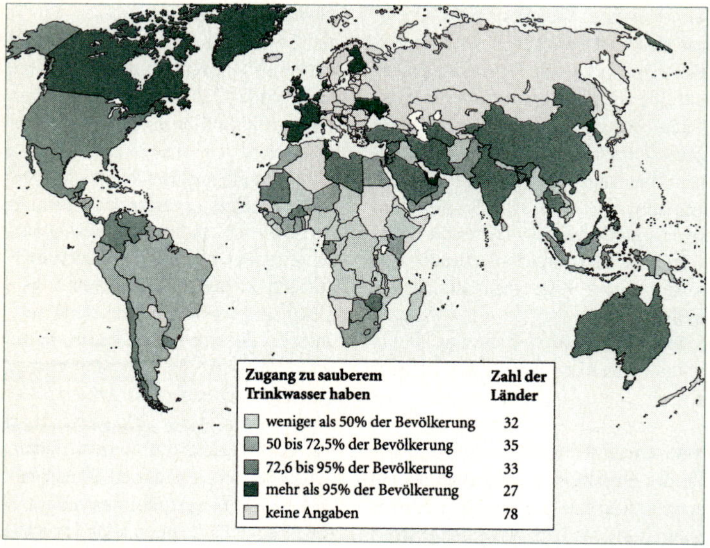

* oder neueste verfügbare Daten ab 1992

Quelle: Weltbank, World Development Indicators, 1998

Abbildung 6

einzelnen genutzt wird, hängt vom tatsächlichen Wasserverbrauch der Einzelperson (nach Bedarf), von der Sauberkeit des Wassers (Qualität), den individuellen Verfügungsrechten (persönlicher Status), umweltbedingten Einschränkungen (Krankheiten, die durch Wasser übertragen werden), den Opportunitätskosten (zum Beispiel die Zeit, die Frauen zum Wasserholen benötigen, die nicht für andere produktive Zwecke genutzt werden kann) und vom Wissens- und Aufklärungsstand (bezüglich Hygiene, Sanitäreinrichtungen, Wasserverbrauch und der Eindämmung von Krankheiten) ab.

Nach Schätzungen der WHO sterben jedes Jahr fünf Millionen Menschen durch Krankheiten, die durch unsauberes Trinkwasser und fehlende Sanitäreinrichtungen verursacht werden. Eine wesentliche Rolle spielt hierbei die unzureichende Aufklärung über sicheren Trinkwasserkonsum und ausreichende Hygiene. Einfache Vorbeugungsmaßnahmen werden oft aus Unwissenheit oder aus Kostengründen – wie das zum Abkochen benötigte Brennholz – nicht durchgeführt. Von entscheidender Bedeutung für Haushalte ist es zu wissen, wie Wasser am besten geschützt und sicher aufbewahrt wird, wie die persönliche und häusliche Sauberkeit zu erhalten ist, wie Exkremente zu entsorgen und unhygienische Umgebungsbedingungen zu beseitigen sind. Gesundheitsprogramme und Aufklärungsmaßnahmen können hier einen großen Fortschritt bringen.

Folgerungen In Hinblick auf das weltweite Bevölkerungswachstum und die rapide Urbanisierung wird das Problem der Trinkwasserversorgung, besonders der ärmsten Bevölkerungsschichten, zu einer der größten Herausforderungen in der Entwicklungspolitik. Wissenschaft und Politik sind gefordert, Wasser in seiner Multifunktionalität integriert zu betrachten und entsprechend zu behandeln. Wasser ist nicht nur eine natürliche Ressource, sondern auch ein wirtschaftliches Gut sowie ein menschliches Grundbedürfnis.

Daher erfordert eine nachhaltige Trinkwasserpolitik eine umfassende, sektorübergreifende Betrachtung der positiven und negativen Wechselwirkungen zwischen Wasserverfügbarkeit, -zugang und -nutzung, um umweltpolitische, ökonomische und soziale Zielsetzungen international, national wie auch lokal zu erreichen.

Neben Maßnahmen zu Gewässerschutz und -management, der Abwasserbehandlung und -wiederverwertung bedarf es z. B. auch der Durchführung von Hygieneaufklärung und der Einbeziehung der Nutzer in die Planung und den Betrieb der Trinkwasserversorgung. Maßgeblich sind darüber hinaus auch Reformen in den institutionellen Rahmenbedingungen, die den sparsamen Umgang mit Wasser fördern, Vorgaben für eine sozialverträgliche Gestaltung des Tarifsystems geben und diese auch kontrollieren.

Maria Iskandarani, Geographin, ist wissenschaftliche Mitarbeiterin am Zentrum für Entwicklungsforschung der Universität Bonn.

Prof. Dr. Patrick Webb ist tätig am Institut für Ernährungswissenschaften und -politik der Tufts Universität in Boston, USA.

Literaturauswahl

Webb, P./M. Iskandarani, 1998: Water Insecurity and the Poor: Issues and Research Needs, ZEF, Discussion Papers on Development Policy, No. 2, Bonn, S. 66

Winpenny, J., 1994: Managing Water as an Economic Resource, Overseas Development Institute, London

Wissenschaftlicher Beirat der Bundesregierung, 1998: Globale Umweltveränderungen (WBGU): Welt im Wandel: Wege zu einem nachhaltigen Umgang mit Süßwasser, Jahresgutachten 1997, Berlin, Heidelberg

Gleick, P. H., 1998: The World's Water. The Biennial Report on Freshwater Resources, Washington, D. C.

Gesundheit und Ernährung

Obwohl bereits auf der Welternährungskonferenz 1974 beschlossen wurde, daß innerhalb von zehn Jahren »kein Kind mehr hungrig schlafen gehen soll«, ist die Realität weit von dieser Vision entfernt. Die Auswirkungen der unzureichenden politischen Umsetzung sind fatal: Etwa 167 Millionen Kinder unter fünf Jahren sind untergewichtig. Rund 100 Millionen Kinder sind von Vitamin-A-Mangel betroffen. Mehr als zwei Milliarden Menschen, vor allem Kinder und Frauen, leiden weltweit an Eisenmangel. Ein knappes Drittel der Weltbevölkerung ist von Jodmangel bedroht. Ernährungsbedingte Probleme bei Kindern werden in Entwicklungsländern mit etwa 35 Prozent aller Todesfälle im Kindesalter in Zusammenhang gebracht.

Dabei ist Unterernährung nicht nur ein akutes Problem: Unterernährte Kinder werden später als Erwachsene mit Einschränkungen in ihrer körperlichen und geistigen Leistungsfähigkeit leben müssen. Dies bedeutet fortbestehende Entwicklungshemmnisse für nachfolgende Generationen. Armut ist also nicht nur Ursache, sondern auch Ergebnis von Unterernährung und Hunger. Diese Zusammenhänge wurden in den letzten Jahren verstärkt erkannt und verdeutlichen, daß Anstrengungen zur Ernährungssicherung nicht nur akute Not lindern helfen, sondern auch eine Investition in die Zukunft sind. Ein besonderes Augenmerk verdient dabei der hohe Anteil unterernährter Mädchen und Frauen in vielen Teilen der Welt, vor allem in Asien: Frauen, die unterernährt sind oder aufgrund von chronischer Mangelernährung in der Kindheit nur eine geringe Körpergröße erreicht haben, tragen in Schwangerschaft und Stillzeit ein erhöhtes Risiko für sich selbst und ihre Kinder.

Erfolge von Ernährungsinitiativen sind im Bereich von Mikronährstoffprogrammen besonders schnell zu erzielen. Zudem sind Mikronährstoffe relativ kostengünstig. Die regelmäßige Gabe von hochdosierten Vitamin-A-Kapseln wird derzeit in 35 der 38 stark von Vitamin-A-Mangel betroffenen Länder durchgeführt. Schätzungen zufolge haben 1996 mehr als die Hälfte aller Kleinkinder in diesen Ländern Kapseln erhalten, im Vergleich zu etwa einem Drittel 1994. Salz-Jodierungsprogramme gibt es inzwischen in 110 Ländern, wohingegen es 1994 in 48 von Jodmangelproblemen betroffenen Ländern noch keine Jodierungsprogramme gab. Die Zahl der gefährdeten Menschen hat durch die Jodinitiativen um Millionen abgenommen.

Mangelernährung bei Kindern kann durch eine Kombination von Maßnahmen – Förderung des Stillens, Gabe von Aufbaunahrung, Hygieneberatung, Verbesserung der sanitären Einrichtungen, Zugang zu sauberem Wasser, verbesserten Impfschutz u. a. m. – wirksamer verringert werden als durch isolierte Maßnahmen im Gesundheitsbereich.

Verstärkter Einsatz in der Bekämpfung von Krankheiten wie Malaria und Tuberkulose, aber auch HIV/Aids, eine erhöhte Effektivität existierender Gesundheitssysteme und die Betonung von vorbeugenden Maßnahmen sind von der neuen Chefin der Weltgesundheitsbehörde (WHO), Gro Harlem Brundtland, als Grundpfeiler einer Gesundheitspolitik für das 21. Jahrhundert benannt worden. Die Umsetzung dieser Forderungen kann auch dazu beitragen, die Ernährungslage zu verbessern.

Ohne Ernährungssicherung keine Gesundheit

Torsten Feldbrügge, Friederike Bellin-Sesay

Die Überwindung von Unter- und Mangelernährung ist nicht nur eine Frage der verbesserten Nahrungsmittelversorgung. Oft wird übersehen, daß die Ursachen für einen schlechten Ernährungszustand nicht nur in zu geringer Nahrungszufuhr liegen, sondern ganz eng mit Gesundheitsproblemen verbunden sind. Maßnahmen im Gesundheitsbereich sind deshalb ein notwendiger Bestandteil der umfassenden Vorbeugung und Bekämpfung von Unter- und Mangelernährung.

Die Wechselbeziehungen zwischen Ernährungs- und Gesundheitszustand sind lange bekannt: Einerseits schwächt Mangelernährung die Abwehrkräfte und macht anfälliger für viele Krankheiten. Durchfälle und fiebrige Infektionen treten bei Unterernährung nicht nur häufiger auf, sondern verlaufen auch schwerer und dauern länger an. Andererseits führen Erkrankungen oft zu Appetitverlust, erhöhtem Nährstoffbedarf und verringerter Ausnutzung von Nährstoffen. Ernährungs- und Gesundheitsprogramme zum Durchbrechen dieses Kreislaufes umfassen:

- in der allgemeinen Versorgung: Basisgesundheitsdienste, Rehabilitationszentren, Impfkampagnen u. a.;
- als spezifische Interventionen: Wachstumskontrolle und -förderung, Ernährungsüberwachung, Ernährungsberatung und -kommunikation; Mikronährstoffprogramme u. a.;
- Wasserversorgung und sanitäre Einrichtungen (vgl. *Trinkwasserknappheit: Ein sich verschärfendes Nahrungsproblem*, S. 68 ff.)

Allgemeine Ernährungsprobleme können eher durch Kombination verschiedener Interventionen überwunden werden. Spezifische, akute Gesundheits- und Ernährungsprobleme wie schwere Vitaminmangelerscheinungen oder lebensbedrohliche Auszehrung erfordern dagegen direkte Maßnahmen wie Vitamingaben oder Sonderernährung.

Allgemeine Versorgung

Die **Basisgesundheitsversorgung** als grundlegende Strategie, um das Ziel »Gesundheit für alle« zu erreichen, schließt u. a. die Förderung einer geeigneten Nahrungsmittelversorgung und richtigen Ernährung sowie die Bereitstellung von sauberem Trinkwasser und sanitären Einrichtungen ein. Unterschiedliche ernährungsorientierte Gesundheitsdienste wie Mutter-Kind-Speisungen, Rehabilitierung u. a. werden im Rahmen der Basisgesundheitsversorgung in Krankenhäusern, Gesundheitszentren und Gesundheitsposten eingesetzt. Ein großes Problem bleibt, daß arme Personen häufig keinen Zugang zu dieser Versorgung haben. Viele leben in entlegenen Gegenden und haben nicht die finanziellen Mittel, um die Krankenhauspflege zu bezahlen. Oft ist es auch erforderlich, daß Kinder dort durch Familienangehörige betreut werden müssen, was häufig schwierig ist. Zudem sind die Erfolge von Krankenhausbehandlungen sehr abhängig von der Qualifikation des Personals und der Ausstattung. Wenn Gesundheitseinrichtungen bei der Betreuung leicht mangelernährter Kinder verstärkt die Aufgabe von Ernährungserziehung wahrnehmen und als Bildungszentren funktionieren, können sie aber zu einer bleibenden Verbesserung der Ernährungssituation beitragen.

Impfkampagnen verhüten Infektionskrankheiten und wirken so dem oben beschriebenen Teufelskreis von Krankheit und Verschlechterung des Ernährungszustandes entgegen. Die erfolgreiche Senkung der Kleinkinder- und Säuglingssterblichkeit in den letzten Jahren hängt auch mit umfangreichen Impfprogrammen (zum Beispiel von UNICEF) zusammen. Das Immunisierungsprogramm der Weltgesundheitsorganisation erreichte 1994 die Impfung von rund 80 Prozent aller Kinder in ihrem ersten Lebensjahr.

Spezifische Interventionen

Wachstumskontrolle ist sowohl Frühwarnsystem für Ernährungsprobleme als auch Erfolgskontrolle für Aktivitäten zur Verbesserung der Ernährung. Kontrolle bedeutet die regelmäßige, nach der Geburt beginnende monatliche Überwachung des Gewichts von Kindern. Ein Gleichbleiben oder Abfallen der auf Karten eingetragenen Gewichtskurve ist ein Hinweis auf vorliegende Ernährungsprobleme und eine mögliche akute Gefährdung. An die Wachstumskontrolle muß sich die **Wachstumsförderung** anschließen, die konkrete Maßnahmen zur Überwindung des Ernährungsproblems umfaßt. Diese kann je nach Ursache des Problems von Hygienemaßnahmen bis hin zu Beratung über die Nahrungszusammensetzung reichen.

Ernährungsüberwachung bezieht sich im Gegensatz zur Wachstumskontrolle auf die Beobachtung von Bevölkerungsgruppen und dient der Planung von Interventionen auf regionaler und nationaler Ebene. Bei der Ernährungsüberwachung werden regelmäßig Daten zur Ernährungslage aus verschiedenen Bereichen gesammelt, zum Beispiel für sogenannte Frühwarnsysteme. Beispiele für Indikatoren sind Niederschlagsmenge, Nahrungsmittelproduktion, Marktpreise, Anteil untergewichtiger Kinder oder der Zugang zu sauberem Trinkwasser. Ziele von Ernährungsüberwachung sind erstens die Vorbeugung eines kritischen Absinkens der Nahrungsaufnahme, zweitens die Bewertung von Gesundheits- und Ernährungsprogrammen und drittens die Information von Entscheidungsträgern. Die größten Schwächen der Ernährungsüberwachungssysteme liegen in der Verfügbarkeit und Qualität der verwendeten Indikatoren und in der effektiven Nutzung der gewonnenen Informationen. Um politische Entscheidungsträger davon zu überzeugen, in Ernährungsverbesserung zu investieren, sind Informationen über die Ernährungslage allerdings eine Voraussetzung.

Ernährungsberatung und -kommunikation als weitere Maßnahme findet auf verschiedenen Ebenen statt: von Stillberatung bis hin zu Fragen der Nahrungszusammenstellung und Zubereitung. Die Art und Weise, wie Ernährungsberatung und -kommunikation verstanden und durchgeführt wird, hat sich im Laufe der Jahre sehr verändert. Ernährungsberatung hatte lange Zeit den Charakter einer Belehrung. Beratung erhielt in der Folge eine Stärkung der Kommunikationskomponente, das heißt, der Austausch von Informationen und Ideen zwischen Berater und beratenen Personen wurde stärker betont. Voraussetzungen für eine erfolgreiche Beratung sind unter anderem eine am Verhalten orientierte Ursachenforschung, die Einbeziehung der Zielgruppe und ein langfristiges Engagement.

Stillberatung und -förderung ist eine besonders effektive Form der Beratung. Kulturelle Umstände sowie die oft vermeintlich als gesünder eingeschätzte Verwendung von Milchpulver können Gründe für geringes Stillen sein. Gestillte Kinder zeigen eine bessere Immunabwehr und sind geschützter bei Durchfallerkrankungen und Infektionen der Atemwege. Die geistige Entwicklung gestillter Kinder ist in der Regel besser als die nicht gestillter Kinder. Darüber hinaus fördert Stillen die psychosoziale Entwicklung und zögert erneute Schwangerschaften hinaus.

Angesichts der Möglichkeit der Übertragung des Aids-Virus durch die Muttermilch – die Gefahr wird mit eins zu sieben angegeben – wird Stillen bei HIV-Infektion der Mutter derzeit neu überdacht. Wenn eine Wahlmöglichkeit besteht, muß die Gefahr einer Übertragung des Virus gegen potentielle Risiken der Flaschenernährung (z. B. wenn kein sauberes Wasser vorhanden ist) abgewogen werden. HIV-positive Mütter mit Zugang zu Milchpulver und sauberem Wasser sollten ihre Kinder mit der Flasche ernähren. Andere Möglichkeiten wären das Stillen durch eine nichtinfizierte Amme oder Erhitzen der abgepumpten Milch. Alle Frauen, die vor dieser Entscheidung stehen, sollten fachliche Beratung bekommen, um eine informierte Entscheidung treffen zu können.

Mikronährstoffprogramme

Die weltweite Diskussion um Mikronährstoffmängel konzentriert sich vor allem auf Vitamin A, Eisen und Jod, neuerdings auch auf Zink. Die nationalen Programme zur Beseitigung der Mikronährstoffmängel haben mit internationaler Unterstützung bei der Bekämpfung des Jodmangels schon deutlich sichtbare Erfolge und bei Vitamin A und Eisen etwas geringere Fortschritte erzielt.

Prinzipiell werden vier Strategien zur Bekämpfung von Mikronährstoffmängeln unterschieden:

- Verbesserung und Diversifizierung der Nahrungszufuhr, z. B. durch höheren Verzehr von rotem und grünem Gemüse, das die Vitamin-A-Vorstufe Carotin enthält, oder von Fleisch zur Verbesserung der Eisenversorgung;
- Anreicherung der Nahrungsmittel, z. B. in Form der Jodierung von Speisesalz;
- Supplementierung (Ergänzung) mit Mikronährstoffen durch die Einnahme von Tabletten- oder Kapseln, die z. B. Eisen oder Vitamin A in konzentrierter Form enthalten, und
- Verbesserungen öffentlicher Gesundheitsfürsorge.

Die Wahl der wirksamsten Methode ist situationsabhängig. Zur Vorbeugung und zum Erreichen weiter Bevölkerungsgruppen sind in der Regel Diversifizierung und Anreicherung sinnvoll, bei der Behandlung schwerer Unterversorgung ist die Gabe von Ergänzungspräparaten (Tabletten, Kapseln) unumgänglich.

Erfolgreiche Ernährungsprogramme

Erfolgreiche Ernährungsprogramme kombinieren verschiedene Ansätze. Das Tamil-Nadu-Ernährungsprojekt in Indien verbindet die systematische Überwachung des Wachstums bei Kleinkindern und die Ernährungsberatung der Mütter mit gezielten Interventionen bei den gefährdeten Kindern (Speisungen vor Ort, Gesundheitsüberprüfungen etc.). Im Rahmen des Projekts werden Gemeindehelfer in Ernährungsfragen ausgebildet und betreut. Mit diesem Projekt wurde die Häufigkeit schwerer Unterernährung in wenigen Jahren um 55 Prozent gesenkt, wobei die Ausgaben je Kind nur etwa elf US-$ pro Jahr betrugen.

In den achtziger Jahren gelang es Thailand, die Häufigkeit von Unterernährung durch einen landesweiten Ansatz drastisch zu verringern. Das Programm umfaßte Wachstumskontrolle, Ernährungsüberwachung, Ernährungserziehung und die Anreicherung von Nahrungsmitteln, vor allem mit Jod. Über diese Komponenten hinaus wurden auch landwirtschaftliche Produktionsprogramme, Ernährungsprogramme in Schulen, gemeindeorientierte Programme und Kinderzentren mit Ernährungsschwerpunkt unterstützend eingesetzt. Die Erfahrungen aus diesem und anderen erfolgreichen integrierten Ansätzen zur Verbesserung der Ernährungslage zeigen, daß übergreifende Maßnahmen, die Aspekte aus Gesundheit und Fragen der Landwirtschaft zusammenfassen, das Ernährungsproblem wirksam beheben können. Notwendige Voraussetzungen für das Zusammenspiel und die Bündelung der zur Verfügung stehenden Maßnahmen sind der politische Wille, die Bereitstellung finanzieller Mittel und die Ausbildung von lokalem Personal.

Torsten Feldbrügge, Ökotrophologe, ist wissenschaftlicher Mitarbeiter am Zentrum für Entwicklungsforschung der Universität Bonn.
Dr. Friederike Bellin-Sesay, Ökotrophologin, ist derzeit Mitarbeiterin eines Ernährungssicherungsprojektes in Haiti.

Literaturauswahl

UN ACC/SCN, 1996: How Nutrition Improves, Genf

Diesfeld, H. J. / G. Falkenhorst / O. Ranzum / D. Hempel, 1997: Gesundheitsversorgung in Entwicklungsländern, Berlin, Heidelberg

UNICEF, 1997: Zur Situation der Kinder in der Welt 1998: Ernährung und Gesundheit, Frankfurt

Von Braun, J. / F. Bellin-Sesay / T. Feldbrügge / F. Heidhues, 1998: Verbesserung der Ernährung in Entwicklungsländern: Strategien und Politikempfehlungen. Forschungsberichte des BMZ 123, Köln

Aktuelle Ernährungskrisen

Mit Ausnahme von Haiti, Afghanistan und Bangladesch befinden sich auf den untersten zehn Plätzen in der Rangfolge nach dem Ernährungsindex nur afrikanische Länder (vgl. *Zur Lage der Ernährung: Der Ernährungsindex*, S. 143 ff.). Sieben dieser zehn Länder mit desolater Ernährungslage sind in jüngster Zeit von politischen oder militärischen Konflikten betroffen gewesen oder sind dies immer noch. Die Bilder der Vertriebenen aus dem Kosovo im Frühjahr und Sommer 1999 sind noch präsent. Aber viele andere Krisen gerieten über diesem Medienereignis in Vergessenheit oder blieben hierzulande unbeachtet. Auf Angola mit 1,7 Millionen Hilfsbedürftigen trifft dies ebenso zu wie auf Nordkorea mit schätzungsweise zwei Millionen Hungertoten in den neunziger Jahren. Die Anzahl der gewaltsamen Konflikte lag 1998 weltweit bei 31. Die meisten neuen Kriege der letzten Jahre wurden in Afrika begonnen. Der Konflikt im Kosovo hat den Krieg in den neunziger Jahren allerdings zum wiederholten Mal nach Europa zurückgebracht. Krieg und Hungersnot gehen oftmals Hand in Hand.

Amartya Sen, dem 1998 der Nobelpreis für Wirtschaftswissenschaften unter anderem für seine Arbeiten über Hungersnöte verliehen wurde, stellt fest, daß die meisten Hungersnöte des 20. Jahrhunderts in Ländern ohne ausreichende demokratische Entwicklung, ohne politische Freiheit und Pressefreiheit stattfanden. Ebenso wird aber auch deutlich, daß Hunger Konflikte bedingen kann. Präventive Politik muß dies berücksichtigen – und dafür sorgen, daß wirtschaftliches Wachstum auf breiter Basis stattfindet und die kulturellen, politischen und wirtschaftlichen Interessen von Minderheiten berücksichtigt werden. Entsprechenden politischen Willen vorausgesetzt, kann so ein Beitrag zur Reduzierung von Konfliktpotentialen geleistet werden – um weitere Kosovos, Angolas und Nordkoreas zu verhindern.

Akute Ernährungskrisen und gewaltsame Konflikte

Marc J. Cohen, Torsten Feldbrügge

Im Mai 1999 sind 25 Millionen Menschen aufgrund von gewaltsamen Konflikten in Entwicklungs- und Schwellenländern und -gebieten auf internationale humanitäre Hilfe angewiesen (siehe Abb. 7). Hauptsächlich handelt es sich um Bürgerkriege. Hilfsorganisationen berichten zum Teil von hochgradiger Unterernährung bei den Flüchtlingen und den innerhalb des Landes Vertriebenen, die aus den Kriegs-

Hunger und Konflikte 1999

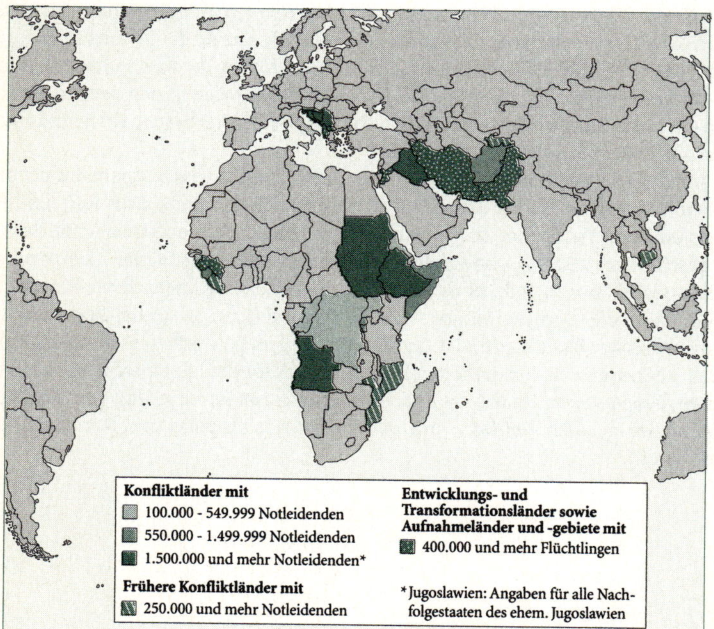

Quellen: WFP, FAO, UNHCR, UNOCHA, WCR, Mai 1999

Abbildung 7

gebieten flüchteten. Eine Voraussetzung für Ernährungssicherung im 21. Jahrhundert wird die Vermeidung und Beendigung gewaltsamer Konflikte sowie der Wiederaufbau von Gesellschaften sein, die durch den Krieg in sich zerrissen sind. Umgekehrt gehören wirtschaftliche Unsicherheit und Probleme der Nahrungsmittelversorgung sowie die – echte und als solche empfundene – Knappheit natürlicher Ressourcen zu den Faktoren, die Gewalt begünstigen.

Konflikte bedingen Hunger

Bewaffnete Konflikte zerstören Ernten, Viehherden, Land, Wasser, Infrastruktur, Märkte sowie die für die Nahrungsmittelproduktion erforderlichen ökologischen, sozialen und menschlichen Ressourcen. Militärausgaben verringern das Budget für nachhaltige Entwicklung. Menschen in Konfliktgebieten verlieren durch vorsätzliche oder unbeabsichtigte Zerstörung ihr Hab und Gut und ihre Erwerbsgrundlagen. Oft hindern politische Machtlosigkeit oder bittere Not (normalerweise beides) Gemeinden, Haushalte oder Einzelpersonen daran, sich mit Nahrung zu versorgen, selbst wenn sie vorhanden ist.

Kriegsteilnehmer setzen Nahrung häufig auch als Waffe ein. Durch Belagerungen werden Nahrungsvorräte und Produktionskapazitäten zerstört und der Widerstand in der Bevölkerung durch Hunger gebrochen. Kriegsparteien bemächtigen sich der für die Zivilbevölkerung vorgesehenen Nahrungsmittelhilfen. Im südlichen Sudan, wo sich sowohl Regierungstruppen als auch Rebellen dieser Taktik bedienten, waren im Juli 1999 etwa 2,5 Millionen Menschen auf Nahrungsmittel-Nothilfe angewiesen. Hutu-Guerillas in Ruanda haben die Kontrolle über die Nahrungsmittelverteilung in Flüchtlingslagern zum Ausbau ihrer politischen Macht eingesetzt. Kombattanten gelangen durch den Transport und die Bewachung von Nahrungsmittelnothilfe an diese Ressourcen. Geber müssen folglich Möglichkeiten finden, die Nahrungsmittel und andere grundlegende Hilfsgüter an Ort und Stelle zu bringen, um Hunger zu vermeiden und Produktionskapazitäten zu erneuern – und im günstigsten Fall den Weg für Friedensverhandlungen bereiten –, ohne neuen Zündstoff für den Konflikt zu liefern.

Durch Konflikte erleiden Kinder Tod, Verletzung, psychische Traumen und Heimatlosigkeit. Aufgrund der Zerstörung des Gesundheitssystems herrschen auch nach Einstellung der Kampfhandlungen oft ein hohes Maß an Mangelernährung, Krankheiten und Tod vor. Nach einer länger andauernden Unterbrechung der Schulausbildung bleibt Jugendlichen oftmals keine andere Tätigkeit als der Militärdienst.

Hunger bedingt Konflikte

Hunger kann aber auch zu Konflikten führen. Hunger und Gewalt haben ihre Wurzeln häufig im kolonialen Erbe und in der aktuellen Diskriminierung von ethnischen Gruppen und Klassen sowie in Auseinandersetzungen um die Kontrolle strategischer Ressourcen. In Mittelamerika waren Bürgerkriege die Folge lang andauernder Nahrungsmittelkrisen und Menschenrechtsverletzungen, wobei Landzugang eine der Hauptforderungen der Rebellen war. Im Sudan geht es in der Auseinandersetzung zwischen den arabisch-islamistischen Interessen im Norden und den afrikanischen Christen und Anhängern afrikanischer Religionen im Süden um Land, Wasser, Öl und Unterstützung in der Bevölkerung, in Angola um große Öl- und Diamantenvorkommen. Spannungen weiten sich vor allem dort schnell zu gewalttätigen Konflikten aus, wo die wirtschaftlichen Bedingungen schlechter werden; die Menschen haben das Gefühl, nichts mehr verlieren zu können, und sind daher bereit, für Ressourcen, politische Macht und kulturelle Anerkennung zu kämpfen.

Zwei kürzlich veröffentlichte Studien zeigen einen ursächlichen Zusammenhang zwischen Ernährungsunsicherheit und gewalttätigen Konflikten. Sie stellen eine enge Beziehung zwischen Indikatoren der Armut wie niedrigem Pro-Kopf-Einkommen, wirtschaftlicher Stagnation und wirtschaftlichem Rückgang, ›Konflikttradition‹, großer Einkommensungleichheit und langsamem Wachstum der Nahrungsmittelproduktion pro Kopf einerseits sowie gewalttätigen bürgerkriegsähnlichen Unruhen andererseits her.

Ähnliche Studien zur Knappheit von Umweltressourcen und Konflikten legen keinen deterministischen Ursachenzusammenhang nahe. Statt dessen müssen noch weitere Faktoren dazukommen, wie z. B. Menschenrechtsverletzungen und soziale Ungleichheit und die Wahrnehmung dieser Ungerechtigkeiten als solche.

Kosten von Konflikten

Die Kriege der vergangenen 20 Jahre haben bis zu eine Million Todesopfer pro Jahr gefordert – meistens in der Zivilbevölkerung. In Mosambik verursachte der Bürgerkrieg der Jahre 1982–92 wirtschaftliche Verluste von weit über 20 Milliarden US-$. Sieben Jahre nach dem Krieg sind immer noch 300 000 Mosambikaner auf humanitäre Hilfe angewiesen.

IFPRI-Untersuchungen haben festgestellt, daß bei 14 afrikanischen Ländern südlich der Sahara, in denen es zwischen 1970 und 1993 zu Konflikten gekommen ist, die durchschnittliche Differenz zwischen der Nahrungsmittelproduktion in Friedens- und Kriegsjahren 12,3 Prozent betrug. Hätte der Frieden dort erhalten werden können, wären sowohl die negative Tendenz in der Nahrungsmittelproduktion pro Kopf als auch die Auswirkungen größerer Dürren aufgefangen worden.

Landminen: Tod, Verstümmelung und Ausbreitung von Hunger

Landminen sowie nicht detonierte Sprengsätze stellen ein tödliches Vermächtnis gewalttätiger Konflikte dar. Sie fordern einen hohen Tribut in Form von Menschenleben, wirtschaftlichem und gesellschaftlichem Entwicklungsrückstand und rückläufiger landwirtschaftlicher Produktion, auch wenn der Konflikt schon längst vorüber ist. Man schätzt, daß sich weltweit etwa 60 bis 70 Millionen Landminen in rund 70 zumeist armen Ländern im Boden befinden. Doch ist weniger die Anzahl der Landminen als vielmehr die Fläche bedeutsam, die hierdurch für landwirtschaftliche oder sonstige produktive Nutzungen unbrauchbar wird. Nach Angaben des Internationalen Komitees vom Roten Kreuz (IKRK) werden jährlich etwa 26 000 Zivilpersonen durch Landminen getötet oder verletzt. Landminen und nicht detonierte Sprengsätze haben ebenfalls indirekte und dynamische Kosten – für entgangene Entwicklungsmöglichkeiten. Diese Kosten umfassen die verringerte Produktivität der Verstümmelten, die verminderte landwirtschaftliche Produktion, die Begrenzung von Marktaktivitäten durch unpassierbare Straßen, Schwierigkeiten bei der Wiedereingliederung von Flüchtlingen oder Vertriebenen, fehlende Investitionsbereitschaft für minenverseuchte Gebiete, verminte Wasserquellen oder Stromversorgungseinrichtungen, beeinträchtigten Zugang abgelegener Dörfer für das mobile Gesundheitsversorgungssystem – um nur einige zu nennen. Die Kosten für die medizinische Versorgung der schätzungsweise 250 000 bis 300 000 Menschen, die eine Landminenexplosion bisher überlebt haben, liegen rein rechnerisch bei etwa zwei bis drei Milliarden US-$.

Obwohl das Geld, das für Minenräumung aufgewendet werden muß, im allgemeinen als Verlust für die Entwicklung gilt, kann eine Investition in die Minenräumung dennoch einen hohen Beitrag für nachfolgende Entwicklung erbringen. Angesichts knapper finanzieller Mittel kann das kurz- und mittelfristige Ziel allerdings nicht das völlige Entfernen aller Landminen, sondern nur eine Räumung nach entwicklungsorientierten Schwerpunkten sein. Programme, die die Minenproblematik in der betroffenen Bevölkerung bewußtmachen, müssen die Minenräumungsmaßnahmen flankierend unterstützen. Einige Hoffnung kann man auch aus neueren internationalen Initiativen zur Entschärfung der Landminenproblematik schöpfen. Das Abkommen über das Verbot von Antipersonenminen (Mine Ban Treaty) ist mittlerweile verbindliches Recht und regelt das Verbot der Verwendung, Lagerung, Produktion und den Transport von Tretminen sowie ihre Zerstörung.

Vermeidung gewaltsamer Konflikte

Eine **nachhaltige landwirtschaftliche und ländliche Entwicklung** mit Schwerpunkt auf Kleinbauern ist Voraussetzung für die Konfliktvermeidung. Die meisten Armen in den Entwicklungsländern leben in ländlichen Gebieten, daher ist die Landwirtschaft von entscheidender Bedeutung für ihren Lebensunterhalt und ihre Ernährungssicherung. Eine breitangelegte Entwicklung bietet ein zuverlässiges Gegenmittel gegen die Hoffnungslosigkeit, die in Gewalt münden kann.

Die Realität sieht anders aus: Die von den 21 Geberländern der OECD geleistete Entwicklungshilfe, die weiterhin von grundlegender Bedeutung für die nachhaltige Entwicklung in den armen Ländern bleiben wird, ging zwischen 1992 und 1997 um 21 Prozent zurück. Während der Kuchen insgesamt kleiner wurde, wurden gleichzeitig für die Sofort- und Nothilfe die Forderungen nach immer größeren Stücken laut. 1996 erreichte die Nothilfe 9,5 Prozent der gesamten Hilfsprogramme im Vergleich zu 3,5 Prozent 1987. Die Nahrungsmittelhilfe ging zwischen 1993 und 1997 um 61 Prozent zurück, wobei 41 Prozent für die Nothilfe vorgesehen waren, im Vergleich zu zehn Prozent in den siebziger Jahren.

Konfliktvermeidung erfordert einen **Ausbau des Frühwarnsystems für Hungersnöte**, das auf politische, wirtschaftliche und »kulturelle« (ethnische) Indikatoren Seite an Seite mit Indikatoren für Ernteausfälle eingeht. Aber letztlich hängt eine erfolgreiche Prävention oder Linderung von Hungersnöten davon ab, inwieweit betroffene Regierungen und Geber rechtzeitige und wirksame Maßnahmen als Reaktion auf die Frühwarnungen ergreifen.

Einmischung bei Konflikten

Es herrscht ein immer breiterer Konsens in der Staatengemeinschaft, daß die internationale Gemeinschaft in Situationen mit bewaffneten Konflikten ein Recht oder sogar die Pflicht hat, zu intervenieren und der gefährdeten Zivilbevölkerung humanitäre Hilfe auch gegen die Einwände souveräner Staaten zu leisten. Sind eine oder mehrere Kriegsparteien nicht offen für Hilfe von außen, können Notstandssituationen zeitlich unbestimmt sein. Häufig gibt es keine Autorität, die die Kontrolle über die Hilfsleistungen übernimmt, so daß sich Geber zurückziehen. Die Koordination der Hilfsleistungen der einzelnen Staaten, der eigenen Regierung und der Nichtregierungsorganisationen (NGOs) stellt noch eine zusätzliche Herausforderung dar.

Humanitäre Nichtregierungsorganisationen (NGOs) bestehen auf ihrem »**Recht zur Hilfeleistung**« gegenüber Kriegsopfern. In ihren Bemühungen, eine »neutrale« Haltung einzunehmen, handeln NGOs Nahrungsmittellieferungen mit allen möglichen, vor Ort ansässigen aufständischen, staatlichen oder sonstigen Autoritäten aus und verlassen sich dabei oftmals auf Zusagen zu freiem Geleit und zur ungehinderten Grenzüberquerung. Häufig werden von ihnen Zugeständnisse gefordert. Beispielsweise sagten Mitarbeiter von Hilfsorganisationen den südsudanesischen Rebellen politische Anerkennung zu oder stellten bewaffneten Mittelsmännern in Bosnien, Ruanda und Somalia Geschütze und Fahrzeuge zur Verfügung.

In den neunziger Jahren verstärkte sich der **Einsatz militärischer Streitkräfte** für Hilfeleistungen während und nach Konflikten und für die Überwachung von Tätigkeiten nach Konflikten. Militärische Interventionen wurden bisher für ihre Ad-hoc-Organisation, Ineffektivität, schlechte Koordination, mangelnde Beteiligung betroffener Gruppen an den Hilfsmaßnahmen und fehlschlagende Bemühungen zur Eindämmung der Konflikte kritisiert. Kritiker behaupten, daß der »militärische Humanitarismus« eine andauernde Militarisierung der Hilfsleistungen fördere.

In Konfliktsituationen bereitgestellte **Nahrungsmittelhilfen** können Leben retten, Arbeitsplätze schaffen, die Landwirtschaft vor Ort durch lokale und regionale Einkäufe fördern und durch Preissenkungen die Gewinnmöglichkeiten einschränken. Hilfsorganisationen wie die Deutsche Welthungerhilfe koppeln beispielsweise in Angola die Nahrungsmittelhilfe mit Aktivitäten der längerfristigen Entwicklung, um neue Arbeitsplätze zu schaffen oder unternehmerische Fertigkeiten zu fördern. Leider wird Hilfe allzu oft ohne Rechenschaftspflicht seitens des Gebers bzw. des Empfängers geleistet, wobei letztere häufig auch noch selbst Konfliktparteien sind.

Auch dort, wo Nahrungsmittelzuteilungen die vorgesehenen Empfänger erreichen, ist die Nahrungsmittelhilfe in der Regel ernährungsphysiologisch unzureichend, um insbesondere den erhöhten Vitamin- und Mineralstoffbedarf von Frauen und Kindern zu decken.

Verhalten nach dem Konflikt

Auch wenn der Konflikt beendet ist, beeinträchtigen die Belastungen des Wiederaufbaus, die Umsiedlung entwurzelter Menschen und die Wiedereingliederung früherer Kombattanten die Ernährungssicherheit und stellen eine anhaltende Gefahr für ein Wiederaufflammen der Gewalt dar. Bevor die Wiederaufbauarbeiten in die Wege geleitet werden, sind eingehende soziale, ökologische, technische und politische Bewertungen von grundlegender Wichtigkeit. Ebenso entscheidend sind die Aussöhnung bisher verfeindeter Gruppen und die Vermeidung selektiver Bevorzugung bestimmter einzelner Gruppen gegenüber anderen.

Nur wenige Länder können nach jahrzehntelangem Krieg eine schnelle und unabhängige Selbstversorgung mit Nahrungsmitteln aufbauen. Daher ist oft noch eine viele Jahre dauernde Nahrungsmittelhilfe erforderlich.

Für Ernährung, Landwirtschaft und Umwelt sind günstigere Entwicklungen möglich, wenn der Frieden trotz eines drohenden Konfliktes gewahrt, bei bereits ausgebrochenem Konflikt erzielt und bei beendetem Konflikt wieder nachhaltig hergestellt werden kann. Ernährungssicherungs- und Entwicklungsprogramme müssen Komponenten der Konfliktprävention und konfliktmindernde Maßnahmen beinhalten. Genauso müssen Nothilfeprogramme Aktivitäten zur landwirtschaftlichen und ländlichen Entwicklung enthalten, wenn sie den Teufelskreis von Hunger und Konflikten durchbrechen sollen.

Marc J. Cohen ist Experte für Ernährung in Krisenlagen und wissenschaftlicher Mitarbeiter am Internationalen Forschungsinstitut für Ernährungspolitik (IFPRI).
Torsten Feldbrügge, Ökotrophologe, ist wissenschaftlicher Mitarbeiter am Zentrum für Entwicklungsforschung der Universität Bonn.

Literaturauswahl

Cohen, M. J., 1999: Famine prevention during armed conflict: The humanitarian challenge, in: Kracht, Uwe and Manfred Schulz (eds.): Food security and nutrition: The global challenge, Münster: Lit Verlag and New York: St. Martin's Press

Cohen, M. J. / P. Pinstrup-Andersen, 1999: Food security and conflict, in: Social Research, Vol. 66, No. 1, S. 375–416

De Soysa, I. / N. P. Gelditsch, 1999: To cultivate peace: Agriculture in a world of conflict, International Peace Research Institute, Oslo

Messer, E. / M. J. Cohen / J. D'Costa, 1998: Food from peace: Breaking the links between conflict and hunger, IFPRI, 2020 Vision Discussion Paper No. 24, Washington, D. C.

von Braun, J. / T. Teklu / P. Webb, 1999. Famine in Africa. Causes, Responses and Prevention. Johns Hopkins University Press, Baltimore

Gipfel-Watch: Der Welternährungsgipfel, seine Ziele und sein Folgeprozeß

Auf dem Welternährungsgipfel 1996 in Rom legten sich die Regierungen darauf fest, die Zahl der Hungernden bis zum Jahr 2015 zu halbieren. Das würde eine Reduzierung auf 400 bis 420 Millionen Menschen bedeuten. Allerdings zeichnet sich bereits jetzt ab: Werden die Bemühungen nicht deutlich verstärkt, wird die Zahl der Unterernährten im Jahr 2015 immer noch 638 Millionen betragen – das Ziel würde also deutlich verfehlt werden. In seinem Aktionsplan hat der Gipfel ein umfangreiches Maßnahmenpaket mit über 140 Aktionsfeldern vorgeschlagen. Zwei wichtige Elemente und Prüfsteine für einen Erfolg dieser Strategie sind aus NGO-Sicht besonders hervorzuheben: der gleiche Zugang zu Land und anderen Ressourcen für die Armen sowie die aktive Sicherung und Ausgestaltung des Menschenrechts auf Nahrung.

Die Verpflichtungen des Welternährungsgipfels sind völkerrechtlich zwar nicht verbindlich, haben jedoch einen politischen und moralischen Stellenwert für die Regierungen. Ganz entscheidend kommt es also darauf an, wie der Nachfolgeprozeß gestaltet wird und welche Akteure über die Regierungen hinaus beteiligt werden.

Nachlassende Entwicklungshilfe für die ländliche Entwicklung

Vier Jahre nach dem Gipfel wachsen die Zweifel, daß die Ziele erreicht werden können. Die Investitionen in die Landwirtschaft der »Länder mit niedrigem Einkommen und Nahrungsmitteldefizit« reichen zur Zeit bei weitem nicht aus. Die öffentliche Entwicklungshilfe für landwirtschaftliche Entwicklung, die 1996 einen Höhepunkt von 16 Milliarden US-$ erreichte, ist seither um 32 Prozent gefallen. Ihr Anteil an der insgesamt sinkenden öffentlichen Entwicklungshilfe halbierte sich damit von 30 Prozent in der ersten Hälfte der neunziger Jahre auf 15 Prozent. Statt mehr in die landwirtschaftliche und ländliche Entwicklung in den am wenigsten entwickelten, ärmsten Ländern zu investieren, wurde absolut und anteilsmäßig weniger investiert.

Der Nachfolgeprozeß

Der Nachfolgeprozeß wird in jährlichen Sitzungen des Komitees für Welternährungssicherheit (Committee on World Food Security, CFS) der FAO koordiniert und ausgewertet. Zur Zeit gibt es keinen vergleichbaren institutionellen Rahmen für die weltweite Bündelung dieses Prozesses zwischen den Staaten. 133 Staaten und die Europäische Union sind Mitglieder des CFS-Ausschusses. Sechs Sonderorganisationen der Vereinten Nationen, fünf zwischenstaatliche Organisationen wie das Internationale Rote Kreuz und 23 internationale NGOs haben Beobachterstatus. 2006 wird eine Sondersitzung des CFS stattfinden, in der eine Zwischenbilanz der Umsetzung des Aktionsplans gezogen wird. Parallel zu den CFS-Sitzungen versucht eine Arbeitsgruppe, neue, präzisere und ursachenbezogenere Indikatoren zur Messung und Ortung des Hungers zu erarbeiten, das FIVIMS, ein Informations- und Kartierungssystem über Ernährungssicherheit, Risikogruppen und Risikobereiche.

Einbeziehung der Zivilgesellschaft

In der FAO läuft inzwischen eine Diskussion zur Beteiligung von Organisationen der Zivilgesellschaft. Es ist ihr bisher aber nicht gelungen, für ihre Gesamtarbeit eine Strategie und eine Politik der Beteiligungsmöglichkeiten zu formulieren. Seit ungefähr zwei Jahren stagniert dieser Prozeß, obwohl von seiten der NGOs ausführliche Konzepte vorgelegt und gemeinsam mit der FAO entscheidungsreif überarbeitet wurden. Es mangelt der FAO oder den Mitgliedstaaten bisher offensichtlich am »politischen Willen« für eine neue Basis der Kooperation mit der Zivilgesellschaft. Nur in vier nationalen Regierungsdelegationen (der deutschen, der schweizerischen, der kanadischen und der US-amerikanischen) sind bisher Vertreter von NGOs aufgenommen worden.

Eine größere Beteiligung der Zivilgesellschaft ist jedoch zur Dynamisierung des Folgeprozesses des Welternährungsgipfels wichtig. Auf einen zivilgesellschaftlich inspirierten, konstruktiven und kritischen Dialog sind das CFS und der Welternährungsgipfel-Folgeprozeß angewiesen, wollen sie nicht bürokratisch am Status quo haftenbleiben und das Marktgeschehen mit seiner Sozialblindheit sich selbst überlassen.

Ein notwendiger Prozeß mit offenem Ausgang

Ohne eine klarere Definition von Zwischenschritten, wie die mittel- bis langfristigen Ziele des Aktionsplans erreicht werden können, ist eine Einschätzung und Beurteilung des Gipfelprozesses schwierig. Als positiv kann gelten, daß überhaupt ein Folgeprozeß in Gang gebracht wurde, wenn auch mit bürokratischer Langsamkeit, der zumindest zweierlei verbessert hat: die Struktur und zeitliche Staffelung des Berichtswesens zur Umsetzung des Aktionsplans und die FIVIMS-Bemühungen. Die Staaten erkennen in größerem Umfang die Rolle der Zivilgesellschaft in der Bekämpfung des Hungers an und bewegen sich auf eine Zusammenarbeit zu.

Dr. Jochen Donner, Ökonom und Sozialwissenschaftler, ist Leiter des Grundsatzreferats der Deutschen Welthungerhilfe.

Schwerpunkt
Kleinbäuerliche Landwirtschaft

Die heimlichen Ernährer

»Put People First« appellierte eine internationale NGO-Koalition an die Staats- und Regierungschefs, die sich 1996 zum Welternährungsgipfel in Rom versammelten. Gemeint waren damit vor allem die Kleinbauern und -bäuerinnen in den Entwicklungsländern, die dafür sorgen, daß Millionen Menschen zu essen haben, Regierungen mit Kaffee oder Kakao Devisen verdienen und Industrien mit Rohstoffen wie Baumwolle versorgt werden. Ihr Beitrag zu Ernährung und wirtschaftlicher Entwicklung taucht allerdings in den meisten Statistiken nicht auf. Das Rückgrat der Landwirtschaft in vielen Ländern bleibt weitgehend »unsichtbar«.

Mehr noch: Viele von denen, die die Nahrungsmittel für die Welt produzieren, gehören selbst zu den Ärmsten der Welt, deren eigene Ernährung nicht gesichert ist und über deren Alltag ständig oder doch wiederkehrend das Damoklesschwert des Hungers hängt. Für dieses Paradox, das in besonderem Maße für Frauen gilt, gibt es ein ganzes Ursachenbündel: zu wenig Land, ungesicherte Besitzverhältnisse und Umweltschäden, Geldmangel und falsche Anbaumethoden, aber auch fehlende landwirtschaftliche Beratung, Infrastruktur und Absatzmöglichkeiten.

Viele Regierungen betrachten den kleinbäuerlichen Sektor als Melkkuh, der preiswerte Nahrungsmittel, Exportprodukte oder Rohstoffe liefern soll, aber möglichst wenig kosten darf. Nichtstaatliche Entwicklungsorganisationen (NGOs) sind seit langem der Überzeugung, daß dieser Sektor nicht etwa – wie Politik und Wissenschaft nicht selten behaupten – durch eine rückständige, antiquierte Produktionsweise charakterisiert ist, eine aussterbende Art sozusagen, wie in Europa. Im Gegenteil: NGOs fördern und unterstützen die kleinbäuerliche Landwirtschaft mit einer Vielfalt von Ansätzen und Projekten als Motor einer umfassenden ländlichen Entwicklung. Eine bessere Ernährung, weniger Armut und ein schonender Umgang mit natürlichen Ressourcen wie Boden, Wäldern und Wasser sind dabei die wichtigsten Ziele. Dafür müssen allerdings aus Sicht der NGOs auch die Rahmenbedingungen stimmen: Agrarreformen, Technologie-Entwicklung oder Wirtschafts- und Handelspolitik müssen die besondere Situation und die Anforderungen der Kleinbauern und -bäuerinnen berücksichtigen. Sie dürfen sie nicht noch weiter ins Abseits drängen.

Zukunft auf zwei Hektar

Uwe Hoering

Reis, Mais, Kartoffeln, Maniok und Weizen – gerade einmal eine Handvoll Pflanzenarten liefern 80 Prozent der Nahrungsmittel weltweit – und vier davon stammen fast ausschließlich oder überwiegend aus kleinbäuerlicher Produktion. Lediglich Weizen wird überwiegend agroindustriell, auf großen Betriebsflächen angebaut und dient zudem in erheblichem Umfang als Viehfutter. In Lateinamerika produzieren 16 Millionen Kleinbauern den größten Teil der Grundnahrungsmittel Mais, Bohnen und Kartoffeln; in Afrika werden mehr als 80 Prozent der landwirtschaftlichen Nutzfläche von kleinbäuerlichen Betrieben bestellt. Auch der Gemüseanbau, wichtig für eine ausgewogene Ernährung und besonders geeignet, um ein kleines Stückchen Land mit wenig Kosten und Ressourcen optimal zu nutzen, ist eine Domäne kleinbäuerlicher Landwirtschaft.

Während die Zahl kleinbäuerlicher Betriebe in den Industrieländern ständig sinkt, steigt sie in vielen Ländern des Südens an. In Afrika und Asien sind knapp 60 Prozent der Bevölkerung in der Landwirtschaft tätig. Sie ist Lebensgrundlage für Millionen Familien und die wichtigste Säule der Ernährungssicherung. Die FAO schätzt, daß 400 Millionen Menschen von der Subsistenzwirtschaft leben, das heißt ihr Land reicht bestenfalls für die eigene Versorgung. Auch Kleinbauern mit drei, vier oder fünf Hektar produzieren vielfach zuerst für den Eigenbedarf, eventuelle Überschüsse verkaufen sie überwiegend auf lokalen Märkten. Geldeinkommen erzielen viele zudem mit Exportprodukten oder industriellen Rohstoffen wie Kaffee oder Baumwolle. Kleinbauern fahren zum Beispiel etwa vier Fünftel der Weltkakaoernte ein.

Überlieferte Anbausysteme, lokale Getreidesorten und traditionelle Anbauprodukte spielen im Nahrungsmittelanbau nach wie vor eine bedeutende Rolle. So sichern in Afrika südlich der Sahara tropische Wurzel- und Knollenkulturen wie Cassava, Süßkartoffeln oder Yams für etwa die Hälfte der Bevölkerung rund 40 Prozent des Kalorienbedarfs. Ebenso wie Sorghum und Hirse, Kochbananen, traditionelle Reissorten oder die Vielfalt unterschiedlicher Kartoffelsorten, die in den Anden angebaut werden, sind sie oft den lokalen Gegebenheiten besser angepaßt. Sie sind genügsam, gedeihen auch auf nährstoffarmen Böden und bei Trockenheit und widerstehen Krankheiten und Schädlingen. Selbst unter ungünstigen Bedingungen liefern sie noch Ertrag und fügen sich meist ideal in den von vielen Kleinbauern betriebenen Mischanbau ein.

Es sind vor allem die Frauen, die diese »traditionelle«, primär nahrungsmittelorientierte Landwirtschaft betreiben, während die Männer stärker im »moder-

Konsum von Grundnahrungsmitteln 1997

Durchschnittlich verfügbare tägliche Kalorienmenge sowie ihre Herkunft für Bewohner ausgewählter Länder 1997, in kcal pro Person und Tag

	Äthiopien	Deutschland	Indien	Venezuela
Getreide	1231	775	1577	826
Wurzel- und Knollenfrüchte*	225	134	35	36
Gemüse, Hülsenfrüchte	129	72	152	74
Fleisch	53	357	20	147
Milch, Milcherzeugnisse	27	283	102	118
Fette und Öle	55	745	213	369
Gesamtes Angebot (inkl. Zucker, Obst und Früchte, Fisch und Eier)	**1858**	**3382**	**2496**	**2394**

* einschließlich Kartoffeln
Quelle: FAO 1999

Tabelle 3

nen« Anbau marktgängiger *Cash Crops* engagiert sind. In Afrika südlich der Sahara werden mittlerweile fast ein Drittel aller ländlichen Haushalte von Frauen geführt, die die eigene Familie, oft aber auch noch den Mann, der in der Stadt arbeitet, versorgen. In Lateinamerika und im Nahen Osten sind es knapp ein Fünftel. Die »Feminisierung der Landwirtschaft« wird verstärkt durch die Abwanderung der Männer als Tagelöhner oder Arbeiter in die Städte, in die Industrie oder den Bergbau.

So ist der kleinbäuerliche Sektor äußerst vielschichtig und vielgesichtig: Da gibt es Ernteteilhaber, die bis zu 50 Prozent des Ertrags an den Landbesitzer abgeben, Frauengruppen, die gemeinsam Gemüsefelder bestellen, Indios, die steilen Hängen in den Anden eine karge Kartoffelernte abgewinnen, Ökobauern, die Bioläden beliefern, Pächter, die gerade genug für die Eigenversorgung erwirtschaften, Landbesetzer, Teilzeitbauern, die ihren Speiseplan aufbessern, und Vertragsbauern, die für Agrarkonzerne Ananas oder Bananen anbauen. Im Sahel bearbeiten Bäuerinnen den Boden mit dem Hackstock, im indischen Punjab tuckern Pumpen und Traktoren auf Weizenfeldern. Dabei ist der kleinbäuerliche Sektor nicht nur durch geringe Betriebsgröße gekennzeichnet:

- Es handelt sich um Familienbetriebe, die bestenfalls saisonal zusätzliche Arbeitskräfte beschäftigen;
- Risikominderung und Ertragssicherheit, etwa durch Mischanbau und traditionelle Nutzpflanzen, sind meist wichtiger als ständige Ertragssteigerungen;
- Verbreitet findet man hier noch die Vielfalt von Anbaumethoden und -produkten, die im Laufe der Jahrhunderte entwickelt wurde, und die einen Fundus angepaßter Lösungen für eine Verbesserung der Land-

Simbabwe: Der Nutzen des Waldes
Durchschnittliche jährliche Nutzung von Produkten aus Wald- und Buschland durch Haushalte (Gesamtwert 312 US-$)

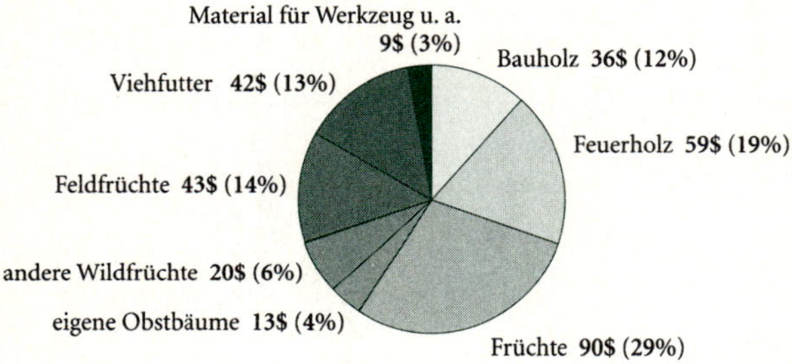

Quelle: FAO, 1996

Wälder und Ernährungssicherung

Wälder und Bäume spielen eine wichtige Rolle bei der Sicherung der Ernährung, insbesondere für die 300 Millionen Wanderfeldbauern. Zum einen liefern sie Früchte, Wurzeln, Nüsse, Beeren, Pilze, Blätter und Honig, die entweder direkt in die Ernährung eingehen und die Grundnahrungsmittel um vitamin-, mineralien- und proteinreiche Nahrung ergänzen. Oder sie werden verkauft, allerdings oft zu extrem niedrigen Preisen. Vor allem bei saisonalen Versorgungsengpässen sind Waldprodukte die letzte Rettung. In Zentralindien etwa ernähren sich Angehörige indigener Volksgruppen in der »Hungersaison« wochenlang nahezu ausschließlich von Mangos. Wälder liefern außerdem Viehfutter, wenn das eigene Land nicht für einen Futteranbau ausreicht. Sie haben für die Menschen darüber hinaus die Funktion einer Apotheke für Heilkräuter, die für 75 bis 90 Prozent der Menschen in Entwicklungsländern oft die einzig zugänglichen Medikamente sind.

Abbildung 8

wirtschaft – von genetischen Ressourcen bis zu produktionssteigernden Techniken – darstellt;

- Der Grad der Kommerzialisierung und Verflechtung mit anderen Wirtschaftssektoren ist niedrig: Kreditaufnahme, Vermarktung oder der Einsatz industrieller Produkte wie Dünger, Pestizide oder Maschinen sind meist relativ gering;
- Vielfach gehört das genutzte Land dem Staat, privaten Großgrundbesitzern oder ist in traditionellem Gemeinschaftsbesitz; damit sind die Besitzverhältnisse ungesichert, insbesondere für Pächter, traditionelle Kleinbauern, Ernteteilhaber und in der städtischen Landwirtschaft;
- Unkenntnis, unsachgemäße Anbaumethoden und Armut tragen oft zu schweren Umweltzerstörungen bei, zumal viele kleinbäuerliche Betriebe gezwungen sind, auf marginalen, empfindlichen Böden zu produzieren.

»Kleinbäuerlich« ist zudem mehr als ein Synonym für eine bestimmte Produktionsweise. Insbesondere die traditionell wirtschaftende kleinbäuerliche Landwirtschaft ist eingebettet in ein soziales und kulturelles Beziehungsgeflecht, das Sicherheit und Ausgleich bietet und teils als »Überlebensnetz« fungiert. Saatgut wird untereinander ausgetauscht, Bauern und Viehhirten wechseln sich bei der Landnutzung ab, Feste stärken soziale Strukturen, festgelegte Tauschbeziehungen ebnen Wohlstandsunterschiede ein, gemeinschaftliche Nutzung von Ressourcen wie Land oder Wasser erfordern Kooperation und Interessenausgleich. Landbau ist in diesem Sinne mehr als die Produktion von Nahrungsmitteln oder Rohstoffen, sondern »Agrarkultur«.

Übersehen, vergessen, verdrängt

Trotz der wichtigen Rolle der kleinbäuerlichen Landwirtschaft für Ernährung, Deviseneinnahmen und wirtschaftliche Entwicklung taucht ihr Beitrag zur Agrarproduktion in Statistiken kaum jemals aufgeschlüsselt auf – die Produzentinnen und Produzenten bleiben »unsichtbar«. Mehr noch: Gegenüber den einflußreicheren Entwicklungsinteressen von Industrie, Städten oder Großgrundbesitz geriet die kleinbäuerliche Nahrungsmittelproduktion in den Ländern des Südens zunehmend ins Hintertreffen. Sowohl Regierungen als auch die bi- und multilaterale Entwicklungszusammenarbeit behandelten sie geradezu stiefmütterlich. Gefördert wurden statt dessen vorrangig Produkte, die industrielle Rohstoffe oder Devisen lieferten und oft bereits in der Kolonialzeit eingeführt worden waren – wie Baumwolle, Ölpflanzen, Kautschuk, Kaffee oder Tee. Für sie wurden – meist staatlich kontrollierte und subventionierte – Erzeugungs-, Verarbeitungs- und Vermarktungsstrukturen aufgebaut. Für die Versorgung, vor allem der rasch wachsenden städtischen Bevölkerung, wurden Weizen, Milchprodukte u. a. m. importiert, begünstigt durch billige, subventionierte Überschüsse auf dem Weltmarkt (siehe Abb. 9 und 10, S. 96). Die traditionellen, einheimischen Nahrungsmittel gerieten in den Ruch der »Rückständigkeit« und wurden zurückgedrängt. Der Selbstversorgungsgrad vieler Länder, insbesondere in Afrika, sank rapide, sie wurden immer abhängiger von Importen, aber auch von Ausfuhren und Krediten, um sie bezahlen zu können. Im Extremfall mußten sie um Nahrungsmittelhilfe betteln (vgl. Abb. 21, S. 207).

Zur Steigerung der Nahrungsmittelproduktion setzten Regierungen, Landwirtschaftsberatung, Agrarforschungszentren und Agrokonzerne seit Mitte der sechziger Jahre vor allem auf die Intensivierung der Landwirtschaft auf sogenannten »Gunststandorten«: Sie lieferten den Bauern neue Hochertragssorten von Weizen, Mais und Reis, die Dünger, Pestizide und viel Wasser benötigten, um die volle Leistung zu bringen. Diese monokulturelle »Grüne Revolution« brachte erhebliche Ertragssteigerungen, ging allerdings an weiten Bereichen der kleinbäuerlichen Landwirtschaft, die nicht genug Land, Geld oder Wasser hatten, vorbei. Zudem konzentrierte sie sich weitgehend auf die Reis- und Weizenanbaugebiete Süd- und Südostasiens.

Der Einzug der industriellen Landwirtschaft durch die »Grüne Revolution« verstärkte die wirtschaftliche und soziale Ungleichheit. Von den subventionierten land-

Milch: Importe und Exporte der Entwicklungsländer 1961 – 1997
in Mio. US-$

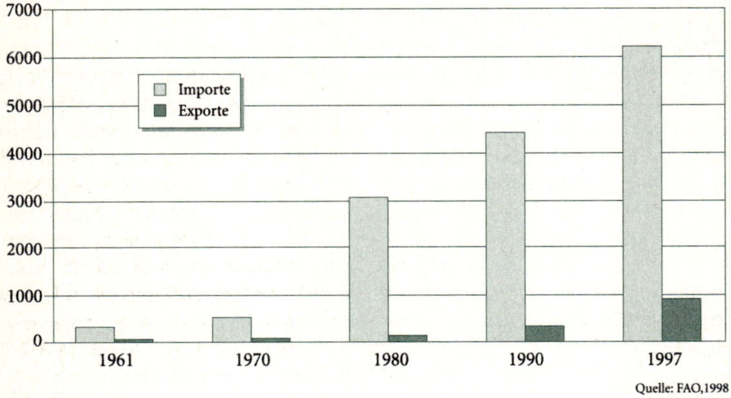

Abbildung 9

Getreideimporte der Entwicklungsländer 1969 – 2010
Nettoeinfuhren in Mio. t pro Jahr

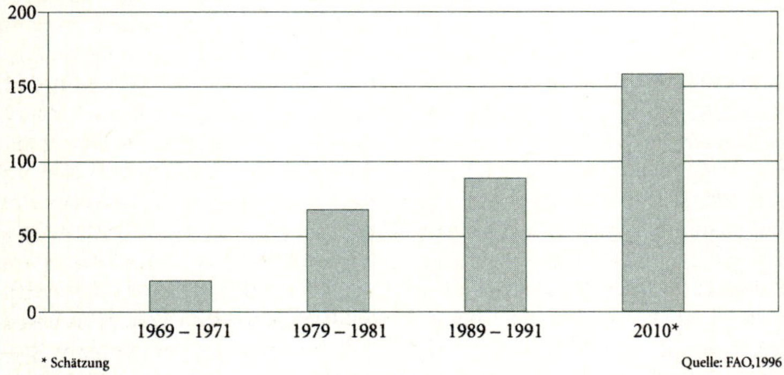

Abbildung 10

wirtschaftlichen Produktionsmitteln, Krediten und Dienstleistungen, mit denen die neue Technologie gefördert wurde, profitierten vor allem die größeren Betriebe. Nicht selten übernahmen größere Grundbesitzer verpachtetes Land in eigenen Anbau oder kauften verarmten Bauern ihr Land ab, um die neueröffneten Gewinnchancen zu nutzen. Kleinere Betriebe und traditionelle Anbauprodukte wurden abgedrängt auf schlechtere Böden und in den informellen Sektor der »Nahrung für die Armen«.

Doch inzwischen mehren sich die Anzeichen, daß die »Grüne Revolution« mit ihrem Technologie-Dreierpack von modernem Saatgut, Chemie und Bewässerung an Schubkraft verliert. Die Zuwachsraten bei den Reis- und Weizenerträgen flachen ab, besonders in Asien. Dagegen steigen die Investitionen, die notwendig sind, um die Erträge aufrechtzuerhalten – Kosten und Gewinn geraten in Schieflage. Auch die Ausweitung der Bewässerungslandwirtschaft »wird voraussichtlich erheblich langsamer voranschreiten als bisher«, schätzt die FAO: Geeignete Standorte werden ebenso rar wie Wasser für die »durstigen« Anbauprodukte.

Besonders alarmiert die Ernährungsstrategen, daß die »Grüne Revolution« ihre eigenen Grundlagen – Grundwasser und Boden – bedroht. So wird geschätzt, daß etwa 40 Millionen Hektar der bewässerten Anbaufläche in den ariden Regionen »Wasserschäden« aufweisen – sie versalzen, übersäuern oder vernässen. Bodenerosion durch Wind und Wasser vermindert die Bodenfruchtbarkeit, Traktoren verdichten den Boden. Auch höhere Düngergaben können die sinkende Bodenfruchtbarkeit oft nicht mehr retten. Der Einsatz immer stärkerer Pumpen führt in vielen Gebieten des indischen Punjab, einer der Kornkammern des Landes, dazu, daß der Grundwasserspiegel fällt. Schädlinge und Erreger

Steigerung der landwirtschaftlichen Produktion in Entwicklungsländern, 1988/90 – 2010
möglicher Zuwachs in %

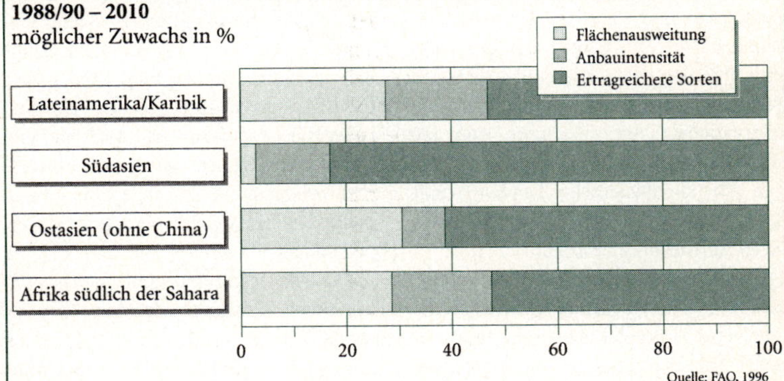

Wesentliche Produktionssteigerungen werden in Zukunft vor allem durch den Einsatz ertragreicher Nutzpflanzen erreicht werden können. Doch auch durch intensiveren Anbau (etwa Mischkulturen) oder die Ausdehnung landwirtschaftlicher Nutzfläche sind weitere Produktionssteigerungen möglich.

Abbildung 11

von Pflanzenkrankheiten werden gegen Agrargifte resistent, damit wächst die Gefahr großflächiger Ernteausfälle in den Weizen-, Reis- oder Mais-Monokulturen. Gleichzeitig hat die industrielle Landwirtschaft mit ihren wenigen Hochertragssorten die einstige Vielfalt der Nutzpflanzen reduziert, das genetische Potential, das für die Züchtung verbesserter Pflanzen notwendig ist, geht verloren.

Hoffnungsträger

Nichtstaatliche Entwicklungsorganisationen, Bauerngruppierungen und soziale Bewegungen engagieren sich seit langem für eine verstärkte Förderung kleinbäuerlicher Landwirtschaft. Unter dem Eindruck anhaltender Armut und Mangelernährung, wachsender Umweltzerstörungen im ländlichen Bereich, zunehmend erschöpfter Ressourcen und vor allem der sich abflachenden Steigerungsraten bei der Nahrungsmittelproduktion »entdeckten« in den letzten Jahren auch die Weltbank, die internationale Agrarforschung und die staatliche Entwicklungszusammenarbeit, daß die kleinbäuerliche Landwirtschaft helfen kann, zahlreiche Probleme ländlicher Entwicklung zu lösen:

1. Die Ernährungsstrategen hoffen auf unausgeschöpfte Wachstumspotentiale bislang vernachlässigter lokaler und traditioneller Anbauprodukte und »low-potential areas« wie etwa Regionen mit geringen, oft unsicheren Niederschlägen (vgl. Abb. 11 und 12). Entwicklungsorganisationen haben in zahlreichen Projekten zeigen können, daß bereits der Einsatz längst bekannter und leicht verfügbarer Techniken wie verbesserte Bodenbearbeitung, produktivere Anbausysteme (Mischanbau, Integration von Pflanzenanbau, Vieh- und Fischzucht usw.), besseres Saatgut und angepaßte Sorten bei äußerst geringen »Inputs« von Chemie oder Wasser in kleinbäuerlichen Betrieben erhebliche Produktivitätssteigerungen insbesondere bei Mais, Sorghum, Hirse oder Cassava, aber auch bei Reis und Weizen erreichen lassen.
2. Damit können direkt eine bessere Selbstversorgung und/oder zusätzliche Einkommensmöglichkeiten für die ländlichen Armen erreicht werden, die in und von der Landwirtschaft leben. Höhere Erträge können außerdem in lokalen Kleinbetrieben verarbeitet werden. Damit entstehen weitere Einkommensmöglichkeiten. Auch für einzelne Länder mit Versorgungsproblemen sind Investitionen in die Förderung des Nahrungsmittelanbaus notwendig, zeichnet sich doch ab, daß Nahrungsmittelhilfe zunehmend knapper werden wird.
3. Umweltschäden, insbesondere Bodenerosion, haben auch in diesem Sektor gravierende Ausmaße angenommen. Ohne ihre wirksame Bekämpfung werden sich die Lebensgrundlagen unaufhaltsam und irreversibel verschlechtern. Auch hier gibt es zahllose Beispiele, wie durch Umweltschutzmaßnahmen und angepaßte Anbaumethoden viele Gebiete noch gerettet werden können.

Die Auffassung des Agrarwissenschaftlers Franz Heidhues, daß der »überwiegende Teil der zur Ernährungssicherung notwendigen zusätzlichen Nahrungsmittel in den Entwicklungsländern selbst produziert werden« sollte, statt wertvolle Devisen für Nahrungsmittelimporte auszugeben, teilen inzwischen viele Ernährungsstrategen, darunter auch die FAO. Wichtig ist dabei, daß die eingesetzten Technologien und Methoden möglichst weitgehend den un-

Wassernutzung in Afrika
gegenwärtiges und erschließbares Potential, in Mio. ha bewässerter Fläche

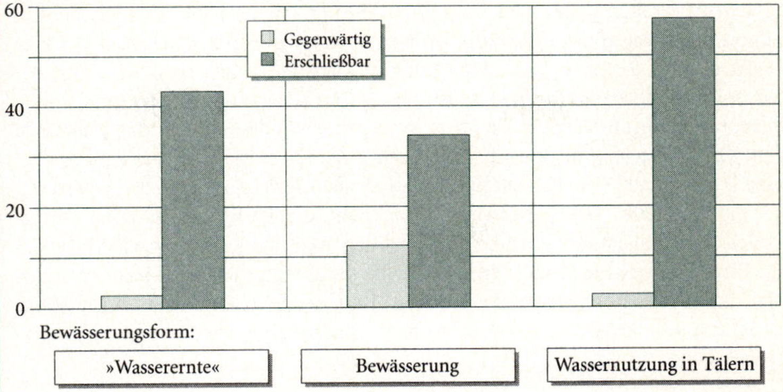

Quelle: FAO, 1996

Die Möglichkeiten zur Bewässerung sind nach Einschätzung der FAO bei weitem noch nicht ausgeschöpft, vor allem, wenn alternative Möglichkeiten erschlossen werden. Zusätzliche Bewässerungsprojekte sind nach FAO-Angaben in Afrika auf einer Fläche von 34 Millionen Hektar Land möglich. Für Kleinbauern, die durch großflächige Bewässerungsprojekte vielfach nicht erreicht werden, kann durch »Wasserernte« (kleine Sammelsysteme für Regenwasser) oder den Einsatz einfacher Pumpen, mit denen das Grundwasser genutzt wird, die Wasserversorgung und damit die Nahrungsmittelproduktion erheblich verbessert werden.

Abbildung 12

terschiedlichen, oft schwierigen Bedingungen kleinbäuerlicher Landwirtschaft mit traditionellen Anbauprodukten, hohem Frauenanteil, empfindlichen Ökosystemen, minimalen natürlichen und finanziellen Ressourcen angepaßt sind und das komplexe Nutzungssystem insgesamt im Blick behalten, anstatt einzelne Komponenten, etwa Ertragssteigerungen oder Technologie, zu betonen. Mit diesem Anspruch wurden von der Agrarforschung, staatlichen und nichtstaatlichen Organisationen und Entwicklungsgruppen mittlerweile eine ganze Reihe von Ansätzen entwickelt. Dazu gehören die »Low External Input Landwirtschaft« (LEIA), die soweit wie möglich auf betriebsfremde Produktionsmittel verzichtet, die standortgerechte Landwirtschaft, die organische Landwirtschaft, das »Integrated Pest Management« (IPM) oder die Agroforstwirtschaft (vgl. *Organischer Landbau in Kuba*, S. 101). Vielfach werden dabei bewährte traditionelle Methoden und Kenntnisse, die die Bauern, insbesondere auch die Frauen, entwickelt und bewahrt haben, verknüpft mit den Erkenntnissen moderner Wissenschaft. Nichtregierungsorganisationen betonen

Nachhaltige Landwirtschaft

Die weitverbreitete Übernutzung, Vergiftung und Schädigung natürlicher Ressourcen, die die Grundlagen von Landwirtschaft und Ernährung bedrohen, haben zu der Einsicht geführt, daß eine nachhaltige Landwirtschaft notwendig ist. Nachhaltige Bewirtschaftung bedeutet, daß die natürlichen Ressourcen nur so weit beansprucht werden, wie sie sich regenerieren können. So verliert ein Boden, dem zu viele Nährstoffe entzogen werden, seine Fruchtbarkeit, langfristig wird er zu Sand. Ziel muß es sein, die Lebens- und Wirtschaftsgrundlagen zu erhalten beziehungsweise zu verbessern.

Ein erweitertes Verständnis von Nachhaltigkeit bezieht neben dieser Umweltverträglichkeit von landwirtschaftlicher Produktion auch soziale und wirtschaftliche Gesichtspunkte ein: Die Produktionsweise sollte soziale Ungleichheiten nicht verschärfen und damit Konfliktpotential schaffen. Und sie sollte auf Dauer wirtschaftlich tragfähig sein und damit den Betreibern ein langfristig gesichertes Auskommen ermöglichen.

dabei besonders die Notwendigkeit einer engen Zusammenarbeit mit der ländlichen Bevölkerung, die vom passiven Empfänger einer von außen verfügten »Modernisierung« zum Partner werden muß (vgl. *Südliches Afrika: Technologie für eine nachhaltige Landwirtschaft*, S. 115 ff.).

Entsprechend unterstützt, vermag die kleinbäuerliche Landwirtschaft weitaus mehr zu leisten, als die Ernährungssituation zu verbessern, Armut zu vermindern, die natürlichen Ressourcen erhalten und die Abhängigkeit von den Agrarüberschüssen der Industrieländer zu verringern. Sie kann helfen, die Abwanderung in die Städte zu reduzieren und einer nichtlandwirtschaftlichen Entwicklung in den ländlichen Gebieten auf die Beine helfen. Und das alles zu vergleichsweise geringen Kosten für die einzelnen Betriebe wie für den Staat. Damit ist sie ein wichtiger Schritt zu einer nachhaltigen Entwicklung (vgl. Kasten: *Nachhaltige Landwirtschaft*).

Agrarreform nach Gutsherrenart

Zentrale Voraussetzungen, um die Rolle der kleinbäuerlichen Landwirtschaft zu stärken und die Produktivität kleinbäuerlicher Betriebe langfristig zu verbessern, sind Rechtssicherheit durch Landreformen und gesicherter Zugang zu Land und anderen natürlichen Ressourcen, insbesondere für Frauen.

In Lateinamerika zum Beispiel stellen große, kommerzielle Unternehmen weniger als fünf Prozent der Landbesitzer, verfügen aber über mehr als 90 Prozent des Landes. In Brasilien umzäunen die 50 000 größten Latifundien 165 Millionen Hektar, davon lag Mitte der neunziger Jahre mehr als die Hälfte brach. Dagegen teilen sich 3,1 Millionen Kleinbauern zehn Millionen Hektar, das sind 2,67 Prozent der Nutzfläche des Landes. Auch in Afrikas früheren Siedlerkolonien wie Südafrika und Simbabwe ist wertvoller Boden extrem ungleich verteilt. In Simbabwe zählen etwa

Aus der Not eine Tugend machen

Organischer Landbau in Kuba

Als die Deutsche Welthungerhilfe und die kubanische Entwicklungsorganisation ACPA mit der Arbeit in der Provinz Holguín begannen, ging es zunächst um einfache Überlebenshilfe. Der abrupte Abbruch der Handelsbeziehungen mit den ehemals sozialistischen Ländern und der Rückgang der Importe um 70 Prozent hatten zu einer schweren Ernährungskrise geführt, unter der die Kinder am meisten litten.

Bis Anfang der neunziger Jahre hatte Kuba einen Großteil der landwirtschaftlichen Betriebsmittel und mehr als die Hälfte der Nahrungsmittel importiert, die einheimische landwirtschaftliche Produktion – Zuckerrohr, Tabak, Kaffee, Zitrusfrüchte – war für den Export bestimmt. Jetzt ging es darum, die Landwirtschaft auf Selbstversorgung umzustellen. ACPA und ihre Projektpartner in der Provinz Holguín machten dabei aus der Not eine Tugend. Da chemische Düngemittel, Pestizide und importiertes Kraftfutter für die Tiere fehlten, nutzten sie die Chance, alte und neue Methoden des ökologischen Landbaus zu testen und wiederzubeleben.

Stolz präsentiert Jorge Luis Santos Longovia eine Art großes Hügelbeet. »Das ist die Area de Lombricultura«, erläutert der Direktor der Landwirtschaftsschule der Provinz Holguín, eine Würmerzucht zur Umwandlung von Abfällen in Kompost. »Wir versuchen, jede Vergiftung des Bodens zu vermeiden, und chemische Düngung wird von uns als eine Art Vergiftung verstanden.« Auch bei der Schädlingsbekämpfung versucht die Schule, den Einsatz von chemischen Pestiziden so weit wie möglich einzuschränken. So wird der »Bazillus Thuringiensis« zur Bekämpfung von Larven in Gemüsepflanzen eingesetzt. Gegen die Bananenkrankheit »el Picudo« hilft eine Bakterie namens »Baoberia«. 83 Heilpflanzen und unzählige Gewürze und Gemüsesorten wachsen im Schulgarten. Insgesamt bewirtschaften die 424 Schüler der Landwirtschaftsschule 72 Hektar Land. Die Internatsschule, die auch Schweine, Schafe und Rinder hält, kann sich durch ihre eigenen Erträge versorgen.

»Die ganze Art, über die Landwirtschaft nachzudenken, hat sich grundlegend geändert«, sagt Santos Longovia. »Früher hatten wir eine ausbeuterische Einstellung gegenüber der Natur; heute versuchen wir, sie zu pflegen.« Die Jugendlichen lernen auch wieder, mit einem Ochsen zu pflügen. Der Schulleiter macht keinen Hehl daraus, daß es durch die praktische Ausbildung auch darum geht, das Ansehen der Landarbeit und der Bauern zu heben, die – wie überall in Lateinamerika – oft herablassend behandelt würden. »Wir wollen die Jugendlichen für die Landwirtschaft begeistern.«

1991 hatte die Regierung in Havanna als Antwort auf die Ernährungskrise eine »Sonderperiode in Friedenszeiten« ausgerufen, wozu auch die Zulassung sogenannter »Bauernmärkte« gehört, wo Genossenschaften und Kleinbauern ihre Produkte frei verkaufen können. Gemeinsam mit der kubanischen Vereinigung für Organischen Landbau wurde ein Programm begonnen, um das Agrarsystem neu auszurichten. In Zusammenarbeit mit Forschungs- und Ausbildungseinrichtungen, Landwirtschaftsberatern und Bauern wurde organische Landwirtschaft zur offiziellen Politik und ein Anbau, der nur wenig Betriebsmittel von außen benötigt, zur vorherrschenden Praxis.

Die Ergebnisse waren eindrucksvoll, berichtet das Londoner Panos-Institut. Zugtiere ersetzten Traktoren, die Beteiligung der Bauern an Entscheidungen und Entwicklungsmaßnahmen wurde ausgeweitet, neue Anbausysteme eingeführt. Besonders erfolgreich war die Abkehr von der chemischen Schädlingsbekämpfung, selbst im kommerziellen Zuckerrohranbau. Inzwischen produzieren und verteilen fast 300 Zentren biologische Bekämpfungsmittel wie Wespen und Fliegen, die sich von Schädlingen ernähren. Zwar gibt es immer noch Versorgungsengpässe; nach wie vor müssen Reis und Weizen importiert werden, und die Fleischproduktion ist niedrig. Aber bei Bohnen, Obst und Gemüse ist das Land inzwischen Selbstversorger.

Bereits in der Praxis genutzt werden die neuen Ansätze des ökologischen Landbaus in der Genossenschaft »José Miro« bei Holguín. Sie entstand nach der Auflösung eines 300 Hektar großen unrentablen und unterbewirtschafteten Staatsbetriebs. »Diversifikation« lautet das oberste Ziel auf den neuen Fincas mit jeweils rund 60 Hektar Land. So betreibt zum Beispiel Raul Mora Ramirez, in der Genossenschaft verantwortlich für die Tierproduktion, nebenher eine beachtliche Bienenzucht.

»Wir standen vor der Alternative, unser Modell zu verändern, oder zu verhungern – das war eine ziemlich starke Motivation«, erklärt Eduardo Gonzales, der das ACPA-Büro in Holguín leitet. Und die Vereinigung für Organischen Landbau hofft, daß die sichtbaren Erfolge helfen, damit Kuba den Schritt von einer »Ökologie aus Notwendigkeit« zu einer »Ökologie aus Überzeugung« macht.

Karin Adelmann

200 000 Familien auf dem Land zu den Siedlern ohne Besitztitel, während 4500 – mehrheitlich weißen – Farmern die Hälfte des landwirtschaftlich nutzbaren Landes gehört, das meist für den Export genutzt wird. Auf den Philippinen sind sieben von zehn Millionen Hektar landwirtschaftlicher Nutzfläche Großgrundbesitz, auf riesigen Plantagen werden Ananas oder Zuckerrohr angebaut; aber nur drei von zwölf Millionen Filipinos, die in der Landwirtschaft arbeiten, besitzen eigenes Land.

Eine umfassende Agrarreform ist nicht nur unter dem Aspekt sozialer Gerechtigkeit wichtig. Nur bei gesicherten Nutzungsverhältnissen sind Besitzer, Pächter oder Ernteteilhaber bereit zu langfristigen Verbesserungsinvestitionen, nur »Sicherheiten« wie eine Besitzurkunde eröffnen Zugang zu Kredit. Kleinbauern nutzen zudem ihr Land oft produktiver als Großgrundbesitzer. »Abgesehen von einigen wichtigen Ausnahmen steigen im allgemeinen Beschäftigung und Produktion je Hektar mit sinkender Farmgröße«, stellt die FAO fest. Ursachen sind eine höhere Anbauintensität und der arbeitsaufwendige Mischanbau mit höherwertigen Produkten auf kleineren Farmen.

Agrarreformen sind allerdings, von einigen Ausnahmen abgesehen, wenig erfolgreich gewesen und haben Landkonzentration und Landflucht kaum gebremst. Insbesondere die Umverteilung von privatem Land »war sehr beschränkt, hauptsächlich aufgrund der politischen Realität«, umschreibt die FAO den Widerstand der einflußreichen Großgrundbesitzer. Erfolgreicher war dagegen die Vergabe von Landtiteln an Staatsland, etwa auf den Philippinen (vgl. *Der Kampf um Reformen geht weiter*, S. 120 ff.). Eine Umverteilung allein kann aber nur ein erster Schritt sein: Die neuen Besitzer benötigen landwirtschaftliche Beratung und Unterstützung, etwa beim Zugang zu Krediten, durch nichtstaatliche und staatliche Organisationen, um ihr Land wirtschaftlich nutzen zu können.

Einen neuen Anlauf unternimmt gegenwärtig die Weltbank, die seit 1983 keine Landreformprogramme mehr unterstützt hat, mit dem Konzept einer »marktorientierten Umverteilung«, das sie in Brasilien, wo die gut organisierte Landbesetzerbewegung MST Druck auf Politik und Großgrundbesitz ausübt, in Kolumbien und in Südafrika erprobt (siehe Kasten: *Innovative Landreformen*).

So soll in Brasilien eine Land-Bank, ausgestattet mit einem Kredit der Weltbank in Höhe von einer Milliarde US-Dollar, Land für Kleinbauern kaufen. Doch nach der Pilotphase des Projekts »Cédula da Terra« laufen brasilianische Nichtregierungsorganisationen Sturm gegen das Vorhaben; das brasilianische Nationale Forum für Agrarreform und Gerechtigkeit bezeichnete es als »Farce«. Zum Kauf bieten die Großgrundbesitzer oft nur das schlechteste Land an, den Preis legen sie praktisch selbst fest. Daher fürchten die NGOs, daß das Programm nur wenigen Familien zugute kommt, denen zudem eine ausweglose Verschuldung droht. Die Regierung wolle sich aus der Verantwortung zurückziehen und die »Agrarreform privatisieren«, kritisiert Gilberto Portas von der Landlosenbewegung MST (vgl. *Besetzen, widersetzen, produzieren – Die brasilianische Landlosenbewegung MST*, S. 121 f.).

Auf den Philippinen, wo seit 1987 vom Staat eine Agrarreform durchgeführt wird, die von Organisationen der Zivilgesellschaft unterstützt wird, wurde das Konzept denn auch bereits Anfang der neunziger Jahre sowohl von der Regierung als auch von den NGOs abgelehnt, die es als eine unzulässige äußere Einmischung betrachteten.

Innovative Landreformen, die neue Hoffnung?

Anfang der neunziger Jahre wurde von der Weltbank ein Konzept entwickelt, das unter dem Namen »market-assisted land reform« in der internationalen Diskussion bekannt ist. Dieser Ansatz geht von der Annahme aus, daß durch die Privatisierung des Landtransfers und die Einbindung der Käufergruppen und der Verkäufer (»willing buyer, willing seller«) Verwaltungskosten gesenkt und Verzögerungen vermieden werden können. Land- und Agrarreformen, in der Vergangenheit meist vom Staat gelenkte Unterfangen, die oft an Bürokratie, Mißmanagement und fehlendem politischem Willen, beziehungsweise gesellschaftlichem Konsens scheiterten, können so effizienter durchgeführt werden.

Eine Untersuchung über Erfahrungen in Südafrika, die von südafrikanischen Organisationen und der Deutschen Welthungerhilfe in Auftrag gegeben wurde, zeigt allerdings, daß das Konzept unzureichend ist:

- Kleinbauern haben kaum eine Chance. Die Studie schlägt daher u. a. vor, daß die Regierung selbst als Käufer auftritt, Betriebsflächen unterschiedlicher Größe je nach Nutzungsvorschlag der Bewerber ähnlich wie »Industrieparks« entwickelt und den Zielgruppen zur Verfügung stellt.
- Durch den von der südafrikanischen Regierung bevorzugten »Gruppenansatz«, bei dem sich mehrere Erwerber zum Kauf einer größeren Fläche Land als gemeinsamem Besitz zusammenschließen, würden sich Frauen, die eine eigene Existenz – etwa durch bewässerten Gemüseanbau – gründen wollen, in Abhängigkeit von Männern begeben, die andere Geschäftsinteressen – beispielsweise Weidewirtschaft, eine traditionelle Männerdomäne – verfolgen.
- Darüber hinaus geht aus Untersuchungen der FAO in elf lateinamerikanischen Ländern hervor, daß es bislang nicht gelungen ist, »funktionierende« Landmärkte zu etablieren. Der Markt funktioniert nur für größere, nicht aber für kleinere Flächen und Einheiten. Das aber wäre die Grundbedingung für das Gelingen des Konzepts, sofern es ein Beitrag zur Armutsbekämpfung sein soll.

Untersuchungen haben gezeigt, daß dort, wo Regierungen der Zivilgesellschaft und ihren Organisationen genügend Raum bei Planung, Durchführung und Steuerung des Landreformprozesses gegeben haben, die Landreform der Umsetzung ihrer sozialen Ziele wie Armutsbekämpfung näher kommt. Daraus folgt, daß auch bei innovativen Landreformen der Staat die kritische und konstruktive Kooperation der Zivilgesellschaft braucht, um innovativ, unbürokratisch, sensibel und erfolgreich mit Land- und Agrarreformen umgehen zu können.

Eine Landreformpolitik hat außerdem nur eine Chance, zur Armutsbekämpfung beizutragen, wenn sie Teil eines kohärenten Pakets makro-ökonomischer Maßnahmen, das unter anderem die Agrarpolitik, die ländliche Entwicklung, die Steuerpolitik und den nationalen und internationalen Agrarhandel umfaßt. Das Beispiel der Philippinen und vieler afrikanischer Länder zeigt, daß das »Ernährungssicherung-Paradox«, das darin besteht, daß die meisten Menschen in Gesellschaften chronisch hungern, die noch stark durch Landwirtschaft und ländliche Räume geprägt sind, und in denen oft gleichzeitig ein Großteil des nationalen Exporteinkommens durch agrarische Primärgüter erwirtschaftet wird, durch isolierte Landreformansätze nicht aufgelöst werden kann.

Resümee: Innovative Landreformen können ein erfolgversprechender Beitrag zur Armutsbekämpfung sein, wenn sie die drei Hauptakteure – Staat, Zivilgesellschaft und privatwirtschaftliche Marktkräfte – zusammenführen und die internationalen Rahmenbedingungen günstig gestaltet werden.

Jochen Donner/Deutsche Welthungerhilfe

Angesichts zunehmender Landverknappung verstärken in vielen Ländern Bodenspekulation, besonders im Umkreis urbaner Wachstumszentren, und exportorientierte, kommerzielle Unternehmen den Druck auf die Landressourcen. Gleichzeitig ebnen Strukturanpassung und wirtschaftliche Liberalisierung einer Privatisierung und Individualisierung von Landbesitz den Weg. So gibt es inzwischen in den meisten Ländern Lateinamerikas neue Gesetze, die Agrarreformen rückgängig machen, etwa durch die Beseitigung von Höchstgrenzen für Landbesitz. Allein in Honduras, so wird befürchtet, könnte die Zahl der landlosen Familien durch das Agrarmodernisierungsgesetz von 1992 um über 100 000 steigen.

Bedroht sind insbesondere indigene Landnutzungssysteme, die laut IFPRI oft »besser als vollständig privatisierte Eigentumsrechte in der Lage sind, Anforderungen an Gerechtigkeit zu erfüllen und die Rechte multipler Nutzer zu berücksichtigen«. In Ecuador, wo Indio-Kleinbauern praktisch den gesamten Inlandsmarkt mit Obst und Gemüse versorgen, hob ein Landwirtschaftsgesetz 1993 die Absicherung der jahrhundertealten gemeinschaftlichen Besitzformen der Indios auf. Die Begründung: eine damit geförderte Konzentration landwirtschaftlicher Betriebe werde zu höherer Nahrungsmittelproduktion führen. Potente Investoren müssen jetzt nur noch einen einzigen Gemeinschaftseigentümer zum Verkauf bewegen, um die ganze Kooperative auseinanderfallen zu lassen – ein Einfallstor für eine Landumverteilung von unten nach oben, vom Anbau von Grundnahrungsmitteln zur Produktion für den Export.

Forschung für wen?

Es gibt kaum eine Diskussion über die »Grüne Gentechnologie«, bei der ihre Verfechter nicht ihren Beitrag zur Beseitigung des Hungers preisen. Pflanzen aus dem Genlabor können die Erträge steigern und damit die Ernährung einer wachsenden Weltbevölkerung sichern – so die Vision. Sie erlaube die Entwicklung von Nutzpflanzen mit geringen Standortansprüchen, höherer Krankheitsresistenz, geringerem Dünger- und Pestizidbedarf, was wiederum weniger Umweltbelastungen und niedrigere Kosten für die Bauern bringt – kurzum: sie sei ganz besonders geeignet, um die kleinbäuerliche Landwirtschaft zu verbessern.

Abgesehen davon, daß höhere Erträge allein nicht ausreichen würden, um den armutsbedingten Hunger zu beseitigen, dämpfen Vertreter der Gentechnologie-Industrie selbst die Erwartung. Novartis-Sprecher Andreas Seiter jedenfalls ist »skeptisch, daß wir als Industrie des reichen Nordens mit unserer Technologie die Probleme des armen Südens lösen können«. Auch die FAO schätzt, daß die Gentechnologie die Nahrungsmittelproduktion kaum vor dem Jahr 2010 beeinflussen wird.

In der Tat sind die Versprechungen trügerisch. Die Forschung ist weitgehend in den Händen multinationaler Agrarkonzerne, »um die Probleme von Kleinbauern kümmern sich die Forscher dabei kaum«, sagt Per Pinstrup-Andersen von IFPRI. Sie konzentrieren sich auf industrielle Rohstoffe und Marktprodukte (*Cash Crops*), die auf großen Flächen angebaut werden wie Soja, Raps, Kartoffeln, Baumwolle oder Futtermais und gute Gewinne versprechen, um die hohen Entwicklungskosten rasch wieder einzuspielen. Wichtige Grundnahrungsmittel wie Weizen und Reis, vor allem aber auch die »Nahrungsmittel der armen Leute« wie Hirse, Sorghum und Yams, werden kaum berücksichtigt. Die kleinbäuerliche Landwirtschaft mit ihrer geringen Finanzkraft, höchst unterschiedlichen Anforderungen und großer Produktvielfalt, die auch eine Vielfalt lokal angepaßter Lösungen erfordern würde, ist kein gewinnträchtiger Markt.

Das heißt nicht, daß die Gentechnologie in den Händen der mächtigen neuen Agrokonzerne, die aus dem Zusammenschluß von Saatgut-, Chemie- und Biotechnologie-Firmen hervorgegangen sind, keine Auswirkungen auf die Länder des Südens, die Ernährungssituation oder die kleinbäuerliche Landwirtschaft haben wird:

1. Die erhofften Produktivitätssteigerungen in der industriellen Landwirtschaft der Industrieländer würden deren Konkurrenzvorteil auf dem Weltmarkt weiter ausbauen. Zunehmend werden genetisch veränderte Produkte aber auch in Entwicklungsländern angebaut, vorwiegend im modernen Sektor, dessen Gewicht damit gegenüber der kleinbäuerlichen Landwirtschaft weiter wächst. So beugte sich Brasilien im Juni 1999 dem Druck des internationalen Agrobusiness und hob als letzter der drei größten Sojaexporteure das Anbauverbot für gentechnisch verändertes Soja auf.

2. Viele gentechnische Verfahren sind für die Problemregionen der Länder des Südens kaum geeignet, es fehlen die wissenschaftlichen, technischen, personellen und finanziellen Voraussetzungen für ihre Nutzung.

3. Negative Auswirkungen befürchten Nichtregierungsorganisationen und Bauerngruppierungen vor allem von der Ausweitung des Patentrechts, die auf Drängen der Industrieländer in der Uruguay-Runde der GATT-Verhandlungen beschlossen wurde. Gerade die gentechnischen Verfahren und Produkte werden, unter Hinweis auf die hohen Forschungs- und Entwicklungskosten, zum Privateigentum erklärt und so der Zugang zu jener Technik, die den Hunger besiegen soll, an die Fähigkeit zur Zahlung von Lizenzgebühren gekoppelt, das Saatgut der bäuerlichen Kontrolle entzogen.

4. Gentechniker arbeiten außerdem unter Hochdruck an Ersatzstoffen für tropische Exportprodukte. Wenn Vanillearoma, Kakaogeschmack oder Süßstoffe in großen Mengen und preiswert industriell hergestellt werden, verlieren Millionen Kleinbauern eine wichtige Einnahmequelle.

Nichtregierungsorganisationen befürchten deshalb, daß die Gentechnik – wie schon die »Grüne Revolution« – die sozio-ökonomischen Unterschiede zwischen Nord und Süd, aber auch in den Entwicklungsländern selbst, weiter verschärfen wird. Dabei gibt es als praktikable Alternativen längst viele Methoden moderner Pflanzenzüchtung und Biotechnologie, die weniger Abhängigkeiten und Risiken bergen. So haben Nichtregierungsorganisationen vietnamesischen Bäuerinnen Techniken der Gewebekultur beigebracht, die sie selbst durchführen können, um virusfreies Pflanzmaterial zu erzeugen, das zu deutlichen Ertragssteigerungen führt.

Im Unterschied zur privaten, kommerziell orientierten Agrarforschung, von der in absehbarer Zukunft wenig Unterstützung für die kleinbäuerliche Landwirtschaft zu erwarten ist, hat die öffentliche Agrarforschung den Auftrag, die kleinbäuerliche Landwirtschaft gezielt zu fördern. Die Internationalen Agrarforschungszentren für Reis (IRRI), Mais und Weizen (CIMMYT), semi-aride Tropen (ICRISAT) oder Trockengebiete (ICARDA) verstärken denn auch ihre Bemühungen, ihre Forschungsergebnisse wie verbesserte Anbaumethoden oder neues Saatgut für traditionelle Nutzpflanzen erfolgreicher als in der Vergangenheit an die Bauern zu bringen. Ihre Mittel für Forschung und Umsetzung stehen dabei allerdings in umgekehrtem Verhältnis zum Bedarf. Im Zuge von Strukturanpassungsmaßnahmen wurden die Ausgaben für nationale Agrarforschung und Beratungsdienste, ihre Kooperationspartner bei der Umsetzung von Forschungsergebnissen, zurückgefahren. Gleichzeitig sinken analog zum Rückgang der offiziellen Entwicklungshilfe für die Landwirtschaft auch die Zuwendungen der Industrieländer an die Zentren. Weltweit, so berichtet der Agrarforscher Klaus Lampe, wird die internationale Agrarforschung mit etwa 300 Millionen US-$ jährlich unterstützt, weniger, als ein einziges multinationales Agrochemie-Unternehmen jährlich für die Forschung aufwendet. In der öffentlichen Agrarforschung mehren sich daher die Stimmen, die fordern, die knapper werdenden Mittel stärker auf den neuen Hoffnungsträger Gentechnologie zu konzentrieren.

Zum Markt, zum Markt!

Auch von der wirtschaftlichen Liberalisierung, wie sie gegenwärtig vorangetrieben wird, befürchten viele NGOs mehr Nach- als Vorteile für die kleinbäuerliche Landwirtschaft. Strukturanpassungsprogramme und die GATT-Verhandlungen haben eine rasche Öffnung der nationalen und internationalen Märkte herbeigeführt. Staatliche Vermarktungsstrukturen und Subventionen wurden abgebaut, der Privatsektor in Ankauf und Export von Agrarprodukten einbezogen.

Die Auswirkungen sind sehr unterschiedlich. Mit dem Abbau staatlicher Unterstützung verloren viele Kleinbauern den Marktzugang, weil ihnen Marktkenntnisse und Transportkapazitäten fehlten. Ohne eigene Lagerungsmöglichkeiten sind sie jetzt den oft spekulativen Preisschwankungen des freien Marktes, beziehungsweise den Zwischenhändlern ausgeliefert.

Umgekehrt profitierten Produzenten auch von den höheren Preisen für Nahrungsmittel als Folge von Subventionskürzungen. Teils stiegen städtische Konsumenten, denen importierter Weizen zu teuer wurde, sogar wieder auf traditionelle Nahrungsmittel um. Die wachsenden Städte könnten zu einem vielversprechenden Markt für die kleinbäuerliche Landwirtschaft werden, hat sie doch insbesondere bei den Produktionskosten oft einen »Standortvorteil« gegenüber Importen. Dieser wird allerdings vielfach zunichte gemacht durch hohe Vermarktungskosten aufgrund unzureichender Infrastruktur, vor allem aber durch niedrige Preise für importierte Nahrungsmittel wie Weizen. Ein Abbau von Subventionen und höhere Weltmarktpreise für Getreide, so die Hoffnung der GATT-Vereinbarungen, würden daher Anreize zu erhöhter inländischer Produktion schaffen.

Doch bei den GATT-Verhandlungen haben USA und EU ihren Produzenten auch weiterhin einen erheblichen Konkurrenzvorteil gegenüber den Nahrungsmittelproduzenten in Entwicklungsländern gesichert, zum Beispiel indem (abzubauende) Exportsubventionen auf (erlaubte) direkte Einkommenshilfen an die Bauern umgestellt wurden. Die Lockerung nationaler Schutzmaßnahmen erleichtert ihnen (beziehungsweise finanzkräftigen Konzernen, die 60 Prozent des Welthandels mit Nahrungsmitteln kontrollieren) gleichzeitig den Zugang zu den Märkten der Entwicklungsländer. Prognosen, etwa von IFPRI, gehen zudem davon aus, daß die Weltmarktpreise nicht steigen werden – was Produzenten in Entwicklungsländern begünstigen werde –, sondern langfristig eher sinken.

Umgekehrt halten die Industrieländer zahlreiche Barrieren für ausländische Agrarimporte aufrecht. Brasilianischer Orangensaft zum Beispiel wird von den USA mit einer Sondersteuer von 454 Dollar je Tonne belegt, die EU erhebt eine Abgabe von 17,5 Prozent. Kleinbauern sind zudem selten in der Lage, die Chancen von Marktöffnungen zu nutzen. Sie haben zu wenig Land und Kapital für eine effiziente exportorientierte Produktion; die Qualitätsanforderungen etwa der EU an Reis, Obst und Gemüse sind für sie zu hoch. Zudem ist der Markt tropischer Exportprodukte unsicher und heiß umkämpft. Eine drückende Schuldenlast zwingt viele Entwicklungsländer, ihre Ausfuhren anzukurbeln, und so überschwemmen Blumen, Obst und Gemüse den Weltmarkt – zur Freude der Verbraucher in den Industrieländern (vgl. *Südafrika: Liberalisierung, Handel und Ernährungssicherheit*, S. 125 ff.).

Die Hoffnung der Weltbank, daß die Handelsliberalisierung eine Ausweitung der Exportproduktion fördert, die dann ihrerseits die Erzeugung von Nahrungsmitteln anschiebt, scheint daher ebenso trügerisch wie die These der FAO von einer »Ernährungssicherung, die auf Handel basiert«. Statt die Nahrungsmittelproduktion anzukurbeln, hat die Liberalisierung in Brasilien dazu beigetragen, daß zwischen 1994 und 1997 die Anbaufläche für Bohnen um 26 Prozent, für Mais um 15 Prozent und Reis um 21 Prozent zurückging. Gleichzeitig wuchs die Anbaufläche für Soja, das als Viehfutter nach Europa ausgeführt wird, um 13 auf 40 Prozent. Mit der Ernte 1997/98 wurde Mais erstmals von seiner Führungsposition in der Gesamtgetreideproduktion verdrängt. Internationaler Handel aber, so Jochen Donner von der Deutschen Welthungerhilfe, sollte eine eigene Nahrungsmittelproduktion nicht aushöhlen und ersetzen, sondern ergänzen.

Mit der Liberalisierung tauschen die Bauern alte Risiken – wie die Abhängigkeit von der Natur oder korrupten Agrarbürokraten – gegen neue Unwägbarkeiten und Gegner wie schwankende Marktpreise, »Agrardumping«, marktbeherrschende Agrarkonzerne und Importhindernisse ein. Damit kommen jene Produzenten noch am besten zurecht, die mehr Land, marktgängige Produkte, Maschinen, besseren Zugang zu Kredit und bereits mehr Erfahrung mit der Marktwirtschaft haben. »Die Verteilung der Vorteile« der Handelsliberalisierung, so IFPRI, »wird weitgehend bestimmt durch die Verteilung des produktiven Vermögens«. Schlechte Karten für Kleinbauern also.

Ähnlich wie bei der Einführung teurer, moderner Technologien durch die »Grüne Revolution« droht durch eine ungezügelte, überstürzte und ungleichgewichtige Liberalisierung in den meisten Entwicklungsländern eine weitere Verschärfung der Ungleichheit.

Ebenso wie in der Agrarpolitik und der Technologie-Entwicklung, so befürchten viele Nichtregierungsorganisationen, läuft die Uhr auch hier gegen die kleinbäuerliche

»Put People First«

NGO-Forderungen an den Welternährungsgipfel in Rom 1996:

- Jede Politik, die Nahrungssicherheit erreichen will, muß auf der Haushaltsebene, in der Familie beginnen und dort allen Mitgliedern Zugang zu Nahrung und anderen Ressourcen sichern.
- Schlüsselelement ist die Mitwirkung der Menschen, ihre Entscheidungskompetenz, ihr Zugang zu und ihre Kontrolle von landwirtschaftlichen Betriebsmitteln.
- Forschung und wissenschaftliche Zusammenarbeit sollten von der traditionellen Landwirtschaft und traditionellen Nahrungsmittelsystemen ausgehen, sie stärken, erweitern und auf ihnen aufbauen.
- Internationaler Handel mit Nahrungsmitteln kann die örtliche Produktion ergänzen. Er ist jedoch nicht hinreichend zur Ernährungssicherung. Eine lokale, nationale und regionale Erzeugung von Grundnahrungsmitteln ist lebenswichtig.

Landwirtschaft und damit gegen eine wichtige Säule für eine gesicherte Ernährung – wenn die »soziale Blindheit« der Märkte nicht durch Aktivitäten der Zivilgesellschaft und des Staates ausgeglichen wird.

Dr. Uwe Hoering ist freier Journalist in Bonn und arbeitet zu Entwicklungspolitik, Umwelt und Landwirtschaft.

Literaturauswahl

Alexandratos, N. (Hg.), 1995: World Agriculture: Towards 2010. An FAO Study, Rom

IFPRI, 1995: A 2020 Vision for Food, Agriculture and the Environment, The Vision, Challenge and Recommended Action, Washington, D.C.

Lappé, F. M. u. a., 1998: World Hunger: 12 Myths, Earthscan Publications, London

Shiva, V., 1991: The Violence of the Green Revolution, Penang

Swaminathan, M. S., o. J.: Population, Environment and Food Security, (CGIAR), Washington, D.C.

Wolpold-Bosien, M., 1999: Die andere Eroberung, AbL Bauernblatt Verlag, Rheda-Wiedenbrück

Uganda: Strukturanpassung in einer Männergesellschaft

Florence Sekabanja

Vorbemerkung Unmittelbar nach Beendigung des langjährigen Bürgerkrieges einigte sich Ugandas Regierung 1987 mit Weltbank und Internationalem Währungsfonds auf ein Strukturanpassungsprogramm, das sie geradezu mustergültig befolgte: Es kombinierte die Abwertung der Landeswährung mit einer Begrenzung der Staatsausgaben und der Förderung privatwirtschaftlicher Initiative. Im landwirtschaftlichen Sektor sollte durch den Abbau von Preis- und Handelskontrollen und die Auflösung von Vermarktungsbehörden die Profitabilität erhöht werden. Dadurch sollten Investitionen steigen und Anreize zu Produktionssteigerungen, insbesondere bei Nahrungsmitteln, und zur Diversifizierung landwirtschaftlicher Exporte gegeben werden – so jedenfalls steht es im Lehrbuch. (Red.)

Uganda ist geprägt von der Landwirtschaft. Agrarkultur ist eine Lebensweise, ihr Gerüst ist das Patriarchat, ihre Seele sind die Frauen. Die Landwirtschaft ist unsicher, die Erträge gering, die Deckung des Eigenbedarfs hat Priorität. Vier Fünftel der Bevölkerung leben auf dem Land und von der Landwirtschaft. 95 Prozent des Landbaus werden von kleinbäuerlichen Haushalten mit einer Nutzfläche zwischen 0,2 und 5 Hektar betrieben, fünf Prozent von großen, exportorientierten kommerziellen Farmen, die vor allem Kaffee, Baumwolle, Blumen, Tee und Tabak anbauen. Nahrungsmittel dominieren, 56 Prozent der angebauten Lebensmittel werden zur Befriedigung des Eigenbedarfs der Erzeugerhaushalte genutzt. Allerdings ist die jährliche Nahrungsmittelproduktion seit 1994 rückläufig und bedroht die Ernährungssicherheit des Landes. Ein zentraler Ursachenkomplex dafür liegt in dem Zusammenhang von niedriger Produktivität und Geschlechterverhältnis in den bäuerlichen Haushalten.

Frauen sind überall die Hauptakteurinnen der Selbstversorgung und die Verantwortlichen für Ernährungssicherheit. Von Kindesbeinen an leisten sie 70 Prozent aller Arbeiten in der Landwirtschaft, auf Familienfeldern oder als Lohnarbeiterinnen auf den Feldern von Nachbarn oder Großbauern, während viele Männer dem Land und der Landwirtschaft den Rücken kehren. Frauen verrichten auch 53 Prozent der Arbeit in der Cash-Crop-Produktion; am Handel damit haben sie jedoch nur einen Anteil von neun Prozent. Einkommen erwirtschaften sie vor allem durch den Verkauf von Nahrungsmitteln an Straßenecken und auf lokalen Märkten. Manchmal sind sie auch gezwungen, Produkte unmittelbar nach der Ernte zu verkaufen, wenn die Märkte übersättigt und die Preise niedrig sind, weil sie Geld für den Schulbesuch der Kinder oder für Medikamente brauchen.

Frauen bearbeiten das Land mit herkömmlichen Methoden und Hilfsmitteln wie Hacke, Sichel und Axt, doch es gehört ihnen nicht. Gemäß dem in den verschiedenen Ethnien herrschenden Gewohnheitsrecht erben Frauen kein Land. Zugang und Verfügung über Land können sie nur von Gnaden männlicher Verwandter oder des Ehemanns durch Heirat bekommen. Dieses Gewohnheitsrecht hat in den familialen Beziehungen mehr Gewicht als die 1995 verabschiedete Verfassung von Uganda, die Frauen und Männern gleiche Rechte verspricht. Die Regierung hat ein »Gesetz über häusliche Rechte« vorgelegt, das vorschlägt, Land in beider Namen – des Ehemanns und der Ehefrau – zu registrieren. Doch dieser Gesetzentwurf stößt im Parlament auf heftigen Widerstand traditioneller Kräfte, unter ihnen die Verteidiger der Polygamie.

Aufgrund des traditionellen Rechts sind 84 Prozent der Landeigentümer männlich; ihnen gehören die besseren Böden und die größeren Flächen. Der Mangel an Besitzrechten verunsichert die Bäuerinnen. Jede Frau muß fürchten, daß ihr Ehemann das Stück Land, das er ihr zur Verfügung stellt, reduziert, wenn er sich eine weitere Frau nimmt. Sie kann im Falle einer Scheidung umstandslos von Feld und Hof verwiesen werden. Sicher ist ihr nur die Arbeit, nicht aber der Boden und seine Erträge. Warum also sollte sie in eine solch unsichere Ressource mehr Energie und Zeit investieren als unbedingt notwendig?

Die Männer haben nicht nur das Land, sondern auch das Sagen, auch wenn sie nicht die Familienernährer sind, auch wenn sie nicht selbst auf dem Feld arbeiten. Sie entscheiden über die Verwendung des Bodens, des Viehs und des Einkommens. Ehemänner und Brüder bestimmen, was wo angepflanzt wird, wann ein Tier verkauft wird, wofür das Geld, das mit dem Anbau verdient wird, ausgegeben wird. Haben Männer ein Einkommen aus eigener Erwerbsarbeit, ist es sozial akzeptiert, wenn sie es nicht in Landwirtschaft oder Haushalt investieren, sondern für ihren privaten Konsum, ihr Vergnügen oder für die »Anschaffung« einer weiteren Ehefrau und damit Arbeitskraft ausgeben. Frauen bringen ihre Einkünfte dagegen in die Familien ein, in Ernährung, Gesundheit und Bildung.

Durch Erbteilung sinkt die durchschnittliche Betriebsgröße stetig. Gleichzeitig bleibt die Zahl der Haushaltsmitglieder hoch, zum einen wegen der polygamen Ehen, zum anderen, weil viele Frauen die Aids-Waisen von Verwandten aufnehmen. Um sie alle satt zu bekommen, holen die Bäuerinnen aus dem Boden heraus, was er hergibt. Übernutzung laugt die früher überaus fruchtbaren Böden Ugandas aus, ohne daß die Bodenqualität durch Düngung oder Mulchen wiederhergestellt wird.

Die Bäuerinnen betreiben Mischanbau bei gleichzeitiger Integration von Land- und Viehwirtschaft, obwohl dies eine sehr arbeitsintensive Strategie der Überlebenssicherung ist. Wenn ein Anbauprodukt aufgrund klimatischer Widrigkeiten oder Schädlingsbefall niedrige Erträge oder wegen der schwankenden Marktsituation einen niedrigen Preis bringt, können andere Produkte die Ernährungs- oder Einkommenslücke füllen. Risikominimierung liegt in der Handlungsrationalität der Bäuerinnen; Innovationen, deren Erfolge nicht einschätzbar sind, werden deshalb vielfach abgelehnt.

Häufig fehlt es den Frauen auch an Wissen und an Fertigkeiten zur Bodenkonservierung, zur Verbesserung der Anbaumethoden, der Tierhaltung und der

Lagerhaltung. 30 Prozent der Erträge kleinbäuerlicher Betriebe gehen nach der Ernte wegen schlechter Lagerung durch Krankheits- und Schädlingsbefall verloren. Landwirtschaftliche Beratungsdienste – ohnehin von der Politik sträflich vernachlässigt, durch Mittelkürzungen beschnitten und höchst ineffektiv – wenden sich an Männer als die »Haushaltsvorstände« und unterstellen, daß sie die erworbenen Kenntnisse und Fähigkeiten an ihre Frauen weitergeben. Doch ein solcher Informationstransfer findet selten statt. Aus Furcht vor einem wachsenden Selbstbewußtsein erlauben Männer ihren Frauen oft nicht, an Trainingsprogrammen außerhalb des Dorfes teilzunehmen.

Banken bieten Bäuerinnen keine Kleinkredite als Übergangskapital für Investitionen und Innovationen an, weil landwirtschaftliche Produktion wegen unsicherer Rückzahlung als Risikogeschäft gilt. Außerdem ist der Zinssatz wegen der hohen Verwaltungskosten in ländlichen Regionen relativ hoch. Die erste Rückzahlungsrate wird oft bereits nach einem Monat fällig – landwirtschaftliche Erzeugerinnen verfügen aber erst nach der Ernte, also nach mehreren Monaten, wieder über Einnahmen.

So stecken die Bäuerinnen in einem Kreislauf von niedriger Produktivität, geringen Einkommen und Ersparnissen, unzureichenden Investitionen und Scheu vor Innovationen. Obwohl viele Frauen sich zu Gruppen zusammengeschlossen haben, werden die produktiven Ressourcen nach wie vor weitgehend von den männlichen Familienangehörigen kontrolliert. Diese fehlende Kontrolle über Ressourcen ist ein Hindernis für die Produktion. Und es sind im wesentlichen die patriarchalen Strukturen, die ein Durchbrechen dieses Kreislaufs verhindern.

Die patriarchalen Strukturen sind durch die wirtschaftliche Liberalisierung nicht verändert worden. Im Gegenteil:. Die Regierung hat die kleinbäuerliche Landwirtschaft offenbar bewußt vernachlässigt und ihre Politik auf die exportorientierte Agrarproduktion, mit der das Land 90 Prozent seiner Deviseneinkünfte verdient, zugeschnitten.

Durch die wirtschaftliche Liberalisierung im Rahmen des Strukturanpassungsprogramms sind die Marktpreise für eine Reihe von Nahrungsmitteln gestiegen. Für Hirse, Mais, Sorghum und einige Bohnensorten, die früher nur oder überwiegend für den Eigenbedarf angebaut wurden, haben sich neue städtische oder regionale Absatzmärkte aufgetan. Das hat zur Folge, daß Männer ihren Frauen nun verbieten, eventuelle Überschüsse als Vorräte einzulagern. Statt dessen tragen sie sie zu Markte, um an Geld zu kommen. Gleichzeitig versuchen zunehmend Mittelsmänner und Zwischenhändler, von den neuen, lukrativen Märkten zu profitieren. Wir erleben, daß durch die Liberalisierung des Handels die Vermarktung sich noch stärker von den Frauen hin zu den Männern verschiebt. Gegenüber den Aufkäufern ziehen Bäuerinnen mangels Geschäftserfahrung zudem häufig den kürzeren. Ihnen fehlen Kenntnisse und Informationen über Vermarktung und Preisbildung und damit die Verhandlungsmacht. Die höheren Marktpreise durch den liberalisierten Handel kommen daher den Erzeugerinnen oft nicht zugute.

Solche Beispiele zeigen, daß die Handelsliberalisierung keineswegs automatisch zu dem erhofften »trickle down« von Wachstum und Wohlstand zu den Armen führt. Vielmehr werden die positiven Auswirkungen von oben nach unten mehrfach

Kredite für die ländliche Entwicklung

Normalerweise gehen Banker nicht aufs Dorf. Doch hier im südindischen 5000-Seelen-Ort Bannagere sitzen sie, hemdsärmelig und im Schneidersitz, auf dem Boden einer Hütte. Stolz legt die Buchhalterin der Frauengruppe Maruti Mahila Sangha den Leitern ländlicher Bankfilialen die Kontobücher vor. Akkurat sind darin Spareinlagen, Kredite und Rückzahlungen festgehalten. Die Banker sind beeindruckt, lassen sich Konditionen und Kreditverwendung erklären. Von der Rückzahlungsquote von 100 Prozent können sie sonst nur träumen.

Die Frauengruppe von Bannagere ist eine von hunderten, die MYRADA, Partnerorganisation der Deutschen Welthungerhilfe, in den vergangenen Jahren initiiert und beraten hat. Fast 5000 Rupien haben die 20 Frauen in einem halben Jahr angespart. Anfangs halfen die Kleinstkredite, die sie aus dem Spartopf reihum vergeben, in akuten Notständen, für Schulgebühren oder Getreide, wenn die Vorräte aufgebraucht waren. Inzwischen haben einige Frauen damit einen Kleinhandel finanziert oder besseres Saatgut gekauft.

Beispiele wie dieses, die sich in vielen Ländern finden lassen, haben inzwischen zu einem Boom von Kleinkreditprogrammen geführt. Denn anders als staatliche Agrarkreditprogramme der Vergangenheit, die vielfach gescheitert sind, haben sie Bestand und erreichen die ärmeren Bevölkerungsgruppen. Kredite, investiert in ein kleines Geschäft, eine Hühnerzucht oder eine Pumpe, können helfen, Armut und Hunger zu mindern.

MYRADA-Mitarbeiterin Yasmin Master warnt allerdings vor übersteigerten Hoffnungen. Voraussetzung für einen Erfolg ist der Aufbau von funktionierenden Gruppen, wobei die eigene Spartätigkeit ein wichtiger Lernprozeß ist. Ein leichter Zugang zu Kredit kann solche Ansätze »erschlagen« und rasch zu Verschuldung führen. Außerdem hilft Geld allein wenig. Nur gemeinsam mit anderen Maßnahmen wie dem Zugang zu anderen Ressourcen, Bildung oder verbesserter Infrastruktur sind dauerhafte Verbesserungen zu erwarten. Banken, die nur an einem sicheren Kreditgeschäft interessiert sind, sind dazu nicht in der Lage, geschweige denn zu Aufbau und Beratung von Selbsthilfegruppen.

Trotzdem sucht MYRADA die Zusammenarbeit mit den Banken. Doch erst, wenn die Gruppen »bank- und kreditfähig« sind, also Selbstvertrauen und Fähigkeiten im Umgang mit Geld und Institutionen entwickelt haben, können sie versuchen, mit einem Bankkredit das Eigenkapital aufzustocken. Die Banker in Bannagere jedenfalls zeigen Interesse. »Gruppenkredite bedeuten weniger Papierkram«, sagt einer, und ein anderer: »In den Händen dieser Frauen ist unser Geld sicher.«

gefiltert, bevor ein magerer Rest die kleinbäuerlichen Erzeugerinnen erreicht. Gleichzeitig reduziert jedoch die erweiterte Vermarktung die Ernährungssicherung durch Eigenanbau und Vorratsbildung. Und die geringen zusätzlichen Einkommen kompensieren meist nicht den Verlust an Selbstversorgung. Die Kleinbäuerinnen verlieren Ernährungssicherheit an den Markt und Einkommensmöglichkeiten an ihre Männer oder an Zwischenhändler, die aufgrund von Entscheidungsmacht, Mobilität, Ressourcen oder Marktkenntnissen entscheidende Vorteile haben, um die neuen Möglichkeiten zu nutzen.

Angesichts der Komplexität der Probleme müssen Veränderungen auf verschiedenen Ebenen ansetzen. Die Position der Produzentinnen kann durch verschiedene Maßnahmen gestärkt werden:

- **Erwachsenenbildungsprogramme**, die die Bereitschaft erhöhen, verbesserte Anbaumethoden und moderne Agrartechnologien zu übernehmen.
- **Beratungsdienste** sollten sich mehr auf den Anbau und die Viehhaltung, die von Frauen praktiziert werden, konzentrieren. Angebote sollten wenig kosten, zugänglich und flexibel sein und auf die vielfältigen Arbeitsbelastungen der Frauen in Landwirtschaft und Haushalt Rücksicht nehmen. Wichtig ist eine höhere Produktivität von Land und Arbeit. An erster Stelle sollte die Deckung des Nahrungsbedarfs, dann erst Vermarktung und Kommerzialisierung stehen.
- **Technologieentwicklung** durch Agrarforschung sollte auf kostengünstige Methoden abzielen, die körperliche Arbeit vermindern und von den Frauen selbst anwendbar sind, das heißt ohne Rückgriff auf die Hilfe von Männern.
- Frauen müssen **besseren Zugang zu Informationen** über Gesundheit, Märkte und aktuelle Entwicklungen erhalten.
- Die **Kreditvergabe** muß stärker auf die besondere Rolle der Frauen, ihre Rechte und Verpflichtungen, abgestellt sein.

Selbsthilfeorganisationen wie zum Beispiel die Uganda Change Agents Association (UCAA) unterstützen Frauen bereits dabei, sich in der lokalen Selbstverwaltung, die von der Regierung im Zuge der Dezentralisierung aufgebaut wird, zu engagieren. Damit können Anliegen von Frauen in die Lokalpolitik eingebracht werden.

Schließlich können Frauenorganisationen und -verbände dazu beitragen, daß im staatlichen Planungs- und Entwicklungsprozeß die bestehenden Geschlechterverhältnisse mit berücksichtigt werden, damit Benachteiligungen bei der Wirtschaftsplanung, der Mittelvergabe, bei rechtlichen und sozialen Reformen beseitigt werden. Der Registrierung von Land im Namen von Frauen kommt dabei eine zentrale Rolle zu.

Florence Sekabanja ist leitende Mitarbeiterin beim regierungsunabhängigen Council for Economic Empowerment of Women in Africa (CEEWA-Uganda) in Kampala.

Literaturauswahl

United States Agency for International Development (USAID), 1996, »National Forum on Food Security«, Kampala

Ministry of Gender and Community Development, 1998, »Women and Men in Uganda – Facts and Figures«, Kampala

Bank of Uganda, 1997, Agricultural Policy Sector Report, Kampala

Südliches Afrika: Technologie für eine nachhaltige Landwirtschaft

Ebbie Dengu

Der moderne Entwicklungsprozeß berücksichtigt vielfach noch immer nicht, daß die Mehrheit der Armen dieser Welt ihren Lebensunterhalt durch einfache Tätigkeiten in der Landwirtschaft, im Haushalt oder in Handwerksbetrieben sichern müssen. Landwirtschaftliche Kleinbetriebe mit geringem Kapital, abhängig von lokalen Ressourcen und einer Produktionsweise, die eng mit ihrer Lebensweise verknüpft ist, brauchen Technologien, die ihren bescheidenen Anforderungen, bzw. ihrem Wissensstand entsprechen. Dem werden jedoch die meisten aktuellen technischen Optionen nicht gerecht. Gleichzeitig hat die kleinbäuerliche Landwirtschaft politisch und wirtschaftlich ein zu geringes Gewicht, um ihre spezifischen Bedürfnisse und Anforderungen an die Technologie-Entwicklung geltend zu machen. Das hat verschiedene Ursachen:

Geringe Produktivität landwirtschaftlicher Kleinbetriebe In Simbabwe wie im übrigen südlichen Afrika stellen Kleinbauern die Mehrheit der armen und wirtschaftlich schwachen Bevölkerungsgruppen. Sie betreiben bei geringem technischen Entwicklungsstand und geringer Produktivität Landwirtschaft nur für ihren eigenen Lebensunterhalt. Die zunehmende Armut in diesem Bereich zeigt, daß die Regierungen ihr Versprechen nicht gehalten haben, die Landwirtschaft und da wiederum die Kleinbauern zu fördern, besonders durch besseren Zugang zu Ressourcen.

Geringe öffentliche Unterstützung
Der kleinbäuerliche Bereich ist gekennzeichnet durch schlechte politische Rahmenbedingungen. Öffentliche Maßnahmen wie Bereitstellung von Kredit, Forschung und Ausbau der Infrastruktur haben nur wenigen genützt. Der Kenntnisstand der Kleinbauern wird – beispielsweise im Bereich Forschung und Entwicklung – nicht berücksichtigt, Lösungsansätze von oben herab verschrieben. Das führt dazu, daß Kleinbauern von der technologischen Entwicklung abgekoppelt sind, was die Entwicklung einer Grundlage, auf der ein technologischer Wandel im Bereich der kleinbäuerlichen Landwirtschaft verwirklicht werden könnte, erschwert.

Schwache Erzeugerverbände Die Erzeugervereinigungen in diesem Bereich sind schwach und haben wenig Einfluß auf die Technologie-Entwicklung. Sie können anderen Interessengruppen, die den Entwicklungsprozeß beeinflussen, nichts entgegensetzen, was zur Entwicklung und/oder zum Einsatz von Technologien, die nicht den Anforderungen ihrer Mitglieder entsprechen, führt.

Wandel der Rolle des Staates Viele Entwicklungsländer haben Strukturanpassungsprogramme der Weltbank und des IWF durchgeführt, in deren Verlauf sich die Rolle des Staates verändert hat, was die technischen Möglichkeiten der Kleinbauern und ihre Fähigkeit zum Umgang mit natürlichen Ressourcen negativ beeinflußte. Die Öffnung der Wirtschaft ohne den erforderlichen institutionellen Rahmen zur Unterstützung der Kleinbauern beim Übergang zu einer marktwirtschaftlichen Ordnung führte dazu, daß die Bauern schutzlos privaten Monopolen und stark schwankenden Rohstoffpreisen ausgesetzt wurden.

Technologie-Entscheidung

Technologie ist ein entscheidender Wertschöpfungsfaktor, der so gesteuert werden kann, daß Umweltbelastung und Armut verringert und eine nachhaltige landwirtschaftliche Entwicklung vorangetrieben werden. Wenn der Prozeß der Technologie-Entwicklung losgelöst ist von den Bedürfnissen, Zielen und Fähigkeiten der Nutznießer der Technologie, kann es passieren, daß eine nicht angepaßte Technologie verbreitet wird. So hat der staatliche Beratungsdienst Agritex in Simbabwe zusammen mit dem Agrokonzern Ciba-Geigy durchgesetzt, daß Bauern in semi-ariden Gebieten den agroökonomisch geeigneten Anbau ertragsarmer, aber dürreresistenter Getreidearten durch kommerzielle Getreidesorten ersetzten. Das führte dazu, daß die Artenvielfalt in der Landwirtschaft zurückging und die Umweltsituation sich durch den Einsatz von Agrargiften und Chemiedünger verschlechterte. Dieser Ansatz kann zwar kurzfristig Vorteile haben, wenn neue kommerzielle Arten und Sorten angebaut werden, die gut und schnell auf z.B. Düngemittel reagieren. Doch langfristig schließen Monokulturen und der zunehmende Einsatz von Agrochemikalien eine nachhaltige Landwirtschaft aus.

Um die Armut zu bekämpfen und den Kleinbauern zu helfen, sind neue Ansätze in der Technologie-Entwicklung für Kleinbauern erforderlich – insbesondere für jene, die unter schwierigen Umweltbedingungen arbeiten und Hilfe benötigen, die auf ihre lokalen Bedürfnisse zugeschnitten ist. Die Frage ist, welche Strategie oder Kombination von Strategien mit größerer Wahrscheinlichkeit zu einer nachhaltigen Landwirtschaft und einem nachhaltigen Einsatz der produktiven Ressourcen führt: eine moderne landwirtschaftliche Biotechnologie mit genetisch verändertem Saatgut oder eine partizipative Technologie-Entwicklung, die versucht, die technischen Fähigkeiten der Kleinbauern zu verbessern.

Moderne Biotechnologie

Die moderne Biotechnologie wird in den Entwicklungsländern insbesondere von den internationalen Konzernen als Antwort auf den »Hunger in der Welt« immer stärker vorangetrieben. Man geht davon aus, daß bis zum Jahre 2002 mehr als die Hälfte der Anbaufläche für genmodifiziertes Saatgut außerhalb der OECD-Länder liegen wird. Aufgrund ausländischer Finanzierung und ihres wissenschaftlichen Status wird sie auch von einigen öffentlichen Forschungsinstitutionen in den Entwicklungsländern aufgegriffen, ohne daß sie eine klare Vorstellung von ihren langfristigen Auswirkungen haben oder sie kritisch hinterfragen. Diese genmodifizierten Züchtungen von Pflanzen und Tieren (GMO) stellen nicht nur ein biologisches Risikopotential dar; sie sind auch eine neue Triebfeder für den technologischen Wandel im Nahrungsmittelbereich. Von diesem Wandel profitieren die Eigentümer der Technologie – in erster Linie die internationale Agroindustrie, die versucht, ihre Marktdominanz durch Patente und andere Schutzrechte auf die eingesetzten und entwickelten Genressourcen zu sichern.

Es besteht Grund zu der Sorge, daß diese Technologie die landwirtschaftliche Artenvielfalt, die die Bauern über viele Generationen entwickelt haben und die eine Grundlage der Versorgungssicherheit ist, verdrängt und damit die Existenzgrundlage dieser Bauern gefährdet. Ein weiteres Problem besteht darin, daß sich die großen internationalen Unternehmen bei ihrer biotechnologischen Forschung, Entwicklung und kommerziellen Anwendung nicht nach den Bedürfnissen der armen Erzeuger und Verbraucher richten, sondern nach den Anforderungen einer vertikal integrierten Lebensmittel-Wertschöpfungskette in den Industrienationen. Für die Kleinbauern und Verbraucher ist das eine Bedrohung ihrer Entscheidungsfreiheit und der Angebotsvielfalt. Entscheidungsfreiheit beruht auf der Information und dem Wissen über mögliche Folgen und Alternativen. Es liegt jedoch auf der Hand, daß nicht nur Bauern und normale Verbraucher schlecht über den genetischen Landbau und seine Folgen informiert sind. Auch Spezialisten vor Ort, Bürgergruppen und selbst Wissenschaftler wissen wenig über die möglichen Auswirkungen der Technologie.

Die Befürworter der modernen Biotechnologie behaupten, daß sie die Landwirtschaft revolutionieren wird, weil sie die Möglichkeit schafft, »Designer-Züchtungen« zu entwickeln, die auch unter schwierigen agroökologischen Bedingungen und mit viel weniger Chemie hohe Ernteerträge bringen. Die GMO-Technologie soll darüber hinaus die Bodenerosion und – durch höhere Erträge auf weniger Fläche – die Bodenknappheit verringern und das Wirtschaftswachstum beleben. Für Kleinbauern sind die Nachteile dieser Technologie wie ein Rückgang der Artenvielfalt und eine zunehmende Abhängigkeit vom Saatgut der Großkonzerne allerdings sehr viel realer als die Vorteile, die sich erst noch erweisen müssen.

Partizipative Technologie-Entwicklung

Die meisten Kleinbauern im südlichen Afrika leben unter schwierigen physischen und wirtschaftlichen Bedingungen und haben ständig mit ungewissen agroökologischen Umständen und unberechenbaren Marktschwankungen zu kämpfen. Dieses Umfeld erfordert einen Ansatz, der die spezifischen lokalen Anforderungen berücksichtigt und versucht, lokales Wissen als Antrieb für den technologischen Wandel und die Steigerung der Produktivität der Kleinbauern zu integrieren.

Wenn sich ländliche Gemeinden nachhaltig zu ihrem Vorteil entwickeln sollen, müssen sie aktiv am Entwicklungsprozeß beteiligt sein und dabei ihr eigenes Tempo einschlagen können. Technologien für nachhaltige Landwirtschaft müssen so angelegt sein, daß die Nutznießer – insbesondere die, die unter schwierigen Umweltbedingungen leben – aktiv beteiligt sind, wenn es darum geht, ihre Probleme zu bestimmen und angemessene Lösungsmöglichkeiten zu finden. Solche Technologien werden sich dann als Antwort auf bestimmte Bedürfnisse und im Einklang mit den vorherrschenden Bedingungen entwickeln.

Der Ansatz einer partizipativen Technologie-Entwicklung (PTD, siehe Kasten) beruht auf dem Wissen der Menschen vor Ort. So kann beispielsweise die landwirtschaftliche Artenvielfalt durch partizipative Pflanzenzucht verbessert werden. Landwirtschaftliche Forschungs- und Entwicklungsinstitutionen greifen diesen Ansatz allmählich auf. Seine Umsetzung wird

Partizipatorische Technologie-Entwicklung (PTD)

Der Chivi-Distrikt in der Provinz Masvingo im Süden von Simbabwe ist typisch für die semi-ariden Gebiete mit schlechten Böden, unregelmäßigen Niederschlägen und wiederkehrenden Nahrungsdefiziten, in denen 60 Prozent der Bevölkerung leben. Die meisten Familien betreiben Subsistenzwirtschaft, ohne Zugang zu technischen, finanziellen und Vermarktungs-Dienstleistungen. Für das Überleben unter diesen unsicheren physischen und sozio-ökonomischen Bedingungen sind Solidarität und Zusammenhalt der Gemeinschaft wichtiger als die Kommerzialisierung. Um für diese Bedingungen angemessene Antworten zu finden, wurde gemeinsam mit der Bevölkerung überlegt, welche Methoden helfen können, die Ernährungssicherheit zu verbessern, welche Technologie-Alternativen bestehen und welche technischen Fähigkeiten erforderlich sind.

Zentral ist dabei die **Partizipation** an Entscheidungen, an Planung und Umsetzung von Aktivitäten. Sie ist notwendig, um die Bedürfnisse und Prioritäten, die zur Sicherung der Nahrungsmittelproduktion notwendig sind, zu verstehen.

Durch die **Stärkung von Institutionen** werden das Selbstvertrauen und die Fähigkeit entwickelt, Bedürfnisse und Prioritäten gegenüber Dienstleistern wie Agrarforschung und Beratung zu artikulieren. Dabei gilt es, Repräsentativität, demokratische Entscheidungsprozesse und die Fähigkeit, die Interessen der Mitglieder zu analysieren und auszudrücken, zu verbessern.

Lokale Fertigkeiten und Kenntnisse, die durch den PTD-Prozeß aufgerufen werden, sind die Grundlage jeder bedarfsorientierten Lösung, etwa für Methoden, wie die biologische Vielfalt der Landwirtschaft erhalten werden kann.

Die **Analyse** verschiedener technischer Optionen schließlich eröffnet die Möglichkeit, sich für die angemessenste Lösung zu entscheiden.

Das Ergebnis dieser Diskussionen im Chivi-Distrikt war eine wachsende Experimentierfreudigkeit der lokalen Bevölkerung, die ihre Äcker in Testfelder für neue Ideen, etwa bei der Konservierung von Boden und Wasser, verwandelte. Gleichzeitig lernte die Gemeinschaft, ihre Interessen und Forderungen gegenüber den Dienstleistern selbstbewußter und kenntnisreicher zu vertreten.

allerdings durch die sich verschärfenden Anforderungen der Marktwirtschaft gefährdet. Dadurch, daß sich der Staat aus den Bereichen Bildung, Gesundheit und Vermarktung landwirtschaftlicher Erzeugnisse zurückzieht, sind die Belastungen für die kleinbäuerlichen Betriebe gewachsen. Sie versuchen nun, den gestiegenen Finanzbedarf durch den kommerziellen Anbau von Baumwolle und Mais zu decken, obwohl der vielfach unter ihren Umweltbedingungen ungeeignet ist und ausschließlich kurzfristige Vorteile bringt.

Fazit

Die kontroverse Auseinandersetzung um die unterschiedlichen Ansätze für die technologische Entwicklung in der Landwirtschaft, insbesondere im kleinbäuerlichen Bereich, und ihre Auswirkungen auf die Umwelt, die landwirtschaftliche Artenvielfalt und die Versorgungssicherheit der Menschen zeigt, wie komplex das Thema ist. Der Wandel in der Rolle des Staates und der zunehmende Einfluß des privaten Sektors, insbesondere der Agroindustrie, haben tiefgreifende Auswirkungen auf die technologische Entwicklung in der Landwirtschaft und den Umgang mit natürlichen Ressourcen. Die Technologie, für die wir uns entscheiden, muß sich in drei Bereichen bewähren:

- Technische/empirische Dimension: Funktioniert die Technologie ohne negative Konsequenzen? Bringt sie technologische Vorteile für die Armen?
- Sozioökonomische/politische Dimension: Bringt die Technologie gesellschaftliche und wirtschaftliche Vorteile? Ist beispielsweise die Biotechnologie zugänglich und erschwinglich? Wie unterstützt – oder behindert – das politische Umfeld diese Technologie?
- Ethische/persönliche Dimension: Paßt die Technologie zur Lebensweise und den Fähigkeiten der beabsichtigten Nutznießer, und entspricht sie ihren ethischen und moralischen Normen?

Solange darüber hinaus die Fragen der biologischen Sicherheit und Eigentumsrechte nicht befriedigend beantwortet sind, sollte ein vorsichtiger und vorbeugender Ansatz gewählt werden. Entwicklung und Freigabe der modernen Biotechnologie in der Landwirtschaft unserer Länder sollten nicht erlaubt werden. Wir profitieren eher von einer Steigerung der Investitionen in partizipative Technologien, die auf Bedürfnisse und Bedingungen der Anwender zugeschnitten sind.

Ebbie Dengu ist Regionaldirektor der Intermediate Technology Development Group (itdg) für das Südliche Afrika.

Literaturauswahl

Masiiwa, M., 1998: The Future of Agriculture in Zimbabwe: Natural Farming or Genetic Farming, Harare

Overseas Development Institute, 1999: Briefing Paper: The Debate on Genetically Modified Organisms. Relevance for the South, London

Der Kampf um Reformen geht weiter – Bauernorganisationen auf den Philippinen

Isagani R. Serrano

Bauernorganisationen auf den Philippinen waren stets zentrale Akteure in den ländlichen Gebieten. Es gibt sie im Tiefland ebenso wie im Hochland, als große nationale Verbände oder als örtliche Organisationen. Sie führen wirtschaftliche Aktivitäten durch, um die Einkommenssituation ihrer Mitglieder zu verbessern, und setzen sich für politische Veränderungen und Reformen ein. Die Vielfalt von Organisationen und Aktivitäten spiegelt die Komplexität der Themen und Anforderungen wider, mit denen die Bauern konfrontiert sind.

Gesicherte Nutzungsrechte

Gesicherte Nutzungsrechte sind ein Eckpfeiler im Kampf der Bauern für Gerechtigkeit und Menschenwürde. Bauernorganisationen spielten und spielen eine führende Rolle in den politischen Reformkampagnen, die in den letzten Jahrzehnten zu einer Reihe von Agrargesetzen führten, die eine schrittweise Verbesserung von Pachtverträgen und Besitzverhältnissen brachten. Diese »Advocay«-Arbeit ist notwendig, weil die Situation, unter der arme und landlose Bauern leiden, vielfach auf Politik und Gesetzgebung zurückzuführen ist. Bauernorganisationen führten auch die Kampagne des breiten Bündnisses für Agrarreform an, aus der 1988 das »Umfassende Agrarreformprogramm« CARP entstand. Obwohl viele Bauernverbände die Schwächen und Grenzen des Programms sehen, setzen sie sich trotzdem für seine wirksame Umsetzung ein.

Bis heute sind im Rahmen von CARP 4,3 Millionen Hektar Land, knapp ein Drittel davon privates Land, umverteilt worden – ein Erfolg, aber weit weniger als die angestrebten 8,1 Millionen Hektar. Und gerade die schwierigste (und teuerste) Aufgabe von CARP, der Erwerb und die Verteilung privaten Agrarlandes, das größer als fünf Hektar ist, ist noch nicht gelöst. Dabei handelt es sich hauptsächlich um Kokosnuß-, Zuckerrohr- und andere kommerzielle Anbauflächen in den produktiveren Gebieten des Archipels wie etwa Mindanao.

Die Landreform ist außerdem nur dann ein Erfolg, wenn es auch gelingt, die Lebensbedingungen der neuen Landbesitzer zu verbessern. Ihre Unterstützung durch den Staat ist daher ein weiteres, wichtiges Ziel von CARP. Angesichts knapper Ressourcen konzentriert sie sich auf »Agrarreform-Gemeinden (ARC)«, Gebiete mit vielen Nutznießern der Umverteilung. Inzwischen wurden landesweit fast 1000 ARC-Organisationen gebildet, die eine Beteiligung der Nutznießer der Agrarreform an der Programmdurchführung sicherstellen sollen. Vielfach bleiben sie allerdings unter der Kontrolle des Staates oder ab-

Bauernorganisationen auf den Philippinen

Es ist schwierig, die genaue Anzahl der Bauernorganisationen auf den Philippinen anzugeben. Neben den nationalen Organisationen und Kampagnenzentren wie der Bauernbewegung der Philippinen (KMP) und der Föderation Freier Farmer (FFF) bestehen in den ländlichen Gebieten zahlreiche Kooperativen, Bewässerungsgemeinschaften und andere Organisationen mit unterschiedlichen Aktionsgebieten und Aufgaben.

Auch über die Zahl der organisierten Mitglieder liegen sehr unterschiedliche Angaben vor. Vorausgesetzt, sie stimmen, wäre der Agrarbereich recht gut organisiert. Aufschlußreicher ist die Mobilisierungsfähigkeit der Organisationen: So beteiligten sich Ende der achtziger Jahre fast eine Million Bauern und Landarbeiter an verschiedenen Kampagnen zu Agrarreform und Ernährungssicherheit.

Besetzen, widersetzen, produzieren
Die brasilianische Landlosenbewegung MST

Der Auftakt für die Landbesetzungen, mit denen die Landlosenbewegung MST (Movimento dos Trabalhadores Rurais Sem Terra) auf die ungleiche Verteilung des Bodens reagiert, war 1985 die Besetzung der 9400 Hektar großen Fazienda Anoni in Rio Grande do Sul. Bis Mitte der neunziger Jahre beteiligten sich über 150 000 Familien an über 600 Landbesetzungen in ganz Brasilien. Dadurch wurden mehr als fünf Millionen Hektar Land neu verteilt. Das Land bewirtschaften die Ex-Landlosen kollektiv, genossenschaftlich oder individuell, je nach den lokalen Bedürfnissen und der jeweiligen Organisationsform.

Jede Besetzung wird langfristig vorbereitet. Die Familien organisieren sich in Kommissionen, in denen die Besetzung besprochen und geplant wird. Aufgaben werden verteilt, Vorräte gesammelt, Kontakte geknüpft. Die Kommission für Transport mietet Lastwagen an, um die Familien und das Material in der Nacht der Besetzung zu transportieren. Die Planungskommission wählt einen unproduktiven Großgrundbesitz aus, dessen Eigentümer möglichst weit weg wohnt. Sie erkundet das zu besetzende Gelände und sucht die Siedlungs- und Anbaufläche aus. Die Ernährungskommission organisiert die Vorräte für die erste Phase der Besetzung. Materialkommissionen sammeln Plastikplanen für die Behausungen, Werkzeuge und Geräte für den Anbau. Andere sind für Medikamente, Ausbildung und Sicherheit zuständig. Der Rechtsbeistand wird organisiert. Das gewählte Direktorium beschließt geheim den Zeitpunkt der Besetzung. Die übrigen Besetzer werden erst 24 Stunden vor Aufbruch informiert.

Gleich nach der nächtlichen Besetzung beginnen die einen mit dem Bau der Unterkünfte, andere im Mondlicht mit der Rodung. Die Gemeinschaftsküche wird installiert. Am nächsten Tag werden die Medien informiert und die Unterstützungsorganisationen aktiviert. Die Enteignung und die Vergabe von Besitztiteln werden beantragt.

Danach beginnt die schwierigste Phase. Die Reaktionen des Eigentümers, der Polizei- und Militärbehörden führen häufig zu Repressalien und gewalttätigen Auseinandersetzungen. Von dem MST wird Gewalt grundsätzlich abgelehnt. Wenn alles gutgeht, können nach drei Monaten die ersten Bohnen, Mais und Reis geerntet werden. Bis die Familien ihre Besitztitel erhalten, verstreichen hingegen mindestens zwei Jahre.

hängig von auswärtigen Spendern. Auch hat nach Einschätzung des Ministeriums für Agrarreform (DAR) mehr als die Hälfte finanzielle Probleme. Nur 30 Prozent der neuen Landbesitzer sind in einer Genossenschaft organisiert.

Neben diesen Problemen bei der Umsetzung von CARP gibt es nach wie vor offenen, teils gewaltsamen Widerstand von Großgrundbesitzern, die sich ihre Privatarmeen halten und sich der Rückendeckung einzelner Gouverneure und anderer Staatsvertreter sicher sein können. Es gibt auch Versuche, Umverteilungen wieder rückgängig zu machen. Deshalb ist das Engagement der organisierten Bauern und ihrer Verbündeten nach wie vor notwendig. Gleichzeitig bemühen sie sich in letzter Zeit aber auch verstärkt, Unterstützung aus öffentlichen und privaten Quellen für die Vollendung des Programms zu mobilisieren, da die staatlichen Mittel dafür nicht ausreichen.

Produktivitätssteigerungen

Produktivitätssteigerungen sind angesichts der Probleme, denen sich die kleinbäuerliche Landwirtschaft gegenübersieht, schwer zu realisieren. Produktivität ist unter anderem das Ergebnis von Land, Kapital und Technologie. Die ungleiche Verfügbarkeit und Kontrolle über diese Faktoren erschwert es den Kleinbauern, eine wirkliche Verbesserung der Produktivität zu erreichen.

Es waren traditionsgemäß vor allem die Genossenschaften, die sich solcher Themen wie Produktivität und verbesserte Lebensqualität annahmen. Eine Möglichkeit der Produktivitätssteigerung besteht darin, knappe Ressourcen zusammenzulegen und dadurch ein größeres Gewicht bei Produktions-, Verarbeitungs- und Marketingprozessen zu erreichen. Viele Genossenschaften wagen sich auch an sozioökonomische Unternehmungen: nicht-landwirtschaftliche Projekte wie Kleinkreditprogramme oder Handels- und Vermarktungsstrategien sollen den Zugang zum Markt erleichtern.

Eine weitere Institution, die versucht, die Bedingungen für Produktivitätssteigerungen zu verbessern, sind die inzwischen rund 5000 Bewässerungsgemeinschaften, die die Regierung ins Leben gerufen hat. Sie konnte dabei vielfach auf bestehenden Gruppen aufbauen. Diese Gemeinschaften spielen eine entscheidende Rolle bei Entwicklung und Instandhaltung lokaler Bewässerungsanlagen. Nach einer Studie von

Bewässerungsgemeinschaften auf den Philippinen

Die Dörfer Imelda, Mulawin und Masapsap beziehen alle ihr Wasser aus dem Fluß Orani. Früher war die Verteilung ein großes Problem. Versuche der einzelnen Dörfer, die eigene Wasserversorgung zu sichern, führten zu gegenseitigen Drohungen und regelrechtem »Wasserraub«. Die Wasserverteilung war äußerst ungerecht, häufig gab es schwere Konflikte. Die einzelnen Bauern kümmerten sich außerdem nur um die Instandhaltung der Zuleitung zu ihrem eigenen Feld, während die Arbeiten an den gemeinsam genutzten Kanälen vernachlässigt wurden. All diese Faktoren führten zu einem Rückgang der landwirtschaftlichen Produktivität, die Ernte konnte nur noch einmal im Jahr eingefahren werden.

1992 wurden für die Durchführung des Entwicklungsprogramms für kommunale Bewässerung (CIDP) in den drei Dörfern Bewässerungsgemeinschaften (»Irrigators Associations«) gegründet. Im Unterschied zu anderen Infrastruktur-Projekten werden die Bauern im Rahmen von CIDP durch Ausschüsse in jeder Phase des Bauvorhabens einbezogen. Sie sind an der Auftragsvergabe beteiligt, damit sichergestellt wird, daß der Zuschlag nur an geeignete Firmen geht; sie prüfen, ob die Ausführung mit den Planvorgaben übereinstimmt, und sie kontrollieren die Baukosten, um Budgetüberschreitungen zu vermeiden.

Da die Wasserversorgung während der Trockenzeit nicht für das gesamte Gebiet ausreicht und daraus Konflikte entstehen können, haben sich die Bewässerungsgemeinschaften zu einem Beirat zusammengeschlossen, der Mitsprache bei der Wasserverteilung zwischen den Gemeinden hat. Er tritt einmal im Monat zusammen, um Pläne für den effektiven Betrieb und die Instandhaltung des gesamten Bewässerungssystems zu erstellen.

PRRM sind sie autonome und wirksame Mechanismen für eine direkte Beteiligung der Bauern an den staatlichen Bewässerungsprogrammen.

Die negativen Erfahrungen mit der Grünen Revolution, die der Staat in den siebziger Jahren insbesondere im fruchtbaren Tiefland vorangetrieben hat, führten zur Gründung von Organisationen, die sich für eine nachhaltige Landwirtschaft einsetzen. Die Gesellschaft der Bauern für nachhaltige Landwirtschaft (KALIKASAN, das heißt »Natur«) zum Beispiel entstand 1992 als eine Organisation von Bauern, die alternativen Reisanbau betreiben. Durch alternative Anbauverfahren, die Förderung der ökologischen Landwirtschaft, innovative Handels- und Vertriebsstrukturen, die Erschließung neuer Finanzierungsquellen sowie den Aufbau selbstverwalteter Lagerhaltung und Verarbeitungsmöglichkeiten werden Einkommen und Lebensqualität ihrer Mitglieder verbessert. Durch den Einsatz kostengünstiger bio-organischer Produktionsmittel erreicht KALIKASAN bei den Produktionskosten Einsparungen bis zu 30 Prozent im Jahr. Auch die Direktvermarktung hat dazu beigetragen, die Einkommen der Bauern um 14 Prozent zu steigern.

Schaffung eines politischen Raumes

Viele Experten haben die Benachteiligung der Landwirtschaft im allgemeinen und der Kleinbauern im besonderen durch den Staat festgestellt. Sie zeigt sich in politischen Maßnahmen und Programmen, die auf eine schnelle Industrialisierung auf Kosten der Landwirtschaft setzen, die Umsetzung von Agrarreformen behindern und umgehen und die Liberalisierung beschleunigen. Sie zeigt sich ebenfalls an den geringen öffentlichen Ausgaben für die Landwirtschaft.

Zahlreiche Programme, die von der Regierung angeblich zum Wohl der Bauern und der ländlichen Bevölkerung initiiert wurden und soziale Gerechtigkeit, Gleichberechtigung und ländliche Entwicklung versprachen, haben zudem nur begrenzte Erfolge gehabt, insbesondere für Kleinbauern und Landarbeiter waren sie oft negativ. Es gab keine echte Beteiligung der Bauern an der Durchführung, erst recht nicht an der Programmplanung. Viele Programme wurden daher von den Zielgruppen nicht mitgetragen.

Angesichts der Vorherrschaft der wohlhabenden und landbesitzenden Klasse in Regierung und Parlament ist diese Benachteiligung leicht zu verstehen. Ein Weg für die Bauernorganisationen, dagegen anzugehen, ist der politische Kampf. So waren bei den jüngsten Parlamentswahlen eine Reihe von Kandidaten von Parteien, die die Bauern vertreten, erfolgreich. Durch die bisherige Lobby-Arbeit der Verbände sind zudem Spielräume für eine Beteiligung in staatlichen Institutionen entstanden, die genutzt werden können. So institutionalisiert zum Beispiel die »Magna Charta für Kleinbauern« von 1992 die Beteiligung an staatlichen Entscheidungsprozessen. In der Nationalen Kommission gegen Armut (NAPC) von 1997 sind die wichtigsten Bauernorganisationen ebenso vertreten wie im Beirat des Präsidenten für die Agrarreform (PARC), dem offiziellen Aufsichtsorgan über die Agrarreform.

Der Kampf um Reformen geht weiter. Dabei geht es zum einen nach wie vor darum, negative politische Entscheidungen und Programme zu ändern und gleichzeitig Versuche zu vereiteln, die erreichten Fortschritte, etwa in der Agrarreform, rückgängig zu machen. Die eigentliche Herausforderung besteht jedoch darin, die Beteiligungsmöglichkeiten, die durch die Kampagnen und Kämpfe im Laufe der Zeit geschaffen wurden, jetzt optimal zu nutzen. Frühere Kampagnen für Reformen fanden größtenteils am Rande des Entwicklungsprozesses statt. Die neuen Möglichkeiten, auf den Staat und bis zu einem gewissen Grad auch auf den Markt Einfluß zu nehmen, tragen den Kampf der Bauern jetzt sozusagen in die Korridore der Macht.

Isagani R. Serrano ist Vizepräsident der Philippine Rural Reconstruction Movement (PRRM), einer entwicklungspolitischen NGO auf den Philippinen.

Südafrika: Liberalisierung, Handel und Ernährungssicherung

Tracey Simbi

Während die meisten Länder im Südlichen Afrika in der Lage sind, den Nahrungsmittelbedarf insgesamt durch eigene Produktion und/oder Importe zu decken, haben alle damit zu kämpfen, eine ausreichende Ernährung auf Haushaltsebene zu sichern. Selbst Südafrika, ein Land mit mittlerem Einkommensniveau, hat damit große Schwierigkeiten. Es wird geschätzt, daß 16 Millionen Menschen in Armut leben, die meisten davon in ländlichen Gebieten und in Haushalten, die von alleinstehenden Frauen geführt werden. Die Ernährungsgrundlage von elf bis 17 Millionen Südafrikanern gilt als gefährdet.

Obwohl der Beitrag der Landwirtschaft zum Bruttoinlandsprodukt Südafrikas mit lediglich fünf Prozent niedrig erscheint, spielt sie eine wichtige Rolle. Werden die vor- und nachgelagerten Stufen der Wertschöpfungskette mitgerechnet, liegt der Wertschöpfungsanteil der Landwirtschaft über zwölf Prozent. Die Selbstversorgungsindizes liegen bei allen Feldfrüchten außer für Weizen deutlich über 100, bei Gartenbauprodukten deutlich über 200. Mehr als zehn Prozent der erwerbstätigen Bevölkerung sind in der Landwirtschaft beschäftigt und sichern die Lebensgrundlage für mehr als eine Million Haushalte, beziehungsweise für über sechs Millionen Menschen. Zudem ist Südafrika Netto-Exporteur von Agrarprodukten, die Agrarexporte, die zehn Prozent der Exporteinnahmen ausmachen, wachsen schneller als die Ausfuhren anderer Wirtschaftssektoren. Abnehmer sind an erster Stelle die EU, gefolgt von den USA und den Nachbarländern im Südlichen Afrika.

Deregulierung und außenwirtschaftliche Liberalisierung

In Südafrika wurde das Abkommen der Uruguay-Runde, der 1994 abgeschlossenen Verhandlungsrunde des Allgemeinen Zoll- und Handelsabkommens GATT, begrüßt, weil es Raum schafft für die Reform der einheimischen Landwirtschaft und die Liberalisierung des Agrarhandels. In den vergangenen fünf Jahren ist die Landwirtschaftspolitik tiefgreifend reformiert worden mit dem Ziel, eine effiziente und international wettbewerbsfähige Landwirtschaft aufzubauen und den schwarzen Bauern, die in der Regel Kleinproduzenten sind und im Apartheid-System benachteiligt wurden, eine Perspektive zu eröffnen.

Dabei wurden die Verpflichtungen, die im Rahmen der Uruguay-Runde eingegangen wurden, noch übertroffen und der inländische Markt weit für die ausländische Konkurrenz geöffnet. Wenn die Handelstheorie richtig ist, müßten diese Maßnahmen zu einem erheblichen Wachstum im Agrarsektor führen.

Auf nationaler Ebene waren 1998/99 alle Länder der Entwicklungsgemeinschaft des Südlichen Afrika (SADC), abgesehen von Mosambik und Südafrika, Netto-Getreideimporteure. Die SADC-Agrarkommission (FANR) schätzte das Gesamtdefizit in der Region Ende der Saison 1999 bei einer Eigenproduktion von 25,83 Millionen Tonnen Getreide auf 548 000 Tonnen. Ursache dafür sind zum einen ungünstige Witterungsbedingungen, zum anderen politische Maßnahmen wie Strukturanpassung und Handelsliberalisierung. So meldet die SADC-Agrarkommission einen gesunkenen Einsatz von zugekauften Produktionsmitteln wie Dünger und Hybridsaatgut, was sie zurückführt auf eine Kombination von höherem Preis aufgrund von Wechselkursschwankungen und geringerer staatlicher Unterstützung für arme Bauern, die reduziert wurde, um Verpflichtungen im Rahmen von Strukturanpassungsprogrammen von IWF und Weltbank, beziehungsweise des GATT-Abkommens einzuhalten.

In Südafrika führte die Deregulierung, mit der auch die Stützpreise abgeschafft wurden, für die Bauern zu einer Verschiebung des relativen Risikos und der relativen Preise. Das Ergebnis war eine Verlagerung von der Getreideproduktion auf den Ölsaatenanbau. Zwischen 1990/91 und 1998/99 ist die Maisanbaufläche um 15 Prozent, die Weizenanbaufläche sogar um 36 Prozent zurückgegangen. Bei Winterweizen war der Rückgang noch dramatischer. In den zwei größten Anbaugebieten – Western Cape und Free State – ist die Anbaufläche zwischen 1990 und 1999 um 49 Prozent reduziert worden.

Die FAO schätzt, daß die Handelsbilanz für die SADC-Länder negativ bleiben wird, wenn die einheimische Produktion nicht anzieht. Für Südafrika erwartet sie als Folge der Uruguay-Runde ein Defizit von mehr als 800 Millionen US-Dollar im Jahr 2000, das verantwortlich ist für den Anstieg des Nahrungsmittel-Handelsdefizits aller SADC-Länder auf 1,4 Milliarden US-Dollar.

Für ein Land wie Südafrika ist eine Abhängigkeit von Importen auf nationaler Ebene nicht unbedingt problematisch, weil Devisen für Einfuhren zur Verfügung stehen. Die Zunahme des Handelsdefizits im Nahrungsmittelbereich ist erst recht kein Grund zur Sorge, wenn es durch wachsende Überschüsse in anderen Warenbereichen ausgeglichen wird. Wirtschaftsexperten sind sogar der Auffassung, daß der Rückgang des Getreideanbaus Ergebnis einer Produktionsverlagerung ist, die Südafrikas komparative Kostenvorteile widerspiegelt und für den Sektor insgesamt eine Effizienzsteigerung bedeutet.

Das zeigt sich besonders deutlich am Obst- und Gartenbau, dessen Bruttoproduktionswert sich zwischen 1992 und 1997 mehr als verdoppelt hat. Zitrusfrüchte, subtropische Früchte und anderes Obst machen mehr als zwei Drittel des Gesamtwerts der Gartenbauprodukte aus. Obst wird in erster Linie für Exportmärkte angebaut. Das Exportwachstum in der Landwirtschaft ist somit auf den gestiegenen Obstanbau zurückzuführen. Man könnte also sagen, daß die Deregulierung der einheimischen Landwirtschaft und die Liberalisierung des Handels die Bauern in die Lage versetzt haben, auf die Weltmarktpreise zu reagieren und ihre Erzeugung von der Produktion von Lebensmitteln für den nationalen Bedarf auf eine exportorientierte Produktion umzustellen.

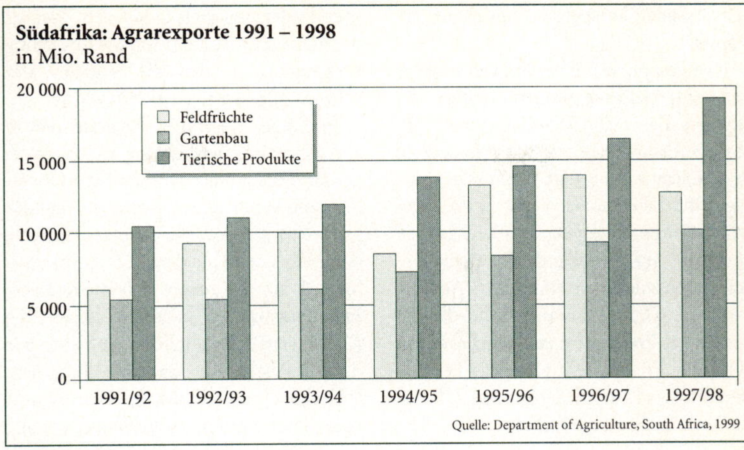

Abbildung 13

Sicherung der Ernährungsgrundlage durch Erwerbseinkommen

Die Zunahme der negativen Handelsbilanz für Nahrungsmittel stellt für Südafrika keine Gefährdung der Ernährungssicherheit dar. Insgesamt sorgt die Landwirtschaft für einen Devisenzufluß, und die Lebensmittelimporte sind deutlich angestiegen. Die Verschiebungen in der Produktionsstruktur als Reaktion auf die Weltmarktpreise haben jedoch Auswirkungen auf die Ernährungssicherung auf Haushaltsebene, indem sie die Erwerbsstruktur in den ländlichen Gebieten und insbesondere in der Landwirtschaft verändert haben.

Zu den Gruppen, die von Mangelernährung besonders betroffen sind, gehören die Armen, von denen 72 Prozent in ländlichen Gebieten leben, die Familien der Landarbeiter und die Arbeitslosen in den Städten. Diese Haushalte müssen sich ihren Zugang zu Nahrungsmitteln durch Erwerbseinkommen sichern. Die jüngsten Zahlen des südafrikanischen Amts für Statistik zeigen, daß die Zahl der Beschäftigten in der Landwirtschaft von 1 321 000 im Jahre 1994 auf 637 000 im Jahre 1997 praktisch halbiert wurde. Einige Fachleute sind zwar der Ansicht, daß diese Veränderungen zum Teil auf statistische Neudefinitionen zurückzuführen sind. Tatsache bleibt jedoch, daß in den letzten fünf Jahren zahlreiche Arbeitsplätze in der Landwirtschaft abgebaut worden sind. Die südafrikanischen Bauernverbände führen zudem an, daß Bodenreform und Beschäftigungspolitik einen größeren Einfluß auf die Beschäftigung in der Landwirtschaft gehabt hätten als die Liberalisierung. Andererseits versuchen Bauern, ihre Arbeitskosten zu senken, um wettbewerbsfähiger zu werden, indem sie Arbeiter nicht mehr fest anstellen, sondern auf Zeit beschäftigen. Dadurch ist die Ernährungssituation für Landarbeiterfamilien in Südafrika sehr viel unsicherer geworden.

Dagegen gibt es bei der Entwicklung der Lebensmittel-Preise positive Zeichen. So lag 1999 das reale Preisniveau auf dem Stand von 1992. Die Getreidepreise sind auf dem Niveau von 1993, die Viehpreise in einigen Bereichen um etwa zehn Prozent gefallen. Dieser Rückgang ist offensichtlich vorrangig auf die inländische Deregulierung zurückzuführen. Die direkte Auswirkung des GATT-Abkommens auf die Lebensmittel-Preise wird weitgehend davon abhängen, in welchem Maße die Lebensmittel-Importeure die sinkenden Zölle an die Verbraucher weitergeben.

Landwirtschaftliche Kleinbetriebe

Für viele ländliche Haushalte sind die landwirtschaftlichen Kleinbetriebe eine Möglichkeit, Einkommen und Ernährungssicherheit zu verbessern. Es hat sich gezeigt, daß Eigenproduktion die Ernährungslage positiv beeinflußt. Die Auswirkungen der Uruguay-Runde auf die Entwicklung der landwirtschaftlichen Kleinbetriebe betreffen daher auch unmittelbar die Ernährungssicherheit.

Es gibt nur wenige Daten über landwirtschaftliche Kleinbetriebe in Südafrika, meist aus unterschiedlichen Quellen, was einen Vergleich erschwert. Kleinbäuerliche Landwirtschaft hat in der Vergangenheit eine geringe Rolle gespielt aufgrund der repressiven Politik des Apartheid-Systems. Schwarze Bauern hatten nur sehr begrenzten Zugang zu Boden und Kapital, Agrarforschung und -beratung waren unzureichend oder ungeeignet. Mit dem Wandel des politischen Systems war die Erwartung verknüpft, daß sich die Situation der schwarzen Bauern verbessern würde.

Während im Rahmen der Bodenreform versucht wird, den Zugang zu Boden zu gewährleisten, sind die durch die Liberalisierung geschaffenen Rahmenbedingungen wenig geeignet, die anderen Probleme der Kleinbauern in den Griff zu bekommen. Trotz des relativ hohen Pro-Kopf-Einkommens in Südafrika haben die Kleinbauern hier ähnliche Probleme wie ihre Kollegen in anderen Regionen: schlechte Infrastruktur, geringe Kenntnisse, teure Kredite und fehlender Zugang zu Absatzinformationen, verstärkt durch unzulängliche Forschung, Ausbildung und Beratungsdienste. Um diese Probleme zu beseitigen, sind erhebliche öffentliche Investitionen notwendig.

Angesichts der stagnierenden Exportmärkte haben sich nur wenige Kleinbauern aus ihrer randständigen wirtschaftlichen Position befreien können. Erfolgreicher Export erfordert Kenntnisse über Produktion, Vertrieb und technische Anforderungen der verschiedenen Märkte. Zudem funktioniert in den Gebieten, in denen die Kleinbauern leben, der Markt nur unzureichend oder überhaupt nicht. Im Zuge der Deregulierung wurden die staatlichen Absatzorganisationen abgeschafft in der Hoffnung, daß private Händler den Kleinbauern bessere Erzeugerpreise zahlen würden. Allerdings gibt es bislang noch keine Anzeichen für einen zunehmenden privaten Handel in den ländlichen Gebieten. Ohne Unterstützung durch den Staat wird daher die Produktivität der schwarzen Bauern niedrig bleiben.

Erwartungen an die nächste Runde

Experten sind sich einig, daß die Zusagen der Industrieländer im Uruguay-Abkommen bescheiden sind und sich die Industrienationen beim Marktzugang und bei Exportsubventionen Vorteile gesichert haben. Die entwickelten Länder haben ihre Märkte nicht wirklich für die Entwicklungsländer geöffnet. Eine Analyse der FAO zeigt, daß die Auswirkungen des Abkommens auf die weltweite landwirtschaftliche Produktion, das Handelsvolumen und das Preisniveau kaum feststellbar sind. Die potentiellen Vorteile des Abkommens werden für ein Land wie Südafrika, das seinerseits seine Zusagen umgesetzt und liberalisiert hat, durch die mangelnde Liberalisierung der Märkte der Industrieländer, in die Südafrika hätte expandieren können, unterminiert.

Aus dieser Diskussion lassen sich zwei Themenbereiche ableiten, die für die nächste Runde besonders bedeutsam sind. *Erstens:* Die Liberalisierung des Agrarhandels allein reicht nicht aus, um die Probleme von Armut, Ernährungsunsicherheit und geringer Produktivität der Kleinbauern in den Griff zu bekommen. Öffentliche Investitionen sind erforderlich, um Kenntnisstand und Ressourcenzugang der Armen zu verbessern. In der nächsten Runde müssen Regelungen gefunden werden, die den Entwicklungsländern den flexiblen Einsatz solcher Investitionen erlauben. *Zweitens:* Obwohl die Liberalisierung des Handels nicht ausreicht, so ist sie doch von strategischer Bedeutung für einen wirtschaftlichen Aufschwung der Entwicklungsländer. Damit sie von dem Abkommen profitieren, sind jedoch erhebliche Nachbesserungen erforderlich. Dazu gehören unter anderem:

Abbau von Exportsubventionen Der Fortbestand von Subventionen, mit denen die Industrieländer ihre Exporte stützen,

Das Freihandelsabkommen zwischen der Europäischen Union und Südafrika

Im Frühjahr 1999 einigten sich die Europäische Union (EU) und Südafrika nach vier Jahren Verhandlungen auf ein Freihandelsabkommen, das eine wechselseitige Öffnung der Märkte vorsieht. Danach wird die EU innerhalb von zehn Jahren die Zölle für 99 Prozent aller südafrikanischen Industrieexporte beseitigen. Im Gegenzug muß Südafrika den eigenen Markt für 86 Prozent aller europäischen Industrieerzeugnisse öffnen. Eine Reihe von Produkten wie Kraftfahrzeuge, Textilien, Zucker und Milchprodukte dürfen auch weiterhin geschützt werden. Bei Südafrikas Agrarexporten zeigt sich die Gemeinschaft weniger großzügig: Nur für 74 Prozent dieser Ausfuhren fallen die Handelsschranken. Insbesondere bei Obst, Gemüse und Schnittblumen, aber auch bei verarbeiteten Produkten wie Fruchtsäften und Wein, konnte Südafrika keinen vollständigen Zollabbau erreichen. Südeuropäische Länder setzten aus Furcht vor Konkurrenz auch durch, daß jedes Jahr im April und Mai die EU-Zollmauern für Orangen vorübergehend wieder hochgezogen werden können.

war der wesentliche Faktor für das unbefriedigende Ergebnis des bisherigen Abkommens. Subventionen drücken die Weltmarktpreise und zerstören damit marktwirtschaftliche Anreize für Erzeuger in den Entwicklungsländern. Viele Entwicklungsländer haben nicht das technische Know-how, um als Gegenmaßnahme Ausgleichszölle umzusetzen oder selbst Subventionen zu zahlen, sei es aus Geldmangel, sei es aufgrund von Bestimmungen der WTO.

Höhe der Zölle Überhöhte Tarife und Zölle müssen deutlich gesenkt werden, um den Entwicklungsländern den Zutritt zu den Märkten der entwickelten Länder zu ermöglichen. In der nächsten Runde muß auch das Problem der abgestuften Zölle in Angriff genommen werden, mit denen das eigene verarbeitende und produzierende Gewerbe geschützt werden soll. Dies erschwert es den Entwicklungsländern, die Verarbeitung von Rohstoffen selbst zu übernehmen – was eine höhere Gewinnschöpfung bringt – und Verarbeitungsprodukte auf den Exportmärkten abzusetzen.

Zollkontingente Südafrikas Interesse muß es sein, einen besseren Marktzugang durchzusetzen. Der Ausbau des gegenwärtigen Systems, das den Marktzugang durch Zollkontingente regelt, kann keine Lösung sein. Es erinnert an die Ära staatlicher Intervention, indem Staatsbedienstete entscheiden, wer eine Genehmigung erhält, und fördert unproduktives wirtschaftliches Verhalten. Die WTO muß effektivere Wege finden, den Zutritt zu den Agrarmärkten der Industrieländer zu erleichtern.

Inländische Unterstützung Südafrika wird sich dafür einsetzen, daß handelsverzerrende inländische Beihilfen an Erzeuger abgebaut werden. Das neue Abkommen muß dieses Schlupfloch stopfen, mit dem verbotene Fördermaßnahmen im Bereich des Handels umgangen werden.

Fazit

Südafrika hat seine Verpflichtungen aus dem Abkommen eingehalten. Es sind zwar noch weitere Analysen erforderlich, aber das Abkommen hat offensichtlich zu Effizienzsteigerungen in der Landwirtschaft und zu einem Rückgang der Inflation geführt. Aufgrund der steigenden Arbeitslosigkeit und der anhaltend niedrigen Produktivität landwirtschaftlicher Kleinbetriebe hat das aber nicht dazu beigetragen, die Ernährungssicherheit vieler Haushalte zu erhöhen. Aufgrund des ungleichen Zugangs zu den Produktionsmitteln sind staatliche Eingriffe noch immer erforderlich, wenn die Liberalisierung des Handels nicht zu einer Verschlechterung der sozioökonomischen Lage in Südafrika und dem übrigen Südlichen Afrika führen soll. Die Problembereiche Armut und Ernährungssicherheit müssen im Rahmen der WTO-Vereinbarungen besonders berücksichtigt werden, weil Handelsliberalisierung die Situation in diesen Bereichen häufig noch verschlimmert.

Tracey Simbi ist Agrarökonomin und hat für das Land and Agricultural Policy Center, eine NGO in Johannesburg, und das Landwirtschaftsministerium gearbeitet.

Ernährungssicherheit – Ernährungssouveränität

Ernährungssicherheit erfordert zunächst eine ausreichende und stabile Verfügbarkeit von Nahrungsmitteln in einem Land, die durch die eigene Landwirtschaft, aber auch durch zusätzliche Einfuhren erreicht werden kann. Dabei muß sichergestellt sein, daß die Nahrungsmittel auch auf lokaler Ebene und in abgelegenen Regionen zur Verfügung stehen und daß jeder Haushalt und jedes Familienmitglied die Möglichkeiten hat, sich ausreichend und gesund zu ernähren, sei es vom eigenen Feld, sei es durch ein ausreichendes Einkommen.

In seiner Erklärung zum Welternährungsgipfel 1996 in Rom (»Profit für wenige oder Nahrung für alle«) plädierte das NGO-Forum, in dem mehr als 1200 Organisationen aus 80 Ländern vertreten waren, darüber hinaus für *Ernährungssouveränität.* »Ernährungssicherheit bedeutet nur das Recht zu essen und sichert nicht die Kapazität jeder Nation, ihre eigenen Nahrungsmittel zu produzieren«, erklärt Paul Nicholson, Mitglied der internationalen Bauernorganisation *La Via Campesina.* Es geht dabei nicht nur darum, daß ausreichend Nahrungsmittel – wie auch immer – zur Verfügung stehen, sondern um das Recht eines Landes, selbst darüber zu entscheiden, wie sie produziert werden sollen. Dazu gehören politische und wirtschaftliche Entscheidungen, etwa über Landreform oder umweltschonende Anbaumethoden, ebenso wie die Kontrolle über wichtige Produktionsmittel wie Saatgut und genetische Ressourcen. Einzelne Länder und Regierungen, so die Überzeugung, dürfen ihre Verantwortung für die Ernährungssicherheit nicht völlig an nationale oder internationale Marktkräfte abtreten.

Literaturauswahl

Bayley, B., 1999: The Reform of South Africa's Agricultural Markets: Some Lessons, and Objectives for Forthcoming Trade Negotiations, Geneva

Konandreas, P./Sharma R./Greenfield, J., 1997: An Overview of the Impact of the Uruguay Round on Agriculture: The Implications for Developing Countries with Emphasis on the SADC Region, Harare

UNCTAD, 1999: Examining Trade in the Agricultural Sector, Geneva

Getreideberge und »Höfesterben«: Agrarpolitik in Europa

Wilfried Bommert

Eine hochmoderne und effiziente Landwirtschaft und eine Agrarpolitik, die Berge an Butter, Getreide, Zucker und Rindfleisch aufhäuft, Seen von Wein und Milch hervorbringt und Halden von Obst und Gemüse auftürmt: Für die Länder des Südens muß Europa wie ein Schlaraffenland wirken, in dem ein historisch einmaliger Überfluß an Lebensmitteln herrscht. Ein Vorbild, dem es nachzueifern gilt?

Wirtschaftswunder – Mercedes gegen Mirabellen

Am Ende des Zweiten Weltkriegs regierte Hunger in Deutschland. Die heimische Landwirtschaft und die Lebensmittelindustrie konnten die Bevölkerung nicht ernähren. Lebensmittelimporte vor allem aus den USA verhinderten das Schlimmste. Die deutsche Nachkriegspolitik war daher vor allem vom Wunsch nach einer sicheren Lebensmittelversorgung geprägt. Die Agrarpolitik mußte hierfür auf dem Land die Voraussetzungen schaffen. Und die lagen in einer schnellen Modernisierung der veralteten und teils zerstörten Bauernhöfe.

Pferde und Sense wurden durch Ackerschlepper und Mähdrescher ersetzt. Der Stallmist wurde durch künstlichen Dünger ergänzt. Gegen Unkräuter, Insekten und Pflanzenkrankheiten zog man mit den Mitteln der Agrarchemie zu Felde. Die Ernten wurden sicher und die Preise für Milch, Fleisch und Getreide von der allgemeinen Einkommensentwicklung überholt. Die Brotkörbe und Fleischtöpfe waren reichlich gefüllt; mit einer »Freßwelle« feierte die deutsche Bevölkerung das Ende der Hungerzeit. Die Landwirtschaft wurde zum Billigmacher im Warenkorb der Industriegesellschaft. Der Anteil der Lebensmittelausgaben am Einkommen sank; es stand mehr Geld für Waschmaschinen, Kühlschränke, Automobile und Fernsehgeräte zur Verfügung.

Auf den Höfen wurden durch die neuen Maschinen viele Arbeitskräfte überflüssig. Zuerst gingen die Lohnarbeiter, später die Mitglieder der bäuerlichen Familien und schließlich die Bauern selbst. Sie fanden Arbeit in der expandierenden Industrie, am Fließband war mehr zu verdienen als auf den Bauernhöfen. Die Parole hieß: wachsen oder weichen. Auch wenn die Agrarpolitik immer als Politik für die bäuerlichen Familienbetriebe deklariert wurde, blieben immer mehr Familienbetriebe auf der Strecke: Von 1965 bis 1994 verringerte sich die Zahl der landwirtschaftlichen Betriebe von 1,4 Millionen auf rund 550 000.

Diese Entwicklung wurde mit der Gründung der Europäischen Gemeinschaft in den sechziger Jahren beschleunigt. Damals einigten sich die Staaten darauf, eine gemeinsame Agrarpolitik zu entwickeln. Der

Eindruck, daß sich im neuen Europa alles um die Landwirtschaft drehen sollte, war allerdings falsch. Auch hier stand der Markt der Industriegüter an oberster Stelle. Die Landwirtschaftspolitik sollte hierfür nur den Weg ebnen und einen finanziellen Interessenausgleich schaffen zwischen den Hauptakteuren der Gemeinschaft, dem industriell geprägten Deutschland und dem mehr agrarisch orientierten Frankreich. Die Geschäftsidee des gemeinsamen europäischen Marktes läßt sich auf die Formel »Mercedes gegen Mirabellen und Pasteten« zuspitzen. Industrieexporte sollten über den gemeinschaftlichen Agrarhaushalt und hohe Preisgarantien gegenfinanziert werden.

Die Folge der Hochpreispolitik war eine stetig wachsende Produktion. Was an Butter, Milchpulver, Rindfleisch, Getreide und Zucker über den Bedarf hinaus produziert wurde, wanderte ins Lager. Die Kosten dafür trug die Gemeinschaft. Zunächst mit dem Argument, diese Überschüsse könnten bei geringerer Produktion wieder verkauft werden. Doch diese Rechnung ging nicht auf. Es gab keine Produktionsrückschläge – im Gegenteil. Um den Druck auf die Lager zu verringern, wurde der Weg auf den Weltmarkt eingeschlagen. Da das Preisniveau in Europa aber erheblich über den Weltmarktpreisen lag, mußten die Exporte subventioniert werden. Dies wiederum zog den gesamten Weltmarkt in Mitleidenschaft. Die »Dumpingexporte« Europas wurden zum handelspolitischen Zündstoff.

Ein Vorbild mit Schlagschatten

Gegner dieses Exportdumpings der Europäischen Gemeinschaft waren vor allem die USA, die selbst ihre Überschüsse absetzen wollten. Aber auch viele Länder des Südens hatten keinen Grund zur Freude. Schließlich sorgten die Billigangebote aus Europa dafür, daß in den Hafenstädten eine direkte Konkurrenz zwischen den Produkten aus Europa und der heimischen Landwirtschaft entstand. Die Importe hatten in den Supermärkten und der europäisch orientierten Oberschicht den leichteren Stand. Den kürzeren zogen in der Regel die Kleinbauern des Südens, deren Produkte nicht konkurrenzfähig waren – weder was den Preis noch was die Qualität anging. Das billige Exportgetreide aus den Industriestaaten verdrängte die heimischen Getreide wie Hirse, Sorghum und Mais auf den Märkten des Südens; die Rindfleischexporte nach Westafrika bedrohten die Existenz der Viehzüchter des Sahel.

Beschäftigung, Arbeitsplätze, Infrastruktur, soziale Gemeinschaft, soziale Sicherheit und Verantwortung, der Fortbestand der »rural community« sind durch eine solche Politik nicht mehr gewährleistet. Im Gegenteil: Die Abwanderung aus der Landwirtschaft wird forciert, an der mittelfristigen Erosion der ländlichen Bevölkerung geht kein Weg vorbei.

Das aber kann für die Länder des Südens kein Vorbild sein. Denn die Flucht vom Land führt zwangsläufig zu wachsendem Elend in den Megastädten. Arbeitsplätze in der Industrie, die wie in Europa die Zuwanderer aufnehmen, gibt es kaum. Die Erfahrungen zeigen, daß es meistens die Männer sind, die den Weg in die Städte zuerst antreten. Die Ernährungssicherung hängt dann als zusätzliche Last an den Frauen. Wenn sie den Männern folgen, bleiben die Äcker unbestellt, die heimische Produktion sinkt – das Land gerät in die

Tretmühle steigender Nahrungsmittelimporte, die auf Dauer nicht zu finanzieren ist. Und für eine Hochpreispolitik nach dem Vorbild der EU hat kaum eine Regierung im Süden das Geld.

Die Osterweiterung

Heute bestimmen zwei neue Entwicklungen die Richtung der EU-Agrarpolitik: Die Forderung nach einem freien Weltmarkt für Agrarprodukte und die politische Erweiterung der Europäischen Union nach Osten.

Von Estland im Norden bis Zypern im Süden zieht sich die Kette der beitrittswilligen Länder. 15 Staaten wollen Mitglied der Europäischen Union werden. In ihnen spielt die Landwirtschaft noch eine weit größere Rolle als in der Europäischen Union heute. Viel mehr Menschen leben auf dem Lande und arbeiten auf den Bauernhöfen: In Polen sind es 26 Prozent der Bevölkerung, in Ungarn noch zehn Prozent.

Das zwingt die EU zum Abschied vom System garantierter Preise und geregelter Märkte. Zum einen wäre es nicht mehr zu finanzieren. Zum anderen hätte es für die Volkswirtschaften der Mitgliedstaaten fatale Folgen. Lebensmittelpreise auf EU-Niveau würden entscheidende Teile der Massenkaufkraft absorbieren und damit den dringend notwendigen wirtschaftlichen Aufschwung hemmen. Höhere Preise würden die Beschäftigten in der Landwirtschaft auf den Höfen halten, die Rationalisierung der Produktion nach westlichem Vorbild würde verhindert.

Der zweite Faktor, der einen Rückbau des europäischen Agrarsystems erzwingt, sind die Verhandlungen über den Weltagrarhandel bei der WTO. Hier versuchen Amerika und andere Agrarexportstaaten, ihre Chancen auf Zugang zum europäischen Markt zu verbessern. Ihre wichtigste Forderung ist der Abbau der Subventionen und damit der Eingangshürden in den Markt der EU. Dabei geht es nicht nur um den Agrarhandel. Im Hintergrund steht das Ziel, den gesamten Welthandel von Barrieren zu befreien. Die Landwirtschaftspolitik steht unter dem Druck der allgemeinen Wirtschaftspolitik und wird dem Ziel der Liberalisierung der Weltmärkte folgen müssen.

Das politische Konzept hierfür ist in der Agenda 2000 festgelegt. Mit ihr werden die Weichen der EU-Agrarpolitik für das erste Jahrzehnt im neuen Jahrtausend gestellt. Die bisherigen Marktordnungen der Gemeinschaft werden zurückgenommen. Das bisher garantierte Preisniveau verringert sich drastisch. Was bleibt, ist nur noch eine Sicherung gegen ruinöse Schwankungen der Weltmarktpreise.

Die neue, weltweite Konkurrenz für die Kleinbauern in Europa bewirtschaftet Betriebe, die zehn- bis 100mal größer sind. Sie arbeitet unter günstigen natürlichen Verhältnissen und betriebswirtschaftlich mit höchster Effizienz. Sie liefert standardisierte Qualitäten für die Massenmärkte der Nahrungsmittelkonzerne. Die Manager der Lebensmittelindustrie bestimmen Qualität, Menge und Preisniveau der Produkte. Und die Meßlatte wird dort liegen, wo die Farmen des Mittleren Westens in den USA, im australischen Getreidegürtel oder in den Bördengebieten der östlichen Bundesländer Deutschlands heute schon arbeiten. Für Kleinbauern bleibt bei dieser Entwicklung nur noch ein Platz übrig: auf der Zuschauerbank.

Als Vorbild taugt die europäische Landwirtschaftspolitik für die Länder des Südens also keineswegs. Sie kann höchstens als Exempel dafür dienen, daß eine kleinbäuerliche Landwirtschaft im derzeitigen Konzept der Weltwirtschaftspolitik keinen Platz hat.

Wenn es das Ziel ist, Arbeit auf dem Lande und ländliche Gemeinschaften zu erhalten, dann muß der Süden einen anderen Weg in seiner Agrarpolitik einschlagen. Die Marksteine heißen: regionale Landwirtschaft stärken, Agrarpreise und Einkommen der bäuerlichen Familien stabilisieren und nationale Ernährungsautonomie sichern.

Es gibt Bemühungen, solche Konzepte für die Landwirtschaft des Südens zu entwickeln. Doch ob sie sich gegen die Weltmarktkonzepte der Industrieländer durchsetzen können, scheint derzeit eher unwahrscheinlich.

Dr. Wilfried Bommert ist Leiter der Redaktion Umwelt und Landwirtschaft beim WDR, Köln.

Das Recht auf Nahrung – gültig nur auf dem Papier?

Das Recht auf ausreichende und angemessene Nahrung ist ein grundlegendes Menschenrecht. Es ist in der Charta der Vereinten Nationen, in der Allgemeinen Erklärung der Menschenrechte und insbesondere in Artikel 11 des Internationalen Paktes über wirtschaftliche, soziale und kulturelle Rechte (Sozialpakt), der 1976 in Kraft trat, verankert. Außerdem ist es zuletzt auf dem Welternährungsgipfel in Rom 1996 bestätigt worden. Aus menschenrechtlicher Perspektive versteht man unter der Erfüllung dieses Rechts, »*daß jedes Kind, jede Frau und jeder Mann, allein oder in Gemeinschaft mit anderen jederzeit und aus eigener Kraft Zugang in Würde haben zu quantitativ, qualitativ und kulturell angemessener Nahrung, die frei ist von schädlichen Substanzen, und über die entsprechende Kaufkraft verfügen, damit sie sich für ein aktives Leben versorgen können*«.

Nach Auffassung der NGOs, die sich mit dem Recht auf Nahrung befassen, ist es ein erheblicher Unterschied, ob man von einem »Menschenrecht auf Nahrung« oder von der »Deckung der Grundbedürfnisse« spricht. Ein Rechtsansatz setzt Normen, aus denen sich Ansprüche und Verpflichtungen ableiten lassen, über die die Staatsvertreter Rechenschaft ablegen müssen. Um soziale Rechte wie das Recht auf Nahrung umzusetzen, muß ein Staat nicht reich sein. Er muß die Rahmenbedingungen setzen, die es dem einzelnen ermöglichen sollen, Zugang zu Nahrungsmitteln zu erhalten.

Enttäuscht von den offiziellen Ergebnissen des Welternährungsgipfels 1996 entwarfen die NGO-VertreterInnen einen Verhaltenskodex zum Recht auf angemessene Nahrung. Der Kodex

- beschreibt den Inhalt des Rechts auf Nahrung;
- legt die Pflichten der Staaten und der internationalen Gemeinschaft fest;
- empfiehlt Richtlinien für die nationale Gesetzgebung;
- formuliert die Verantwortlichkeiten von Akteuren, die dem Recht auf Nahrung bislang nicht rechenschaftspflichtig sind: die Weltbank, der Internationale Währungsfonds (IWF) und multinationale Konzerne;
- enthält Kontrollmechanismen, die über die Pro-Kopf-Verfügbarkeit von Kalorien als Maßstab hinausgehen;
- ist ein wichtiges Lobbyinstrument zur Umsetzung des Rechts auf Nahrung.

Trotz der dürftigen Ergebnisse gibt es auch positive Ansätze im Aktionsplan des Welternährungsgipfels. Das Menschenrecht auf Nahrung wurde hier zum ersten Mal in der Geschichte der FAO verbindlich als Zielsetzung formuliert. Die Hochkommissarin für Menschenrechte der Vereinten Nationen, Mary Robinson, soll in Zusammenarbeit mit der FAO und dem UN-Ausschuß über wirtschaftliche, soziale und kulturelle Rechte

- eine genaue rechtliche Klärung des Inhalts des Rechts auf Nahrung vornehmen,
- neue Instrumente zu einer verbesserten Durchsetzung des Rechts entwickeln und
- freiwillige Richtlinien für eine bessere Umsetzung, wie zum Beispiel einen Verhaltenskodex, formulieren.

Zu den Schwächen der bisherigen Menschenrechtsinstrumente gehört, daß weder die rechtliche Norm des Rechts auf Nahrung noch die damit einhergehenden Verpflichtungen für staatliches Handeln im Sozialpakt präzise beschrieben werden. Auch sind bisher mögliche Auswirkungen der Politik internationaler Organisationen, etwa Strukturanpassungsmaßnahmen durch Weltbank und IWF, und privater Akteure wie multinationale Konzerne nicht erfaßt. Bislang fehlt ein Beschwerdeverfahren zum Sozialpakt, das die Behandlung individueller Fälle und Gruppenanliegen erlauben würde, wie dies bei bürgerlichen und politischen Rechten der Fall ist. Ein solches Beschwerdeverfahren, von NGOs seit geraumer Zeit gefordert, würde Opfern von Menschenrechtsverletzungen im Bereich wirtschaftlicher, sozialer und kultureller Rechte ein Klagerecht vor dem zuständigen UN-Ausschuß einräumen und die Rechtsprechung für wirtschaftliche und soziale Rechte präzisieren. Das wäre auch ein wichtiger Schritt hin zu einer gleichen Rechtswirksamkeit aller Menschenrechte.

Sieglinde Weinbrenner

Organisationen, Kontakte, Informationen

Arbeitsgemeinschaft bäuerliche Landwirtschaft (AbL)

Publikation: *Bauernstimme*
Anschrift: Marienfelder Straße 14, 33378 Rheda-Wiedenbrück
Tel. (0 52 42) 4 81 85, Fax (0 52 42) 4 78 38
eMail: Bauernstim@aol.com

BUKO Agrar-Koordination

Die BUKO Agrar-Koordination ist ein Kampagnenbündnis des Bundeskongresses entwicklungspolitischer Aktionsgruppen, um Bildungs- und Öffentlichkeitsarbeit zu den Themenkomplexen Landwirtschaft, Ernährung, Agrarhandel und Dritte Welt durchzuführen. Zahlreiche Publikationen zu Saatgut, Bio- und Gentechnologie, Frauen in der Landwirtschaft, Agrarhandel u. a. m.
Anschrift: Nernstweg 32–34, 22765 Hamburg
Tel. (0 40) 39 25 26, Fax (0 40) 39 90 06 29
eMail: bukoagrar@aol.com
Internet: www.bukoagrar.de

FIAN-FoodFirst Informations- & Aktions-Netzwerk

FIAN ist eine internationale Menschenrechtsorganisation, die sich u. a. für das Recht, sich zu ernähren, einsetzt.
Anschrift: Overwegstraße 31, 44625 Herne
Tel. (0 23 23) 49 00 99, Fax (0 23 23) 49 00 18
eMail: fian@home.ins.de

Forum Umwelt & Entwicklung

In der AG Landwirtschaft haben sich die NGOs des Forums regierungsunabhängiger Organisationen, die sich mit Landwirtschaft und Ernährung beschäftigen, zusammengeschlossen.
Anschrift: Am Michaelshof 8–10, 53177 Bonn
Tel. (02 28) 35 97 04, Fax (02 28) 35 90 96
eMail: forumue@compuserve.com

GATE – Deutsches Zentrum für Entwicklungstechnologien

Die Zeitschrift *gate – technology and development* berichtet über angepaßte Technologien für kleinbäuerliche Landwirtschaft.
Anschrift: Dag-Hammarskjöld-Weg 1–5, 65760 Eschborn
Tel. (0 61 96) 79 30 93, Fax (0 61 96) 79 73 52

Intermediate Technology Development Group (Itdg)

Eine internationale Entwicklungsorganisation, die mit ländlichen Gemeinschaften zusammenarbeitet, um nachhaltige Entwicklung zu fördern.
Anschrift: Bourton Hall, Burton on Dunsmore, Rugby,
Warwickshire CV23 9QZ, U. K.
Tel. (+44 17 88) 66 11 00, Fax (+44 17 88) 66 11 01
eMail: itdg@itdg.org.uk

Intermediate Technology Publications publiziert Bücher zu nachhaltiger Landwirtschaft und angepaßter Technologie.
Anschrift: 103/105 Southampton Row, London WC1B 4HH, UK
Tel. (+44 20) 74 36 97 61, Fax (+44 20) 74 36 20 13
eMail: itpubs@itpubs.org.uk

Internationale Vereinigung biologischer Landbaubewegungen (IFOAM)

Anschrift: Ökozentrum Imsbach, 66636 Tholey-Theley
Tel. (0 68 53) 51 90, Fax (0 68 53) 3 01 10

La Via Campesina

Internationale Bauernbewegung
Anschrift: Apartado Postal 3628, Tegucigalpa, MDC Honduras, C. A.
Tel. & Fax: (+5 04) 20 12 18
eMail: viacam@gbm.hn

Rural Advancement Foundation International (RAFI)

Eine kanadische Organisation, die die sozialen und wirtschaftlichen Auswirkungen neuer Technologien auf ländliche Gesellschaften untersucht.
Anschrift: 110, Osborne St., Suite 202, Winnipeg MB R3L 1Y5, Canada
Tel. (+12 04) 4 53 52 59, Fax (+12 04) 9 25 80 34
eMail: rafi@rafi.org

Die Lage der Welternährung: Daten, Fakten, Trends

Zur Lage der Ernährung: Der Ernährungsindex

Doris Wiesmann, Joachim von Braun, Torsten Feldbrügge

Die Tabellen und Analysen des dritten Teils bieten einen Überblick über Daten für die wichtigsten ernährungsbezogenen Indikatoren und für wesentliche Bestimmungsfaktoren der Ernährungssituation. Um die Ernährungslage eines Landes oder Landesteils mit Hilfe einer Kennzahl beschreiben und eine Rangfolge der Länder mit gravierenden Ernährungsproblemen erstellen zu können, wurde am Zentrum für Entwicklungsforschung (ZEF) der Ernährungsindex (EI) entwickelt.

Vorteile des neuen Ernährungsindex (EI)

Für die dauerhafte Beseitigung von Hunger und Unterernährung sind neben verstärkten Anstrengungen der internationalen Gemeinschaft eine verantwortliche Politik der nationalen Regierungen, die Einbeziehung von Organisationen der Zivilgesellschaft und des privaten Sektors erforderlich. Die Wirksamkeit von Maßnahmen dieser Akteure muß regelmäßig durch die Beobachtung von Ernährungsindikatoren überprüft werden, wie im Rahmen der Aktionspläne des Weltkindergipfels und des Welternährungsgipfels seit 1990 bzw. 1996 eingefordert wurde. Da der durchschnittliche Kalorienkonsum die Versorgungslage nicht ausreichend charakterisiert, weil er keine Aussage über Ungleichheiten in der Verteilung der verfügbaren Nahrung innerhalb der Bevölkerung trifft, schätzt die Ernährungs- und Landwirtschaftsorganisation der Vereinten Nationen (FAO) den Prozentsatz der Unterernährten und berücksichtigt hierbei Verteilungsaspekte. Dieser Indikator beschreibt jedoch in erster Linie das Nahrungsangebot und vernachlässigt, daß insbesondere bei Kindern für die Umsetzung der verfügbaren Nahrung in einen akzeptablen Ernährungszustand weitere Faktoren wie Investitionen in die Gesundheitsversorgung, Ernährungswissen und Bildung ausschlaggebend sind. Dies wird am Beispiel von Malaysia deutlich, wo es – gemessen am Anteil der Unterernährten, der bei zwei Prozent liegt – nur »sehr wenig Hungernde« gibt, während gleichzeitig etwa 20 Prozent der Kinder unter fünf Jahren einen unzureichenden Ernährungsstatus aufweisen. Andererseits bietet die alleinige Betrachtung der Kinder mit schlechtem Ernährungszustand ebenfalls kein vollständiges Bild, da sie die Versorgungslage der Gesamtbevölkerung nicht einbezieht. Zudem umfassen die Zahlen zum Ernährungsstatus, die die Weltgesundheitsorganisation WHO in einer umfangreichen Datenbank zusammengestellt hat, nicht diejenigen Kinder, bei denen akute oder chronische Mangelernährung bereits zum Tod geführt hat. Das Ausmaß dieser besonders tragischen

Folge von Unterernährung läßt sich jedoch näherungsweise an den Daten zur Kindersterblichkeit ablesen, die vom Kinderhilfswerk der Vereinten Nationen UNICEF neben Zahlen zur Häufigkeit der verbreitetsten Vitamin- und Mineralstoffmängel jährlich veröffentlicht werden.

Alle diese Indikatoren beschreiben wichtige Teilaspekte der Ernährungssituation. Sie erlauben jedoch nicht die Erfassung eines Gesamtbildes der nationalen Ernährungslage auf einen Blick. Erst die Zusammenfassung mehrerer Indikatoren in einer einzigen Kennzahl wie dem Ernährungsindex (EI) macht dies möglich.

Der EI erlaubt die Anordnung der Länder nach dem erreichten Stand der Ernährungslage ihrer Bevölkerung und eine rasche Übersicht über Verschlechterungen oder Verbesserungen im Zeitablauf. Er erlaubt außerdem Vergleiche mit grundlegenden Indikatoren wie dem Pro-Kopf-Einkommen, die Anhaltspunkte dafür geben, inwieweit das für eine Verbesserung der Ernährungslage vorhandene Potential tatsächlich ausgeschöpft wird.

Unterernährung: Definition und Indikatoren

Ein Mensch gilt als unterernährt, wenn seine Nahrungsenergieaufnahme über einen längeren Zeitraum nicht für die Erhaltung seines Körpergewichts und die Ausführung leichter körperlicher Tätigkeit ausreicht. Der Anteil der nicht ausreichend mit Nahrungsenergie versorgten Menschen in einer Bevölkerung kann anhand der durchschnittlichen Kalorienzufuhr pro Kopf, des durchschnittlichen Minimalbedarfs an Nahrungsenergie und der Verteilung der Nahrungsmittelausgaben in der Bevölkerung geschätzt werden.

Dauerhafte Unter- oder Mangelernährung, die neben einer zu geringen Nahrungsenergiezufuhr häufig eine unzureichende Versorgung mit spezifischen Nährstoffen beinhaltet, verursacht den Verlust von Körpermasse und eine Beeinträchtigung der körperlichen und geistigen Leistungsfähigkeit. Die damit einhergehende Verschlechterung des Ernährungszustandes wird mit Hilfe der »Anthropometrie« erfaßt, die Körpergröße und Körpergewicht zueinander in Beziehung setzt und bei Kindern außerdem mit der altersgemäßen Entwicklung bei ausreichender Ernährung vergleicht. Akuter Nahrungsmangel führt zu Auszehrung mit einem in bezug auf die Körpergröße zu geringen Gewicht. Chronische Unterernährung bei Kindern beeinträchtigt ihr Wachstum. Beide Auswirkungen finden in Untergewicht, d. h. in einem Körpergewicht, das in Relation zum Alter eines Kindes zu gering ist, ihren Niederschlag.

Unterernährung führt bei Kindern schneller als bei Erwachsenen zum Tod durch Mangelkrankheiten oder durch geschwächte Widerstandsfähigkeit gegen Infektionen. Zwischen Ernährung und Gesundheit besteht gerade bei ihnen eine vielfache Wechselwirkung, da z. B. die bei Kindern häufigen Durchfallerkrankungen und fiebrige Infektionen den Ernährungszustand als Folge von gestörter Nahrungsverwertung, Appetitlosigkeit und erhöhtem Energieverbrauch rapide verschlechtern können. Ein schlechter Ernährungszustand verringert wiederum die Heilungschancen. Der Beginn dieses Teufelskreises und die »eigentliche« Todesursache ist damit meist gar nicht genau auszumachen, u. a. weil neben Nahrungsenergiemangel noch andere ernährungsbedingte Faktoren wie Vitamin-A-Mangel die Abwehrkräfte schwächen. Schätzungen zufolge sind jedoch über 50 Prozent der Todesfälle bei Kindern unter fünf Jahren in Entwicklungsländern durch Mangelernährung bedingt[1], so daß die Aufnahme dieses Indikators in den EI gerechtfertigt erscheint.

Die Berechnung des Ernährungsindex (EI) Aus der Vielzahl der Indikatoren, die Auskunft über Aspekte der Nahrungsversorgung oder des Ernährungszustands geben, wurden drei für die Zusammenfassung im Ernährungsindex ausgewählt:

- der geschätzte Anteil der Unterernährten in der Bevölkerung,
- der Anteil der Kinder mit Untergewicht und
- die Sterblichkeitsrate von Kindern unter fünf Jahren.

Der Ernährungsindex[2] wurde so kalkuliert, daß sein rechnerischer Maximalwert bei 100 liegt. Dieser Wert ist der bestmögliche, der nur erreicht wird, wenn es in einem Land faktisch keine untergewichtigen Kinder oder unterernährten Teile der Bevölkerung gibt und wenn die Sterblichkeitsrate von Kindern unter fünf Jahren bei Null liegt (ein bislang nicht realisierter Wert). Der theoretische Minimalwert des Index von Null ergibt sich in der Praxis ebenfalls nicht. Die Gewichtung für die drei im EI verwendeten Indikatoren wurde in einer Faktorenanalyse ermittelt. Neben dem EI für 1997 wurden rückwirkend Ernährungsindices für 1992 und 1981 berechnet. Wegen fehlender Daten kann der EI nicht für alle Länder mit vermuteten Ernährungsproblemen berechnet werden.

Anhand ihrer EI-Werte für 1997 (bzw. für 1992) wurden alle Länder mit Ernährungsproblemen in absteigender Reihenfolge aufgeführt. Dabei erhielt das Land mit dem höchsten – und damit besten – Wert des Ernährungsindex den Rang 1.

Interpretation der Ernährungsindex-Werte

Die Entwicklung der Ernährungslage in den Ländern, für die der Ernährungsindex ermittelt werden konnte, wird in den Abbildungen auf den folgenden Seiten dargestellt. Die Aufteilung nach Regionen zeigt, daß beispielsweise in Nordafrika und dem Nahen Osten seit Anfang der achtziger Jahre fast durchgehend Verbesserungen erreicht werden konnten. Hier sind die meisten Länder durch hohe Ernährungsindex-Werte gekennzeichnet.

In West- und Zentralafrika dagegen überwiegen niedrige EI-Werte, doch die Mehrheit der Staaten verzeichnet eine positive Entwicklung der Ernährungslage seit Anfang der achtziger Jahre, mit Ausnahme von leichten Abwärtstrends in Sierra Leone, Niger, Kamerun und der Elfenbeinküste und einer deutlichen Verschlechterung in Liberia zwischen 1981 und 1992. Besonders große Fortschritte wurden seit den achtziger Jahren in Ghana – mit fast 20 Punkten Zugewinn beim Ernährungsindex –, in Mali, Burkina Faso und Mauretanien erzielt.

Die Tendenzen in Ost- und im Südlichen Afrika stimmen demgegenüber wenig optimistisch. Deutliche Trends in Richtung auf eine Verbesserung der Ernährungslage sind nur für Botsuana, für Mosambik und Mauritius erkennbar. Eine große Zahl ost- und südafrikanischer Länder hat mit einer stetigen Verschlechterung der Ernährungssituation zu kämpfen, darunter vor allem das

Die Veränderung der Ernährungslage 1981 – 1997

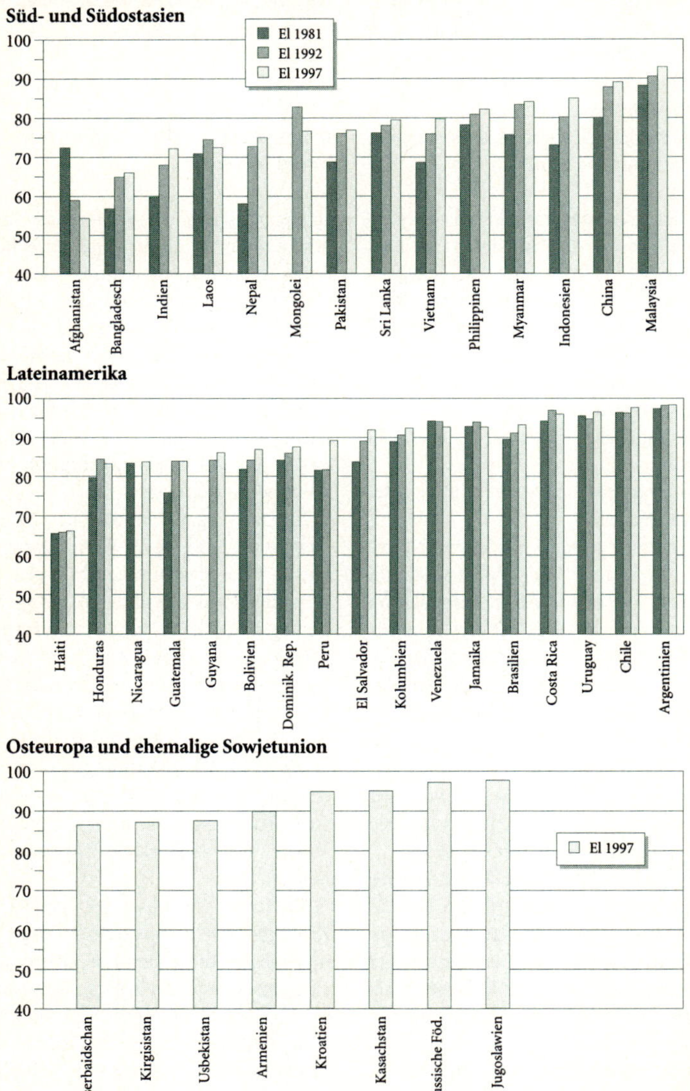

Abbildung 14–16

Die Veränderung der Ernährungslage 1981 – 1997

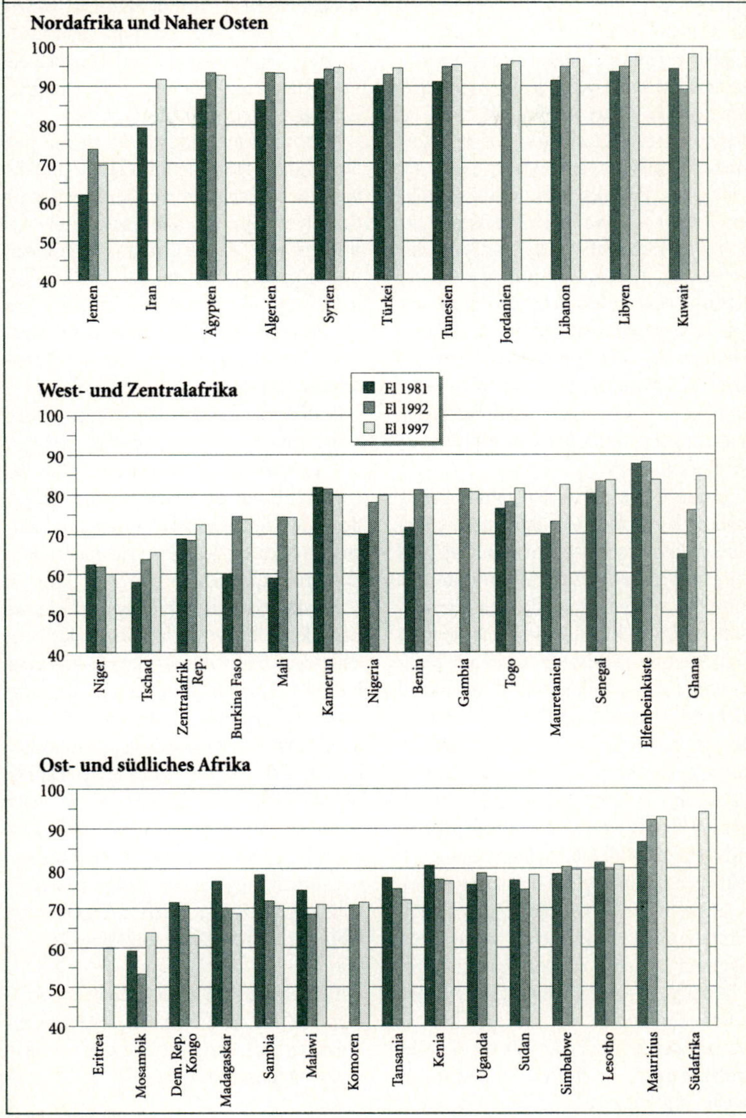

Abbildung 17–19

von kriegerischen Auseinandersetzungen gezeichnete frühere Zaire (heute Demokratische Republik Kongo), der Inselstaat Madagaskar, Sambia, Tansania und in geringerem Maß Kenia. Wird die Entwicklung in den Ländern dieser Region betrachtet, für die nur Ernährungsindices für 1981 und 1992 berechnet werden konnten (siehe Tabelle 4.1), ergibt sich kein positiveres Bild: In allen vier ost- und südafrikanischen Ländern, die 1981 bereits einen niedrigen EI von weniger als 73 aufwiesen, war ein weiteres Absinken der Indexwerte zu verzeichnen. Am ausgeprägtesten war dieser negative Trend in den von Bürgerkriegen zerrissenen Staaten Angola und Äthiopien. Aber auch für Burundi und den Konfliktherd Somalia zeigte sich eine ähnliche Abwärtsentwicklung.

In der Übersicht für Süd- und Südostasien fällt vor allem der dramatische Verfall der Ernährungslage im von Krieg und Bürgerkrieg zerstörten Afghanistan ins Auge. Ansonsten ergibt sich ein überwiegend positives Bild mit fast durchgängigen Verbesserungstrends, die sich am deutlichsten für Nepal, Indonesien, Indien und Vietnam zeigten, auch wenn die Ernährungssituation in diesen Ländern weiterhin unbefriedigend ist. Auch für Kambodscha, für das kein EI für 1997 ermittelt werden konnte, stieg der Ernährungsindex um mehr als zehn Punkte (von Anfang der achtziger bis Anfang der neunziger Jahre).

In vielen lateinamerikanischen Ländern kann die Ernährungslage als befriedigend eingestuft werden, eine dramatische Verschärfung von Ernährungsproblemen konnte dort anhand der vorliegenden Daten seit den achtziger Jahren nicht beobachtet werden. In einigen Staaten dieser Region mit hohen EI-Werten ergaben sich nur geringe Veränderungen im betrachteten Zeitraum, ein bemerkenswerter Aufwärtstrend zeigte sich in Peru und El Salvador. In Haiti, dem Land mit dem niedrigsten EI in der Region, konnte jedoch die Ernährungslage seit 1981 nicht entscheidend verbessert werden.

Nur für wenige Länder der ehemaligen Sowjetunion und Osteuropa lassen die vorhandenen Daten bisher die Berechnung des EI zu. Für die Kaukasusstaaten Armenien und Aserbaidschan, Usbekistan und Kirgisistan liegen die Ernährungsindexwerte vergleichsweise niedriger als für die beiden erfaßten Nachfolgestaaten des früheren Jugoslawien, für die Russische Föderation und Kasachstan[3].

Auffallend ist, daß die Länder, deren Infrastruktur und Produktionsgrundlagen am stärksten durch langwierige, teilweise noch andauernde oder wieder aufgeflammte kriegerische Auseinandersetzungen zerstört worden sind[4], die niedrigsten EI-Werte aufweisen.

Ein Blick auf die Rangfolge der Länder nach der Höhe des Ernährungsindex zeigt außerdem, daß in den ärmsten Ländern der Welt die schwerwiegendsten Ernährungsprobleme bestehen. Steigendes Einkommen durch Wirtschaftswachstum hilft also. Es zeigt sich aber auch, daß einige Länder die verfügbaren Ressourcen durch angemessene Politikmaßnahmen und Programme wesentlich besser in eine verbesserte Ernährungslage umgesetzt haben als andere Staaten. Bei gleichem Einkommen gibt es erhebliche Unterschiede im EI.

Zusammenfassend kann festgehalten werden, daß der EI die Ernährungslage umfassender beschreibt als einzelne, bisher verwendete Indikatoren.

Daten und Karten zur Ernährungslage

In den folgenden Tabellen werden alle Länder mit voller staatlicher Souveränität aufgeführt, deren Einwohnerzahl 1998 mindestens 500 000 betrug. Für kleinere Staaten sind ernährungsrelevante Daten nur in sehr spärlichem Maß verfügbar.

Die Länder sind in drei Gruppen eingeteilt: Länder mit Ernährungsproblemen sind in der Rangfolge des Wertes ihres Ernährungsindex für 1997 bzw. 1992 geordnet (siehe Tabelle 4). Staaten, für die mangelnde Datenverfügbarkeit eine Berechnung des Ernährungsindex nicht erlaubt, während vorhandene Daten gleichzeitig Ernährungsprobleme erkennen oder vermuten lassen, sind im Anschluß aufgeführt. Länder ohne gravierende Probleme der Mangel- und Unterernährung sind in einer zweiten Liste aufgeführt (geordnet nach Sterblichkeitsraten von Kindern unter fünf Jahren, siehe Tabelle 5).

In den Tabellen 6–9 sind die Länder nach ihrer Zugehörigkeit zu den Regionen Afrika, Asien und Pazifik, Europa sowie Nord- und Südamerika eingeteilt und alphabetisch sortiert. Jede Tabelle enthält zwei Spalten, in denen der Ernährungsindex für 1997 und der sich daraus ergebende Rang der Länder den anderen Daten vorangestellt sind.

Die Auswahl der in die Tabellen aufgenommenen Indikatoren erfolgte nach dem Kriterium ihres Bezugs zur Ernährungslage. So sind außer Indikatoren für die Nahrungsversorgung und den Ernährungszustand selbst auch einige ihrer Bestimmungsfaktoren, wie z. B. die Wirtschaftsleistung (gemessen als Bruttosozialprodukt pro Kopf) oder der Zugang zu sauberem Trinkwasser und zu Gesundheitseinrichtungen enthalten. Da sich eine quantitativ und qualitativ ausreichende Nahrungsversorgung zudem positiv in Indikatoren wie der Lebenserwartung und der Kindersterblichkeit niederschlägt, sind auch diese wichtigen Gesundheitsindikatoren in den Tabellen aufgeführt.

Die Daten wurden aus einer Vielzahl von Quellen bezogen, in denen wiederum Zahlenangaben von unterschiedlicher Herkunft und Qualität zusammengefaßt sind. Unterschiede in der Verläßlichkeit der Daten sind deshalb unvermeidbar. Soweit keine offiziellen Statistiken der einzelnen Länder vorhanden waren, wurden die in den betreffenden Quellen von Organisationen der Vereinten Nationen veröffentlichten Schätzungen oder aus anderen Quellen stammenden Zahlen übernommen. Für Länder, in denen aufgrund von kriegerischen Auseinandersetzungen oder Naturkatastrophen ein Großteil der Infrastruktur zerstört wurde und/oder in denen größere Flüchtlingsbewegungen stattgefunden haben, ist die Zuverlässigkeit der Daten in Frage gestellt. Ferner ist zu beachten, daß aktuelle Krisen, die sich nach dem für die Indikatoren angegebenen Jahr oder Zeitraum ereignet haben, keinen Niederschlag in den Daten finden konnten. Dies gilt selbstverständlich auch für den Ernährungsindex und die Rangfolge der Länder, die teilweise auf den letzten verfügbaren Informationen aus einem längeren Zeitraum basieren. In den Ranglisten sind jedoch alle Nationen, die in jüngster Vergangenheit von Kriegen oder Naturkatastrophen mit unmittelbarer Wirkung auf die Ernährungssituation betroffen waren, durch einen Stern gekennzeichnet.

Anmerkungen auf S. 153

Tabelle 4: Länder mit Ernährungsproblemen

geordnet nach dem Ernährungsindex (EI) 1997

Rang nach EI 1997	Land	Ernährungsindex EI 1981	1992	1997	Rang nach EI 1997	Land
1	Argentinien	97,1	98,0	98,22	38	Guatemala*
2	Kuwait	94,2	89,0	98,01	39	Ghana
3	Jugoslawien[1]*	..	..	97,74	40	Nicaragua*
4	Chile	96,1	96,1	97,64	41	Myanmar[2]
5	Libyen	93,4	94,9	97,29	42	Honduras*
6	Libanon	91,5	95,1	97,09	43	Elfenbeinküste
7	Jordanien	..	95,7	96,54	44	Senegal
8	Uruguay	95,5	94,6	96,54	45	Mauretanien
9	Russische Föderation	..	..	96,45	46	Philippinen
10	Costa Rica	94,4	96,7	95,88	47	Togo
11	Tunesien	91,0	95,1	95,64	48	Lesotho
12	Kasachstan	..	..	94,88	49	Gambia
13	Fidschi	..	..	94,62	50	Benin
14	Türkei	90,2	93,0	94,44	51	Nigeria
15	Syrien	91,3	94,0	94,39	52	Vietnam
16	Kroatien	..	..	94,01	53	Kamerun
17	Südafrika	..	..	93,74	54	Simbabwe
18	Brasilien	89,6	91,3	93,34	55	Sri Lanka*
19	Algerien*	86,2	93,0	92,89	56	Sudan*
20	Jamaika	93,0	94,1	92,72	57	Uganda*
21	Venezuela	93,9	93,9	92,54	58	Kenia
22	Malaysia	87,7	90,2	92,52	59	Pakistan
23	Mauritius	86,3	91,8	92,45	60	Mongolei
24	Ägypten	86,3	93,3	92,38	61	Nepal
25	Kolumbien*	88,6	90,5	92,30	62	Mali
26	El Salvador*	83,5	89,1	91,86	63	Burkina Faso
27	Iran	78,8	..	91,77	64	Zentralafrikan. Rep
28	Armenien*	..	..	89,70	65	Laos
29	Peru	80,9	81,2	89,27	66	Tansania
30	VR China*	80,2	87,3	89,01	67	Indien
31	Dominikanische Rep.*	84,0	85,8	87,68	68	Komoren
32	Usbekistan	..	..	87,10	69	Malawi
33	Kirgisistan	..	..	87,08	70	Sambia
34	Bolivien	81,3	83,9	86,62	71	Jemen
35	Aserbaidschan*	..	..	86,35	72	Madagaskar
36	Guyana*	..	84,1	85,99	73	Haiti*
37	Indonesien*	72,3	80,0	84,76	74	Bangladesch*

[1] Serbien und Montenegro [2] frühere Bezeichnung: Burma [3] frühere Bezeichnung: Zaire

Ernährungsindex EI 1981	Ernährungsindex EI 1992	Ernährungsindex EI 1997
75,7	83,7	83,95
64,5	75,8	83,89
83,2	..	83,87
75,2	82,8	83,72
79,5	84,7	83,37
86,9	87,2	83,00
79,8	82,6	82,91
69,8	72,7	81,95
78,0	80,3	81,83
76,2	77,8	80,94
81,1	79,3	80,85
..	81,4	80,32
71,3	80,5	79,86
70,2	77,7	79,62
68,4	75,7	79,49
81,8	81,3	79,40
78,2	80,1	79,37
75,7	77,8	79,02
76,6	74,5	78,53
75,5	78,6	77,81
80,8	77,1	76,76
68,4	75,7	76,75
..	82,1	76,16
57,4	72,4	74,42
58,7	74,5	74,31
60,0	74,6	73,72
68,8	68,7	72,66
70,8	74,0	72,04
77,7	75,0	72,00
59,5	67,6	71,94
..	70,7	71,38
74,5	68,5	70,70
78,3	72,0	70,56
61,6	73,4	69,54
76,9	70,0	68,80
65,7	66,1	66,45
56,3	64,7	65,96

Rang nach EI 1997	Land	Ernährungsindex EI 1981	Ernährungsindex EI 1992	Ernährungsindex EI 1997
75	Tschad*	58,1	63,9	65,47
76	Demokr. Rep. Kongo[3]*	71,7	71,0	63,60
77	Mosambik	58,7	53,4	63,58
78	Niger	62,6	61,6	60,06
79	Eritrea*	..	..	59,85
80	Afghanistan*	72,6	59,3	54,77

Kein EI für 1997 berechenbar:

Land	EI 1981	EI 1992
Rumänien	..	96,1
Kuba	95,4	96,0
Saudi-Arabien	91,1	93,6
Marokko	86,3	93,2
Trinidad und Tobago	93,8	93,2
Mexiko*	90,2	92,7
Paraguay	91,3	91,7
Panama	86,6	91,4
Irak*	91,1	90,7
Swasiland	..	90,5
Ecuador	..	90,1
Gabun	83,8	86,1
Botsuana	76,5	83,2
Thailand	77,1	82,8
Namibia	..	80,3
Kongo*	73,5	78,0
Ruanda*	..	72,5
Guinea	73,0	72,2
Liberia*	77,9	69,8
Burundi*	72,4	69,3
Dschibuti	..	68,2
Kambodscha*	53,8	68,1
Sierra Leone*	68,8	66,4
Angola*	72,9	62,0
Somalia*	59,8	57,1
Äthiopien*	61,0	56,5

* Länder, die nach 1997 von gravierenden bewaffneten Konflikten oder größeren Naturkatastrophen mit vermutetem Einfluß auf die Ernährungslage betroffen waren

Tabelle 4: Länder mit Ernährungsproblemen (Fortsetzung)
keine Daten für Ernährungsindex-Berechnung vorhanden

bisher kein EI berechenbar für:

Albanien	Guinea-Bissau*	Oman
Bahrain	Katar	Slowakei
Bhutan	Korea, Volksrep. (Nordkorea)*	Tadschikistan*
Bosnien-Herzegowina	Lettland	Turkmenistan
Bulgarien	Litauen	Ukraine
Estland	Mazedonien	Weißrußland
Georgien*	Moldawien	

* Länder, die nach 1997 von gravierenden bewaffneten Konflikten oder größeren Naturkatastrophen mit vermutetem Einfluß auf die Ernährungslage betroffen waren

Tabelle 5: Länder ohne gravierende Ernährungsprobleme
geordnet nach der Sterblichkeitsrate von Kindern unter 5 Jahren (1997)

Rang	Land	Sterblichkeitsrate	Rang	Land	Sterblichkeitsrate
1	Finnland	4	3	Niederlande	6
1	Norwegen	4	3	Slowenien	6
1	Schweden	4	4	Belgien	7
1	Singapur	4	4	Großbritannien	7
2	Deutschland	5	4	Irland	7
2	Frankreich	5	4	Kanada	7
2	Österreich	5	4	Neuseeland	7
2	Schweiz	5	4	Tschechische Rep.	7
2	Spanien	5	5	Griechenland	8
3	Australien	6	5	Portugal	8
3	Dänemark	6	5	USA	8
3	Israel	6	6	Zypern	9
3	Italien	6	7	Vereinigte Arab. Emirate	10
3	Japan	6	8	Polen	11
3	Korea, Rep. (Südkorea)	6	8	Ungarn	11

Anmerkungen

1 Quelle: UNICEF 1998
2 Für eine detaillierte Beschreibung der Indexberechnung und den Umgang mit Problemen der Datenverfügbarkeit s. Wiesmann u. a., 2000.
3 Da diese Länder in ihren jetzigen Grenzen erst seit Anfang der neunziger Jahre existieren, war eine rückwirkende EI-Berechnung nicht möglich.
4 Eine Ausnahme könnte Nordkorea darstellen, das sich möglicherweise ganz am Ende der Liste wiederfinden würde, wenn die Datenverfügbarkeit eine Indexberechnung zuließe, und dessen katastrophale Ernährungslage nicht durch Kriege bedingt ist.

Doris Wiesmann, Ökotrophologin, ist wissenschaftliche Mitarbeiterin am Zentrum für Entwicklungsforschung der Universität Bonn.
Prof. Dr. Joachim von Braun ist Direktor des Zentrums für Entwicklungsforschung der Universität Bonn.
Torsten Feldbrügge, Ökotrophologe, ist wissenschaftlicher Mitarbeiter am Zentrum für Entwicklungsforschung der Universität Bonn.

Tabelle 6: Grundlegende Indikatoren

Land	Rang[1] 1997	Ernährungsindex 1997	Bruttosozialprodukt pro Kopf (in PPP-$[2]) 1997	Gesamtbevölkerung (in Mio.) 1998
Afrika				
Ägypten	24	92,38	3080	66,0
Algerien	19	92,89	4250	30,1
Angola	..	..	820	12,1
Äthiopien	..	..	500	59,6
Benin	50	79,86	1260	5,8
Botsuana	..	..	7430	1,6
Burkina Faso	63	73,72	1000	11,3
Burundi	..	..	620	6,5
Dem. Republik Kongo (Zaire)	76	63,60	760	49,1
Dschibuti	..	..	..	0,6
Elfenbeinküste	43	83,00	1690	14,3
Eritrea	79	59,85	1040	3,6
Gabun	..	..	6560	1,2
Gambia	49	80,32	1440	1,2
Ghana	39	83,89	1610	19,2
Guinea	..	..	1790	7,3
Guinea-Bissau	..	..	..	1,2
Kamerun	53	79,40	1770	14,3
Kenia	58	76,76	1160	29,0
Komoren	68	71,38	1530	0,7
Kongo	..	..	1290	2,8
Lesotho	48	80,85	2490	2,1
Liberia	..	..	..	2,7
Libyen	5	97,29	..	5,3
Madagaskar	72	68,80	900	15,1
Malawi	69	70,70	700	10,3
Mali	62	74,31	720	10,7
Marokko	..	..	3210	27,4
Mauretanien	45	81,95	1650	2,5
Mauritius	23	92,45	9230	1,1

[1] schlechtester Rangplatz 1997: 80 [2] Kaufkraftparitäten-Dollar
a: 1990

Quellen: Bruttosozialprodukt pro Kopf (in PPP-$); Alphabetisierungsrate: World Development Indicators 1999, Development Data Group, The World Bank. Washington, D. C. (CD-ROM) • Gesamtbevölkerung: UN Population Division http://www.undp.org/popin/ • Ackerland pro Kopf, berechnet aus: FAOSTAT Database Agriculture

Alphabetisierungsrate[3] (in %) 1997[4]	Ackerland pro Kopf (in qm) 1997	Getreideertrag (in dz/ha[5]) 1997	Selbstversorgungsgrad mit Getreide (in %) 1997	Land
				Afrika
53	440	69	66	Ägypten
60	2553	8	10	Algerien
42 a	2593	7	46	Angola
35	1638	11	106	Äthiopien
34	2526	11	98	Benin
74	2260	1	14	Botsuana
21	3058	7	79	Burkina Faso
45	1204	13	93	Burundi
67	1395	7	72	Dem. Republik Kongo (Zaire)
46	..	16	0	Dschibuti
43	2063	11	74	Elfenbeinküste
..	1147	5	20	Eritrea
63	2856	17	21	Gabun
33	1668	9	47	Gambia
66	1554	14	77	Ghana
36	1162	13	69	Guinea
34	2698	14	65	Guinea-Bissau
72	4276	12	78	Kamerun
79	1408	16	71	Kenia
55	1198	13	26	Komoren
77	510	7	2	Kongo
82	1525	9	43	Lesotho
48	515	13	41	Liberia
76	3138	8	8	Libyen
80 a	1619	19	94	Madagaskar
58	1571	13	67	Malawi
35	4012	11	94	Mali
46	3179	11	50	Marokko
38	2044	8	22	Mauretanien
83	876	60	0	Mauritius

[3] Anteil der Personen ab 15 Jahren, die lesen und schreiben können
[4] oder letzte verfügbare Information ab 1995 [5] Doppelzentner pro Hektar, 1 dz = 100 kg

http://apps.fao.org/(Ackerland); FAOSTAT All Databases http://apps.fao.org/(Gesamtbevölkerung) • Getreideertrag: FAOSTAT Database Agriculture http://apps.fao.org/ • Selbstversorgungsgrad mit Getreide berechnet aus inländischer Produktion und inländischem Verbrauch: FAOSTAT Database Agriculture http://apps.fao.org/

Tabelle 6: Grundlegende Indikatoren (Fortsetzung)

Land	Rang[1] 1997	Ernährungsindex 1997	Bruttosozialprodukt pro Kopf (in PPP-$[2]) 1997	Gesamtbevölkerung (in Mio.) 1998
Afrika (Fortsetzung)				
Mosambik	77	63,58	690	18,9
Namibia	..	..	5100	1,7
Niger	78	60,06	830	10,1
Nigeria	51	79,62	860	106,4
Ruanda	..	..	650	6,6
Sambia	70	70,56	910	8,8
Senegal	44	82,91	1690	9,0
Sierra Leone	..	..	410	4,6
Simbabwe	54	79,37	2240	11,4
Somalia	..	..	..	9,2
Südafrika	17	93,74	7190	39,4
Sudan	56	78,53	1370	28,3
Swasiland	..	..	3690	1,0
Tansania	66	72,00	620	32,1
Togo	47	80,94	1460	4,4
Tschad	75	65,47	950	7,3
Tunesien	11	95,64	5050	9,3
Uganda	57	77,81	1160	20,6
Zentralafr. Republik	64	72,66	1310	3,5
Asien und Pazifikregion				
Afghanistan	80	54,77	..	21,4
Armenien	28	89,70	2540	3,5
Aserbaidschan	35	86,35	1520	7,7
Australien	z	z	19510	18,5
Bahrain	..	..	..	0,6
Bangladesch	74	65,96	1090	124,8
Bhutan	..	..	..	2,0
China	30	89,01	3070	1255,7
Fidschi	13	94,62	3860	0,8

[1] schlechtester Rangplatz 1997: 80 [2] Kaufkraftparitäten-Dollar
a: 1990

Quellen: Bruttosozialprodukt pro Kopf (in PPP-$); Alphabetisierungsrate: World Development Indicators 1999, Development Data Group, The World Bank. Washington, D. C. (CD-ROM) • Gesamtbevölkerung: UN Population Division http://www.undp.org/popin/ • Ackerland pro Kopf, berechnet aus: FAOSTAT Database Agriculture

Alphabetisierungsrate[3] (in %) 1997[4]	Ackerland pro Kopf (in qm) 1997	Getreideertrag (in dz/ha[5]) 1997	Selbstversorgungsgrad mit Getreide (in %) 1997	Land
				Afrika (Fortsetzung)
40	1615	8	84	Mosambik
80	5059	2	75	Namibia
14	5102	3	87	Niger
60	2382	12	93	Nigeria
63	1445	12	57	Ruanda
75	6188	14	68	Sambia
35	2545	7	45	Senegal
31	1098	12	53	Sierra Leone
91	2637	11	112	Simbabwe
24 a	1017	4	70	Somalia
84	3544	21	106	Südafrika
53	5986	7	93	Sudan
77	1854	18	50	Swasiland
72	984	13	72	Tansania
53	4795	9	91	Togo
48	4813	7	92	Tschad
67	3110	13	33	Tunesien
64	2434	13	98	Uganda
42	5650	10	77	Zentralafr. Republik
				Asien und Pazifikregion
33	3574	14	94	Afghanistan
..	1356	19	34	Armenien
..	2184	17	63	Aserbaidschan
..	28979	20	329	Australien
86	34		..	Bahrain
39	649	27	88	Bangladesch
42	752	11	..	Bhutan
83	998	48	96	China
92	2472	21	10	Fidschi

[3] Anteil der Personen ab 15 Jahren, die lesen und schreiben können
[4] oder letzte verfügbare Information ab 1995 [5] Doppelzentner pro Hektar, 1 dz = 100 kg

http://apps.fao.org/(Ackerland); FAOSTAT All Databases http://apps.fao.org/(Gesamtbevölkerung) • Getreideertrag: FAOSTAT Database Agriculture http://apps.fao.org/ • Selbstversorgungsgrad mit Getreide berechnet aus inländischer Produktion und inländischem Verbrauch: FAOSTAT Database Agriculture http://apps.fao.org/

Tabelle 6: Grundlegende Indikatoren (Fortsetzung)

Land	Rang[1] 1997	Ernährungsindex 1997	Bruttosozialprodukt pro Kopf (in PPP-$[2]) 1997	Gesamtbevölkerung (in Mio.) 1998
Asien und Pazifikregion (Forts.)				
Georgien	..	..	1980	5,1
Indien	67	71,94	1660	982,2
Indonesien	37	84,76	3390	206,3
Irak	..	..	..	21,8
Iran	27	91,77	5690	65,8
Israel	z	z	17680	6,0
Japan	z	z	24400	126,3
Jemen	71	69,54	720	16,9
Jordanien	7	96,54	3350	6,3
Kambodscha	..	..	1290	10,7
Kasachstan	12	94,88	3530	16,3
Katar	..	..	..	0,6
Kirgisistan	33	87,08	2180	4,6
Korea, Republik (Südkorea)	z	z	13430	46,1
Korea, Volksrepublik (Nordkorea)	..	..	..	23,3
Kuwait	2	98,01	..	1,8
Laos	65	72,04	1300	5,2
Libanon	6	97,09	6090	3,2
Malaysia	22	92,52	7730	21,4
Mongolei	60	76,16	1490	2,6
Myanmar (Burma)	41	83,72	..	44,5
Nepal	61	74,42	1090	22,8
Neuseeland	z	z	15780	3,8
Oman	..	..	..	2,4
Pakistan	59	76,75	1580	148,2
Papua-Neuguinea	..	..	..	4,6
Philippinen	46	81,83	3670	72,9
Saudi-Arabien	..	..	10540	20,2
Singapur	z	z	29230	3,5
Sri Lanka	55	79,02	2460	18,5

[1] schlechtester Rangplatz 1997: 80 [2] Kaufkraftparitäten-Dollar
a: 1990

Quellen: Bruttosozialprodukt pro Kopf (in PPP-$); Alphabetisierungsrate: World Development Indicators 1999, Development Data Group, The World Bank. Washington, D.C. (CD-ROM) • Gesamtbevölkerung: UN Population Division http://www.undp.org/popin/ • Ackerland pro Kopf, berechnet aus: FAOSTAT Database Agriculture

Alphabetisierungsrate[3] (in %) 1997[4]	Ackerland pro Kopf (in qm) 1997	Getreideertrag (in dz/ha[5]) 1997	Selbstversorgungsgrad mit Getreide (in %) 1997	Land
				Asien und Pazifikregion (Forts.)
..	1437	17	68	Georgien
53	1687	22	100	Indien
85	882	38	88	Indonesien
58	2455	8	42	Irak
73	2482	19	66	Iran
95	607	16	4	Israel
..	312	58	25	Japan
42	885	11	22	Jemen
87	564	10	6	Jordanien
65	3518	18	108	Kambodscha
..	17823	6	128	Kasachstan
80	246	31	..	Katar
..	3013	27	95	Kirgisistan
97	377	66	31	Korea, Republik (Südkorea)
..	744	29	61	Korea, Volksrepublik (Nordkorea)
80	35	70	1	Kuwait
57	1540	27	102	Laos
84	573	25	9	Libanon
86	866	30	24	Malaysia
..	5136	6	62	Mongolei
84	2043	29	105	Myanmar (Burma)
38	1283	20	105	Nepal
..	4271	54	99	Neuseeland
67	67	22	..	Oman
41	1462	22	94	Pakistan
72	133	42	2	Papua-Neuguinea
95	724	22	86	Philippinen
73	1898	41	22	Saudi-Arabien
91	3	..	..	Singapur
91	475	32	54	Sri Lanka

[3] Anteil der Personen ab 15 Jahren, die lesen und schreiben können
[4] oder letzte verfügbare Information ab 1995 [5] Doppelzentner pro Hektar, 1 dz = 100 kg

http://apps.fao.org/(Ackerland); FAOSTAT All Databases http://apps.fao.org/(Gesamtbevölkerung) • Getreideertrag: FAOSTAT Database Agriculture http://apps.fao.org/ • Selbstversorgungsgrad mit Getreide berechnet aus inländischer Produktion und inländischem Verbrauch: FAOSTAT Database Agriculture http://apps.fao.org/

Tabelle 6: Grundlegende Indikatoren (Fortsetzung)

Land	Rang[1] 1997	Ernährungsindex 1997	Bruttosozialprodukt pro Kopf (in PPP-$[2]) 1997	Gesamtbevölkerung (in Mio.) 1998
Asien und Pazifikregion (Forts.)				
Syrien	15	94,39	3000	15,3
Tadschikistan	..	..	1100	6,0
Thailand	..	..	6490	60,3
Türkei	14	94,44	6470	64,5
Turkmenistan	..	..	1410	4,3
Usbekistan	32	87,10	..	23,6
Vereinigte Arabische Emirate	z	z	..	2,4
Vietnam	52	79,49	1590	77,6
Europa				
Albanien	..	..	2170	3,1
Belgien	z	z	23090	10,1
Bosnien-Herzegowina	..	..	..	3,7
Bulgarien	..	..	3870	8,3
Dänemark	z	z	23450	5,3
Deutschland	z	z	21170	82,1
Estland	..	..	5090	1,4
Finnland	z	z	19660	5,2
Frankreich	z	z	22210	58,7
Griechenland	z	z	12540	10,6
Großbritannien	z	z	20710	58,6
Irland	z	z	17420	3,7
Italien	z	z	20100	57,4
Jugoslawien (Serbien, Montenegro)	3	97,74	..	10,6
Kroatien	16	94,01	4930	4,5
Lettland	..	..	3970	2,4
Litauen	..	..	4140	3,7
Mazedonien	..	..	3180	2,0
Moldawien	..	..	1450	4,4
Niederlande	z	z	21300	15,7

[1] schlechtester Rangplatz 1997: 80 [2] Kaufkraftparitäten-Dollar
a: 1990

Quellen: Bruttosozialprodukt pro Kopf (in PPP-$); Alphabetisierungsrate: World Development Indicators 1999, Development Data Group, The World Bank. Washington, D. C. (CD-ROM) • Gesamtbevölkerung: UN Population Division http://www.undp.org/popin/ • Ackerland pro Kopf, berechnet aus: FAOSTAT Database Agriculture

Alphabetisierungsrate[3] (in %) 1997[4]	Ackerland pro Kopf (in qm) 1997	Getreideertrag (in dz/ha[5]) 1997	Selbstversorgungsgrad mit Getreide (in %) 1997	Land
				Asien und Pazifikregion (Forts.)
72	3191	15	78	Syrien
99	1257	18	45	Tadschikistan
95	2888	25	141	Thailand
83	4234	24	99	Türkei
..	3849	13	65	Turkmenistan
..	1892	28	71	Usbekistan
75	173	14	0	Vereinigte Arabische Emirate
92	740	38	120	Vietnam
				Europa
..	1686	27	62	Albanien
..	724 b	76 b	46 b	Belgien
..	1321	21	36	Bosnien-Herzegowina
98	5117	30	115	Bulgarien
..	4506	61	123	Dänemark
..	1440	63	128	Deutschland
..	7753	18	72	Estland
..	4135	33	126	Finnland
..	3127	74	191	Frankreich
97	2683	35	95	Griechenland
..	1092	66	116	Großbritannien
..	3774	63	92	Irland
98	1447	51	86	Italien
93 a	3582	38	98	Jugoslawien (Serbien, Montenegro)
98	2928	47	100	Kroatien
100	7276	21	92	Lettland
99	7921	25	100	Litauen
..	2781	30	61	Mazedonien
98	4011	29	107	Moldawien
..	575	71	24	Niederlande

[3] Anteil der Personen ab 15 Jahren, die lesen und schreiben können
[4] oder letzte verfügbare Information ab 1995 [5] Doppelzentner pro Hektar, 1 dz = 100 kg

http://apps.fao.org/(Ackerland); FAOSTAT All Databases http://apps.fao.org/(Gesamtbevölkerung) • Getreideertrag: FAOSTAT Database Agriculture http://apps.fao.org/ • Selbstversorgungsgrad mit Getreide berechnet aus inländischer Produktion und inländischem Verbrauch: FAOSTAT Database Agriculture http://apps.fao.org/

Tabelle 6: Grundlegende Indikatoren (Fortsetzung)

Land	Rang[1] 1997	Ernährungsindex 1997	Bruttosozialprodukt pro Kopf (in PPP-$[2]) 1997	Gesamtbevölkerung (in Mio.) 1998
Europa (Fortsetzung)				
Norwegen	z	z	24260	4,4
Österreich	z	z	22010	8,1
Polen	z	z	6510	38,7
Portugal	z	z	14180	9,9
Rumänien	..	..	4270	22,5
Russische Föderation	9	96,45	4280	147,4
Schweden	z	z	19010	8,9
Schweiz	z	z	26580	7,3
Slowakei	..	..	7860	5,4
Slowenien	z	z	11880	2,0
Spanien	z	z	15690	39,6
Tschechische Republik	z	z	10380	10,3
Ukraine	..	..	2170	50,9
Ungarn	z	z	6970	10,1
Weißrußland	..	..	4820	10,3
Zypern	z	z	..	0,8
Nord- und Südamerika				
Argentinien	1	98,22	10100	36,1
Bolivien	34	86,62	2810	8,0
Brasilien	18	93,34	6350	165,9
Chile	4	97,64	12240	14,8
Costa Rica	10	95,88	6510	3,8
Dominikanische Republik	31	87,68	4690	8,2
Ecuador	..	..	4700	12,2
El Salvador	26	91,86	2860	6,0
Guatemala	38	83,95	4060	10,8
Guyana	36	85,99	2800	0,9
Haiti	73	66,45	1260	8,0
Honduras	42	83,37	2260	6,1

[1] schlechtester Rangplatz 1997: 80 [2] Kaufkraftparitäten-Dollar
a: 1990

Quellen: Bruttosozialprodukt pro Kopf (in PPP-$); Alphabetisierungsrate: World Development Indicators 1999, Development Data Group, The World Bank. Washington, D. C. (CD-ROM) • Gesamtbevölkerung: UN Population Division http://www.undp.org/popin/ • Ackerland pro Kopf, berechnet aus: FAOSTAT Database Agriculture

Alphabetisierungsrate[3] (in %) 1997[4]	Ackerland pro Kopf (in qm) 1997	Getreideertrag (in dz/ha[5]) 1997	Selbstversorgungsgrad mit Getreide (in %) 1997	Land
				Europa (Fortsetzung)
..	2067	42	65	Norwegen
..	1712	57	110	Österreich
100	3639	30	93	Polen
91	2196	26	38	Portugal
98	4114	26	126	Rumänien
99	8532	9	102	Russische Föderation
..	3165	44	129	Schweden
..	577	67	65	Schweiz
..	2760	41	108	Slowakei
100	1202	56	52	Slowenien
97	3612	34	85	Spanien
..	3023	42	95	Tschechische Republik
..	6433	21	128	Ukraine
99	4825	47	134	Ungarn
99	5973	20	81	Weißrußland
96	1266	27	20	Zypern
				Nord- und Südamerika
97	7008	37	256	Argentinien
84	2408	14	84	Bolivien
84	3267	26	84	Brasilien
95	1355	46	71	Chile
95	629	30	21	Costa Rica
83	1260	36	26	Dominikanische Republik
91	1319	17	82	Ecuador
77	953	19	56	El Salvador
67	1210	20	66	Guatemala
98	5667	41	246	Guyana
46	757	9	55	Haiti
71	2834	14	62	Honduras

[3] Anteil der Personen ab 15 Jahren, die lesen und schreiben können
[4] oder letzte verfügbare Information ab 1995 [5] Doppelzentner pro Hektar, 1 dz = 100 kg

http://apps.fao.org/(Ackerland); FAOSTAT All Databases http://apps.fao.org/(Gesamtbevölkerung) • Getreideertrag: FAOSTAT Database Agriculture http://apps.fao.org/ • Selbstversorgungsgrad mit Getreide berechnet aus inländischer Produktion und inländischem Verbrauch: FAOSTAT Database Agriculture http://apps.fao.org/

Tabelle 6: Grundlegende Indikatoren (Fortsetzung)

Land	Rang[1] 1997	Ernährungsindex 1997	Bruttosozialprodukt pro Kopf (in PPP-$[2]) 1997	Gesamtbevölkerung (in Mio.) 1998
Nord- und Südamerika (Forts.)				
Jamaika	20	92,72	3330	2,5
Kanada	z	z	21750	30,6
Kolumbien	25	92,30	6570	40,8
Kuba	..	..	..	11,1
Mexiko	..	..	8110	95,8
Nicaragua	40	83,87	1820	4,8
Panama	..	..	6890	2,8
Paraguay	..	..	3860	5,2
Peru	29	89,27	4580	24,8
Trinidad und Tobago	..	..	6460	1,3
Uruguay	8	96,54	9110	3,3
USA	z	z	29080	274,0
Venezuela	21	92,54	8660	23,2

[1] schlechtester Rangplatz 1997: 80 [2] Kaufkraftparitäten-Dollar
a: 1990

Quellen: Bruttosozialprodukt pro Kopf (in PPP-$); Alphabetisierungsrate: World Development Indicators 1999, Development Data Group, The World Bank. Washington, D. C. (CD-ROM) • Gesamtbevölkerung: UN Population Division http://www.undp.org/popin/ • Ackerland pro Kopf, berechnet aus: FAOSTAT Database Agriculture

Alphabetisierungsrate[3] (in %) 1997[4]	Ackerland pro Kopf (in qm) 1997	Getreideertrag (in dz/ha[5]) 1997	Selbstversorgungsgrad mit Getreide (in %) 1997	Land
				Nord- und Südamerika (Forts.)
86	692	11	1	Jamaika
..	15216	28	173	Kanada
91	520	28	44	Kolumbien
96	3343	20	20	Kuba
90	2673	27	78	Mexiko
63	5647	15	74	Nicaragua
91	1837	19	33	Panama
92	4324	25	126	Paraguay
89	1518	28	45	Peru
98	574	36	4	Trinidad und Tobago
97	3912	35	181	Uruguay
..	6514	57	135	USA
92	1159	28	44	Venezuela

[3] Anteil der Personen ab 15 Jahren, die lesen und schreiben können
[4] oder letzte verfügbare Information ab 1995 [5] Doppelzentner pro Hektar, 1 dz = 100 kg

http://apps.fao.org/(Ackerland); FAOSTAT All Databases http://apps.fao.org/(Gesamtbevölkerung) • Getreideertrag: FAOSTAT Database Agriculture http://apps.fao.org/ • Selbstversorgungsgrad mit Getreide berechnet aus inländischer Produktion und inländischem Verbrauch: FAOSTAT Database Agriculture http://apps.fao.org/

Tabelle 7: Nahrungsversorgung

Land	Rang[1] 1997	Ernährungsindex (EI) 1997	Bevölkerungsanteil mit unzureichender Nahrungsversorgung (in %) 1995–97	Tägliche Pr… Nahrungsenergie (in kcal) 1997	Fett (in g) 1997
Afrika					
Ägypten	24	92,38	4	3287	58
Algerien	19	92,89	5	2853	70
Angola	..	..	43	1903	38
Äthiopien	..	..	51	1858	23
Benin	50	79,86	15	2487	44
Botsuana	..	..	25	2183	60
Burkina Faso	63	73,72	30	2121	47
Burundi	..	..	63	1685	11
Dem. Republik Kongo (Zaire)	76	63,60	55	1755	28
Dschibuti	..	..	34 a	2084	61
Elfenbeinküste	43	83,00	15	2610	55
Eritrea	79	59,85	67	1622	20
Gabun	..	..	8	2556	55
Gambia	49	80,32	25	2350	62
Ghana	39	83,89	11	2611	32
Guinea	..	..	31	2231	50
Guinea-Bissau	..	..	17 a	2430	61
Kamerun	53	79,40	32	2111	44
Kenia	58	76,76	41	1976	47
Komoren	68	71,38	52 a	1858	42
Kongo	..	..	34	2125	50
Lesotho	48	80,85	28	2243	33
Liberia	..	..	42	2044	60
Libyen	5	97,29	1	3289	106
Madagaskar	72	68,80	39	2021	32
Malawi	69	70,70	37	2043	30
Mali	62	74,31	29	2029	42
Marokko	..	..	5	3078	61
Mauretanien	45	81,95	13	2622	64
Mauritius	23	92,45	6	2917	87

[1] schlechtester Rangplatz 1997: 80 [2] im Alter von 0–3 Monaten [3] oder letzte verfügbare Information ab 1990
a: eigene Schätzung x: Abweichung in Jahr oder Standarddefinition oder nur auf Teil des Landes bezogen

Quellen: Bevölkerungsanteil mit unzureichender Nahrungsversorgung: The State of Food Insecurity in the World 1999. FAO, Rom, 1999 • Tägliche Pro-Kopf-Zufuhr von Nahrungsenergie/Fett/Protein (gesamt/tierisch): FAOSTAT Database Nutrition http://apps.fao.org/ • Anteil der Kinder, die voll gestillt werden (im Alter von

›pf-Zufuhr von		Anteil der Kinder[2], die voll gestillt werden	Anteil der Haushalte, die Jodsalz verwenden	Land
Protein				
gesamt (in g) 1997	tierisch (in g) 1997	(in %) 1998[3]	(in %) 1998[4]	
				Afrika
89	15	53	0	Ägypten
79	18	48	92	Algerien
41	10	12	10	Angola
54	7	74	0	Äthiopien
59	10	15	79	Benin
70	29	39	27	Botsuana
62	7	12	23	Burkina Faso
51	3	89 x	80	Burundi
28	5	32	90	Dem. Republik Kongo (Zaire)
44	13	..	..	Dschibuti
50	9	3	..	Elfenbeinküste
51	6	66	80	Eritrea
73	37	57	..	Gabun
50	12	..	0	Gambia
50	11	19	10	Ghana
48	6	52	37	Guinea
49	9	..	..	Guinea-Bissau
48	11	7	86	Kamerun
52	16	17	100	Kenia
43	12	5	..	Komoren
43	16	43 x	..	Kongo
64	10	54	73	Lesotho
37	6	..	..	Liberia
79	23	..	90	Libyen
46	13	61	73	Madagaskar
54	4	11	58	Malawi
61	17	13	9	Mali
82	15	31	..	Marokko
74	30	60	3	Mauretanien
72	29	16	0	Mauritius

[4] oder letzte verfügbare Information ab 1992

0–3 Monaten); Anteil der Haushalte, die Jodsalz verwenden: The State of the World's Children 1999, UNICEF. http://www.unicef.org/sowc99/

Tabelle 7: Nahrungsversorgung (Fortsetzung)

Land	Rang[1] 1997	Ernährungsindex (EI) 1997	Bevölkerungsanteil mit unzureichender Nahrungsversorgung (in %) 1995–97	Tägliche Pr… Nahrungsenergie (in kcal) 1997	Fett (in g) 1997
Afrika (Fortsetzung)					
Mosambik	77	63,58	63	1832	32
Namibia	..	..	30	2183	38
Niger	78	60,06	39	2097	39
Nigeria	51	79,62	8	2735	71
Ruanda	..	..	37	2056	22
Sambia	70	70,56	45	1969	30
Senegal	44	82,91	17	2418	86
Sierra Leone	..	..	43	2035	58
Simbabwe	54	79,37	39	2144	53
Somalia	..	..	73	1566	60
Südafrika	17	93,74	4 a	2990	77
Sudan	56	78,53	20	2395	75
Swasiland	..	..	14	2484	42
Tansania	66	72,00	40	1995	31
Togo	47	80,94	23	2469	50
Tschad	75	65,47	46	2052	60
Tunesien	11	95,64	1	3283	93
Uganda	57	77,81	28	2085	28
Zentralafrikanische Republik	64	72,66	42	2016	64
Asien und Pazifikregion					
Afghanistan	80	54,77	62	1745	24
Armenien	28	89,70	25 a	2371	54
Aserbaidschan	35	86,35	28 a	2236	38
Australien	z	z	..	2883	102
Bahrain	..	..	..	..	..
Bangladesch	74	65,96	37	2086	22
Bhutan	..	..	..	..	..
China	30	89,01	13	2892	71

[1] schlechtester Rangplatz 1997: 80 [2] im Alter von 0–3 Monaten [3] oder letzte verfügbare Information ab 1990
a: eigene Schätzung x: Abweichung in Jahr oder Standarddefinition oder nur auf Teil des Landes bezogen

Quellen: Bevölkerungsanteil mit unzureichender Nahrungsversorgung: The State of Food Insecurity in the World 1999. FAO, Rom, 1999 • Tägliche Pro-Kopf-Zufuhr von Nahrungsenergie/Fett/Protein (gesamt/tierisch): FAOSTAT Database Nutrition http://apps.fao.org/ • Anteil der Kinder, die voll gestillt werden (im Alter von

…opf-Zufuhr von		Anteil der Kinder[2], die voll gestillt werden	Anteil der Haushalte, die Jodsalz verwenden	Land
Protein				
gesamt (in g) 1997	tierisch (in g) 1997	(in %) 1998[3]	(in %) 1998[4]	
				Afrika (Fortsetzung)
35	3	37	62	Mosambik
60	19	22	59	Namibia
61	8	..	7	Niger
62	8	2	98	Nigeria
46	4	90	95	Ruanda
52	10	27	90	Sambia
61	19	16	9	Senegal
44	8	..	75	Sierra Leone
52	10	16	80	Simbabwe
53	38	..	..	Somalia
77	27	..	40	Südafrika
75	27	14 x	0	Sudan
60	16	37	26	Swasiland
49	10	41	74	Tansania
59	9	15	1	Togo
59	9	2	55	Tschad
88	20	12	98	Tunesien
45	10	70	69	Uganda
44	13	23	65	Zentralafrikanische Republik
				Asien und Pazifikregion
49	8	25	..	Afghanistan
65	19	21	..	Armenien
66	18	53	..	Aserbaidschan
97	64	..	..	Australien
..	..	..	..	Bahrain
45	6	52	78	Bangladesch
..	..	..	82	Bhutan
78	27	64	83	China

[4] oder letzte verfügbare Information ab 1992
z: keine gravierenden Ernährungsprobleme

0–3 Monaten); Anteil der Haushalte, die Jodsalz verwenden: The State of the World's Children 1999, UNICEF. http://www.unicef.org/sowc99/

Tabelle 7: Nahrungsversorgung (Fortsetzung)

Land	Rang[1] 1997	Ernährungsindex (EI) 1997	Bevölkerungsanteil mit unzureichender Nahrungsversorgung (in %) 1995–97	Tägliche Pr… Nahrungsenergie (in kcal) 1997	Fett (in g) 1997
Asien und Pazifikregion (Forts.)					
Fidschi	13	94,62	6 a	2865	106
Georgien	..	..	13 a	2614	39
Indien	67	71,94	22	2496	45
Indonesien	37	84,76	6	2886	57
Irak	..	..	15	2619	77
Iran	27	91,77	6	2836	63
Israel	z	z	..	3278	113
Japan	z	z	..	2932	83
Jemen	71	69,54	37	2051	37
Jordanien	7	96,54	3	3014	86
Kambodscha	..	..	33	2048	34
Kasachstan	12	94,88	3 a	3085	66
Katar	..	..	..	..	..
Kirgisistan	33	87,08	23 a	2447	47
Korea, Republik (Südkorea)	z	z	1	3155	80
Korea, Volksrepublik (Nordkorea)	..	..	48	1837	35
Kuwait	2	98,01	3	3096	95
Laos	65	72,04	33	2108	26
Libanon	6	97,09	2	3281	108
Malaysia	22	92,52	2	2977	87
Mongolei	60	76,16	48	1917	72
Myanmar (Burma)	41	83,72	7	2862	47
Nepal	61	74,42	21	2366	32
Neuseeland	z	z	..	3395	137
Oman	..	..	..	..	..
Pakistan	59	76,75	19	2476	65
Papua-Neuguinea	..	..	24	2224	42
Philippinen	46	81,83	22	2366	47
Saudi-Arabien	..	..	4	2783	79
Singapur	z	z	..	..	..

[1] schlechtester Rangplatz 1997: 80 [2] im Alter von 0–3 Monaten [3] oder letzte verfügbare Information ab 1990
a: eigene Schätzung b: Angaben gelten für Belgien und Luxemburg z: keine gravierenden Ernährungsprobleme

Quellen: Bevölkerungsanteil mit unzureichender Nahrungsversorgung: The State of Food Insecurity in the World 1999. FAO, Rom, 1999 • Tägliche Pro-Kopf-Zufuhr von Nahrungsenergie/Fett/Protein (gesamt/tierisch): FAOSTAT Database Nutrition http://apps.fao.org/ • Anteil der Kinder, die voll gestillt werden (im Alter von

…opf-Zufuhr von Protein gesamt (in g) 1997	tierisch (in g) 1997	Anteil der Kinder[2], die voll gestillt werden (in %) 1998[3]	Anteil der Haushalte, die Jodsalz verwenden (in %) 1998[4]	Land
				Asien und Pazifikregion (Forts.)
74	33	..	31	Fidschi
69	18	..	..	Georgien
59	10	51	70	Indien
67	12	47	62	Indonesien
56	6	..	10	Irak
75	19	66	94	Iran
105	53	..	..	Israel
96	54	..	..	Japan
54	9	..	21	Jemen
75	19	32	75	Jordanien
47	9	60	7	Kambodscha
97	37	12	53	Kasachstan
..	..	..	..	Katar
82	33	38	..	Kirgisistan
86	35	..	..	Korea, Republik (Südkorea)
62	16	..	5	Korea, Volksrepublik (Nordkorea)
97	50	..	..	Kuwait
52	9	36	93	Laos
85	24	..	92	Libanon
75	43	..	..	Malaysia
71	47	93	62	Mongolei
72	9	30	14	Myanmar (Burma)
61	9	83	93	Nepal
108	70	..	..	Neuseeland
..	..	28	65	Oman
61	20	16	19	Pakistan
48	15	75	..	Papua-Neuguinea
57	27	33	15	Philippinen
79	32	..	..	Saudi-Arabien
..	..	..	..	Singapur

[4] oder letzte verfügbare Information ab 1992

0–3 Monaten); Anteil der Haushalte, die Jodsalz verwenden: The State of the World's Children 1999, UNICEF. http://www.unicef.org/sowc99/

Tabelle 7: Nahrungsversorgung (Fortsetzung)

Land	Rang[1] 1997	Ernährungsindex (EI) 1997	Bevölkerungsanteil mit unzureichender Nahrungsversorgung (in %) 1995–97	Tägliche Pr…	
				Nahrungsenergie (in kcal) 1997	Fett (in g) 1997
Asien und Pazifikregion (Forts.)					
Sri Lanka	55	79,02	25	2302	46
Syrien	15	94,39	1	3351	95
Tadschikistan	..	..	33 a	2001	34
Thailand	..	..	24	2360	47
Türkei	14	94,44	2	3525	101
Turkmenistan	..	..	17 a	2306	64
Usbekistan	32	87,10	14 a	2433	70
Vereinigte Arabische Emirate	z	z	1	3390	109
Vietnam	52	79,49	19	2484	36
Europa					
Albanien	..	..	4 a	2961	79
Belgien	z	z	..	3619 b	160 b
Bosnien-Herzegowina	..	..	21 a	2265	39
Bulgarien	..	..	8 a	2686	90
Dänemark	z	z	..	3407	132
Deutschland	z	z	..	3382	144
Estland	..	..	7 a	2849	91
Finnland	z	z	..	3100	127
Frankreich	z	z	..	3518	164
Griechenland	z	z	..	3649	153
Großbritannien	z	z	..	3276	141
Irland	z	z	..	3565	133
Italien	z	z	..	3507	147
Jugoslawien (Serbien, Montenegro)	3	97,74	3 a	3031	124
Kroatien	16	94,01	17 a	2445	69
Lettland	..	..	5 a	2864	87
Litauen	..	..	2 a	3261	83
Mazedonien	..	..	11 a	2664	75

[1] schlechtester Rangplatz 1997: 80 [2] im Alter von 0–3 Monaten [3] oder letzte verfügbare Information ab 1990
a: eigene Schätzung b: Angaben gelten für Belgien und Luxemburg z: keine gravierenden Ernährungsprobleme

Quellen: Bevölkerungsanteil mit unzureichender Nahrungsversorgung: The State of Food Insecurity in the World 1999. FAO, Rom, 1999 • Tägliche Pro-Kopf-Zufuhr von Nahrungsenergie/Fett/Protein (gesamt/tierisch): FAOSTAT Database Nutrition http://apps.fao.org/ • Anteil der Kinder, die voll gestillt werden (im Alter von

·pf-Zufuhr von		Anteil der Kinder[2], die voll gestillt werden	Anteil der Haushalte, die Jodsalz verwenden	Land
Protein				
;esamt (in g) 1997	tierisch (in g) 1997	(in %) 1998[3]	(in %) 1998[4]	
				Asien und Pazifikregion (Forts.)
52	13	24	47	Sri Lanka
86	21	..	40	Syrien
53	8	..	20	Tadschikistan
54	23	4	50	Thailand
98	27	14	18	Türkei
65	22	54	0	Turkmenistan
70	25	4	0	Usbekistan
104	54	..	..	Vereinigte Arabische Emirate
57	11	..	65	Vietnam
				Europa
99	39	..	..	Albanien
102 b	63 b	..	..	Belgien
65	15	..	..	Bosnien-Herzegowina
80	39	..	..	Bulgarien
108	68	..	..	Dänemark
96	57	..	..	Deutschland
95	53	..	..	Estland
101	64	..	..	Finnland
113	74	..	..	Frankreich
115	61	..	..	Griechenland
95	54	..	..	Großbritannien
111	69	..	..	Irland
109	59	..	..	Italien
89	50	6	70	Jugoslawien (Serbien, Montenegro)
63	27	24	70	Kroatien
79	39	..	..	Lettland
98	46	..	..	Litauen
69	24	8	100	Mazedonien

[4] oder letzte verfügbare Information ab 1992

0–3 Monaten); Anteil der Haushalte, die Jodsalz verwenden: The State of the World's Children 1999, UNICEF. http://www.unicef.org/sowc99/

Tabelle 7: Nahrungsversorgung (Fortsetzung)

Land	Rang[1] 1997	Ernährungsindex (EI) 1997	Bevölkerungsanteil mit unzureichender Nahrungsversorgung (in %) 1995–97	Tägliche Pr… Nahrungsenergie (in kcal) 1997	Fett (in g) 1997
Europa (Fortsetzung)					
Moldawien	..	..	14 a	2567	48
Niederlande	z	z	..	3284	141
Norwegen	z	z	..	3357	136
Österreich	z	z	..	3536	161
Polen	z	z	..	3366	112
Portugal	z	z	..	3667	132
Rumänien	..	..	2 a	3253	82
Russische Föderation	9	96,45	5 a	2904	81
Schweden	z	z	..	3194	134
Schweiz	z	z	..	3223	144
Slowakei	..	..	4,16 a	2984	105
Slowenien	z	z	..	3101	102
Spanien	z	z	..	3310	145
Tschechische Republik	z	z	..	3244	111
Ukraine	..	..	7 a	2795	72
Ungarn	z	z	..	3313	137
Weißrußland	..	..	2 a	3225	96
Zypern	z	z	..	3429	147
Nord- und Südamerika					
Argentinien	1	98,22	1	3093	110
Bolivien	34	86,62	23	2174	57
Brasilien	18	93,34	10	2974	84
Chile	4	97,64	5	2796	82
Costa Rica	10	95,88	7	2649	80
Dominikanische Republik	31	87,68	26	2288	74
Ecuador	..	..	5	2679	98
El Salvador	26	91,86	10	2562	55
Guatemala	38	83,95	17	2339	46

[1] schlechtester Rangplatz 1997: 80 [2] im Alter von 0–3 Monaten [3] oder letzte verfügbare Information ab 1990
a: eigene Schätzung x: Abweichung in Jahr oder Standarddefinition oder nur auf Teil des Landes bezogen

Quellen: Bevölkerungsanteil mit unzureichender Nahrungsversorgung: The State of Food Insecurity in the World 1999. FAO, Rom, 1999 • Tägliche Pro-Kopf-Zufuhr von Nahrungsenergie/Fett/Protein (gesamt/tierisch): FAOSTAT Database Nutrition http://apps.fao.org/ • Anteil der Kinder, die voll gestillt werden (im Alter von

›pf-Zufuhr von		Anteil der Kinder[2], die voll gestillt werden	Anteil der Haushalte, die Jodsalz verwenden	Land
Protein				
gesamt (in g) 1997	tierisch (in g) 1997	(in %) 1998[3]	(in %) 1998[4]	
				Europa (Fortsetzung)
69	22	..	..	Moldawien
106	72	..	..	Niederlande
104	64	..	..	Norwegen
104	69	..	..	Österreich
99	49	..	..	Polen
114	66	..	..	Portugal
100	39	..	..	Rumänien
90	45	..	30	Russische Föderation
100	67	..	..	Schweden
88	55	..	..	Schweiz
81	42	..	..	Slowakei
103	58	..	..	Slowenien
107	64	..	..	Spanien
96	55	..	..	Tschechische Republik
78	31	..	4	Ukraine
85	46	..	..	Ungarn
94	48	..	37	Weißrußland
109	67	..	..	Zypern
				Nord- und Südamerika
95	59	..	90	Argentinien
57	24	53	92	Bolivien
76	38	42	95	Brasilien
77	38	77	97	Chile
68	32	35	89	Costa Rica
50	24	25	13	Dominikanische Republik
59	27	29	97	Ecuador
64	17	20	91	El Salvador
61	14	50	64	Guatemala

[4] oder letzte verfügbare Information ab 1992
z: keine gravierenden Ernährungsprobleme

0–3 Monaten); Anteil der Haushalte, die Jodsalz verwenden: The State of the World's Children 1999, UNICEF. http://www.unicef.org/sowc99/

Tabelle 7: Nahrungsversorgung (Fortsetzung)

Land	Rang[1] 1997	Ernährungsindex (EI) 1997	Bevölkerungsanteil mit unzureichender Nahrungsversorgung (in %) 1995–97	Tägliche Pr	
				Nahrungsenergie (in kcal) 1997	Fett (in g) 1997
Nord- und Südamerika (Forts.)					
Guyana	36	85,99	16	2530	54
Haiti	73	66,45	61	1869	40
Honduras	42	83,37	21	2403	62
Jamaika	20	92,72	11	2553	77
Kanada	z	z	..	3119	126
Kolumbien	25	92,30	12	2597	65
Kuba	..	..	19	2480	49
Mexiko	..	..	6	3097	88
Nicaragua	40	83,87	31	2186	46
Panama	..	..	17	2430	68
Paraguay	..	..	13	2566	79
Peru	29	89,27	19	2302	50
Trinidad und Tobago	..	..	11	2661	71
Uruguay	8	96,54	4	2816	104
USA	z	z	..	3699	143
Venezuela	21	92,54	15	2321	66

[1] schlechtester Rangplatz 1997: 80 [2] im Alter von 0–3 Monaten [3] oder letzte verfügbare Information ab 1990
a: eigene Schätzung x: Abweichung in Jahr oder Standarddefinition oder nur auf Teil des Landes bezogen

Quellen: Bevölkerungsanteil mit unzureichender Nahrungsversorgung: The State of Food Insecurity in the World 1999. FAO, Rom, 1999 • Tägliche Pro-Kopf-Zufuhr von Nahrungsenergie/Fett/Protein (gesamt/tierisch): FAOSTAT Database Nutrition http://apps.fao.org/ • Anteil der Kinder, die voll gestillt werden (im Alter von

‹…›opf-Zufuhr von		Anteil der Kinder[2], die voll gestillt werden	Anteil der Haushalte, die Jodsalz verwenden	Land
Protein				
gesamt (in g) 1997	tierisch (in g) 1997	(in %) 1998[3]	(in %) 1998[4]	
				Nord- und Südamerika (Forts.)
69	31	..	..	Guyana
41	6	3	10	Haiti
58	19	42	85	Honduras
63	31	..	100	Jamaika
98	56	..	..	Kanada
63	28	16	92	Kolumbien
52	19	76	45	Kuba
83	33	38 x	99	Mexiko
49	12	11	98	Nicaragua
65	35	32	92	Panama
77	41	7	79	Paraguay
60	23	63	93	Peru
59	22	10 x	..	Trinidad und Tobago
84	53	..	..	Uruguay
112	71	..	..	USA
59	29	..	65	Venezuela

[4] oder letzte verfügbare Information ab 1992
z: keine gravierenden Ernährungsprobleme

0–3 Monaten); Anteil der Haushalte, die Jodsalz verwenden: The State of the World's Children 1999, UNICEF. http://www.unicef.org/sowc99/

Tabelle 8: Ernährungszustand und Mikronährstoffmängel

Land	Rang[1] 1997	Ernährungsindex (EI) 1997	Früh- und Mangelgeburten (in %) 1997[2]	Jahr der Ernährungserhebung	Anteil d
					Auszehrung (in %) 1998[3]
Afrika					
Ägypten	24	92,38	10	1997–98	6
Algerien	19	92,89	9	1995	9
Angola	..	..	19		..
Äthiopien	..	..	16	1992	8 e
Benin	50	79,86	..	1996	14 a
Botsuana	..	..	11		..
Burkina Faso	63	73,72	21	1992–93	13
Burundi	..	..	..		..
Dem. Republik Kongo (Zaire)	76	63,60	15	1995	10
Dschibuti	..	..	11	1989	11
Elfenbeinküste	43	83,00	12	1994	8 a
Eritrea	79	59,85	13	1995–96	16 a
Gabun	..	..	..		..
Gambia	49	80,32	..	1996	-
Ghana	39	83,89	8	1993–94	11 a
Guinea	..	..	13		..
Guinea-Bissau	..	..	20		..
Kamerun	53	79,40	13	1998	6 a
Kenia	58	76,76	16	1994	8 e
Komoren	68	71,38	8	1995–96	8 a
Kongo	..	..	16		..
Lesotho	48	80,85	11	1996	5
Liberia	..	..	..		..
Libyen	5	97,29	7	1995	3
Madagaskar	72	68,80	5	1997	7 a
Malawi	69	70,70	20	1995	7
Mali	62	74,31	16	1996	11 e
Marokko	..	..	9	1992	2

[1] schlechtester Rangplatz 1997: 80 [2] oder letzte verfügbare Information ab 1990
b: 0,25–3 Jahre c: 0–4 Jahre d: 0,25–5 Jahre e: 0,5–5 Jahre f: 1–5 Jahre g: 0–6 Jahre h: 0,5–6 Jahre
x: Abweichung in Jahr oder Standarddefinition oder nur auf Teil des Landes bezogen

Quellen: Früh- und Mangelgeburten; Kropf bei Kindern von 6–11 Jahren: The State of the World's Children 1999, UNICEF. http://www.unicef.org/sowc99/ • Anteil der Kinder mit Auszehrung, zu geringem Wachstum, Untergewicht: WHO Global Database on Child Growth and Malnutrition, World Health Organisation (WHO). Geneva, 1997. http://www.who.int/nutgrowthdb/ (Stand vom 26. 7. 1999) • Anämie bei Schwangeren: Health, Nutrition and

nder unter 5 Jahren mit		Kropf bei Kindern von 6–11 Jahren	Anämie bei Schwangeren	Vit.-A-Mangel (subklinisch, geschätzt)	Land
zu geringem Wachstum (in %) 1998[3]	Untergewicht (in %) 1998[3]	(in %) 1997[4]	(in %) 1995[4]	(in %) 1995	
					Afrika
25	12	5	24	11	Ägypten
18	13	9	42	9	Algerien
..	35 l	7	29	24	Angola
64 e	48 e	31	42	27	Äthiopien
25 a	29 a	24	41	15	Benin
..	27 l	8	..	9	Botsuana
33	33	16	24	27	Burkina Faso
..	29 l	42	68	20	Burundi
45	34	9	..	17	Dem. Republik Kongo (Zaire)
22	23	..	40	..	Dschibuti
24 a	24 a	6	..	15	Elfenbeinküste
38 a	44 a	..	..	..	Eritrea
..	15 l	5	..	16	Gabun
30	26	..	80	..	Gambia
26 a	27 a	10	..	15	Ghana
..	24 l	55	..	26	Guinea
..	..	19	74	..	Guinea-Bissau
29 a	22 a	26	44	11	Kamerun
34 e	23 e	7	35	12	Kenia
34 a	26 a	..	..	..	Komoren
..	28 l	8	76	16	Kongo
44	16	43	7	13	Lesotho
..	20 l	6	78	23	Liberia
15	5	6	..	11	Libyen
48 a	40 a	15	..	18	Madagaskar
48	30	13	55	31	Malawi
49 e	27 e	29	58	36	Mali
24	10	20	45	11	Marokko

[3] oder letzte verfügbare Information ab 1989 [4] oder letzte verfügbare Information ab 1985 a: 0–3 Jahre i: 1–6 Jahre j: 1–7 Jahre k: 2–8 Jahre l: Schätzwert für 1990 aus ACC/SCN 1993
z: keine gravierenden Ernährungsprobleme

Population, Sector Strategy Studies, The World Bank. Washington, D. C. 1997. • Vitamin-A-Mangel (subklinisch, geschätzt): Progress in Controlling Vitamin A Deficiency, The Micronutrient Initiative/UNICEF/Tulane University. Ottawa, 1998.

Tabelle 8: Ernährungszustand und Mikronährstoffmängel (Fortsetzung)

Land	Rang[1] 1997	Ernährungsindex (EI) 1997	Früh- und Mangelgeburten (in %) 1997[2]	Jahr der Ernährungserhebung	Anteil d… Auszehrung (in %) 1998[3]
Afrika (Fortsetzung)					
Mauretanien	45	81,95	11	1995–96	7
Mauritius	23	92,45	13	1995	14
Mosambik	77	63,58	20	1997	8 a
Namibia	..	..	16	1992	9
Niger	78	60,06	15	1998	21 a
Nigeria	51	79,62	16	1993	19 h
Ruanda	..	..	17	1992	4
Sambia	70	70,56	13	1996–97	4
Senegal	44	82,91	4	1996	7
Sierra Leone	..	..	11	1990	9
Simbabwe	54	79,37	14	1994	6 a
Somalia	..	..	16		..
Südafrika	17	93,74	..	1994–95	3 e
Sudan	56	78,53	15	1992–93	13
Swasiland	..	..	10		..
Tansania	66	72,00	14	1996	7
Togo	47	80,94	20	1998	12 a
Tschad	75	65,47	..	1996–97	14
Tunesien	11	95,64	8	1994–95	4
Uganda	57	77,81	13	1995	5 c
Zentralafrikanische Republik	64	72,66	15	1995	6
Asien und Pazifikregion					
Afghanistan	80	54,77	20	1997	16 b
Armenien	28	89,70	7	1998	4
Aserbaidschan	35	86,35	6	1996	3 e
Australien	z	z	6	1995–96	0 k
Bahrain	..	..	6	1989	6

[1] schlechtester Rangplatz 1997: 80 [2] oder letzte verfügbare Information ab 1990
b: 0,25–3 Jahre c: 0–4 Jahre d: 0,25–5 Jahre e: 0,5–5 Jahre f: 1–5 Jahre g: 0–6 Jahre h: 0,5–6 Jahre
x: Abweichung in Jahr oder Standarddefinition oder nur auf Teil des Landes bezogen

Quellen: Früh- und Mangelgeburten; Kropf bei Kindern von 6–11 Jahren: The State of the World's Children 1999, UNICEF. http://www.unicef.org/sowc99/ • Anteil der Kinder mit Auszehrung, zu geringem Wachstum, Untergewicht: WHO Global Database on Child Growth and Malnutrition, World Health Organisation (WHO). Geneva, 1997. http://www.who.int/nutgrowthdb/ (Stand vom 26. 7. 1999) • Anämie bei Schwangeren: Health, Nutrition and

inder unter 5 Jahren mit zu geringem Wachstum (in %) 1998[3]	Untergewicht (in %) 1998[3]	Kropf bei Kindern von 6–11 Jahren (in %) 1997[4]	Anämie bei Schwangeren (in %) 1995[4]	Vit.-A-Mangel (subklinisch, geschätzt) (in %) 1995	Land
					Afrika (Fortsetzung)
44	23	..	..	21	Mauretanien
10	15	0	29	7	Mauritius
36 a	26 a	20	58	33	Mosambik
29	26	35	16	11	Namibia
41 a	50 a	9	41	25	Niger
38 h	39 h	20	55	16	Nigeria
49	29	26	..	22	Ruanda
42	24	51 x	34	20	Sambia
23	22	12	26	12	Senegal
35	29	7	..	40	Sierra Leone
21 a	16 a	42	..	12	Simbabwe
..	39 l	7	78	24	Somalia
23 e	9 e	2	37	9	Südafrika
34	34	20	36	15	Sudan
..	9 l	..	..	..	Swasiland
43	31	37	..	16	Tansania
22 a	25 a	22	48	15	Togo
40	39	15	37	24	Tschad
23	9	4 x	..	8	Tunesien
38 c	26 c	7	30	22	Uganda
28	23	63	67	19	Zentralafrikanische Republik
					Asien und Pazifikregion
48 b	49 b	20	..	51	Afghanistan
12	3	40	..	..	Armenien
22 e	10 e	20	..	..	Aserbaidschan
0 k	0 k	..	..	..	Australien
10	7	..	..	..	Bahrain

[3] oder letzte verfügbare Information ab 1989 [4] oder letzte verfügbare Information ab 1985 a: 0–3 Jahre i: 1–6 Jahre j: 1–7 Jahre k: 2–8 Jahre l: Schätzwert für 1990 aus ACC/SCN 1993
z: keine gravierenden Ernährungsprobleme

Population, Sector Strategy Studies, The World Bank. Washington, D. C. 1997. • Vitamin-A-Mangel (subklinisch, geschätzt): Progress in Controlling Vitamin A Deficiency, The Micronutrient Initiative/UNICEF/Tulane University. Ottawa, 1998.

Tabelle 8: Ernährungszustand und Mikronährstoffmängel (Fortsetzung)

Land	Rang[1] 1997	Ernährungsindex (EI) 1997	Früh- und Mangelgeburten (in %) 1997[2]	Jahr der Ernährungserhebung	Anteil d…
					Auszehrung (in %) 1998[3]
Asien und Pazifikregion (Forts.)					
Bangladesch	74	65,96	50	1996–97	18
Bhutan	..	..	..	1986–88	4 g
China	30	89,01	9	1995	..
Fidschi	13	94,62	12	1993	8
Georgien	..	..	..		..
Indien	67	71,94	33	1992–93	17 c
Indonesien	37	84,76	8	1995	13
Irak	..	..	15	1991	3
Iran	27	91,77	10	1995	7
Israel	z	z	7		..
Japan	z	z	7		..
Jemen	71	69,54	19	1997	13
Jordanien	7	96,54	7	1990	3
Kambodscha	..	..	..		..
Kasachstan	12	94,88	..	1995	3 a
Katar	..	..	..	1995	2 g
Kirgisistan	33	87,08	..	1997	3 a
Korea, Republik (Südkorea)	z	z	9		..
Korea, Volksrep. (Nordkorea)	..	..	..		..
Kuwait	2	98,01	7	1996–97	1
Laos	65	72,04	18	1994	11
Libanon	6	97,09	10	1996	3
Malaysia	22	92,52	8	1995	-
Mongolei	60	76,16	7	1997	2
Myanmar (Burma)	41	83,72	24	1994	8 a
Nepal	61	74,42	..	1996	11 a
Neuseeland	z	z	6		..
Oman	..	..	8	1995	13

[1] schlechtester Rangplatz 1997: 80 [2] oder letzte verfügbare Information ab 1990

b: 0,25–3 Jahre c: 0–4 Jahre d: 0,25–5 Jahre e: 0,5–5 Jahre f: 1–5 Jahre g: 0–6 Jahre h: 0,5–6 Jahre

x: Abweichung in Jahr oder Standarddefinition oder nur auf Teil des Landes bezogen

Quellen: Früh- und Mangelgeburten; Kropf bei Kindern von 6–11 Jahren: The State of the World's Children 1999, UNICEF. http://www.unicef.org/sowc99/ • Anteil der Kinder mit Auszehrung, zu geringem Wachstum, Untergewicht: WHO Global Database on Child Growth and Malnutrition, World Health Organisation (WHO). Geneva, 1997. http://www.who.int/nutgrowthdb/ (Stand vom 26. 7. 1999) • Anämie bei Schwangeren: Health, Nutrition and

nder unter 5 Jahren mit		Kropf bei Kindern von 6–11 Jahren (in %) 1997[4]	Anämie bei Schwangeren (in %) 1995[4]	Vit.-A-Mangel (subklinisch, geschätzt) (in %) 1995	Land
zu geringem Wachstum (in %) 1998[3]	Untergewicht (in %) 1998[3]				
					Asien und Pazifikreg. (Forts.)
55	56	50	53	26	Bangladesch
56 g	38 g	14	81	..	Bhutan
..	16	20	52	8	China
3	8	..	..	..	Fidschi
..	..	64	..	..	Georgien
52 c	53 c	9	88	18	Indien
42	34	28	64	12	Indonesien
22	12	7	18	10	Irak
19	16	30	..	8	Iran
..	..	..	..	..	Israel
..	..	..	..	..	Japan
52	46	32	..	..	Jemen
16	6	..	..	7	Jordanien
..	38 l	12	..	24	Kambodscha
16 a	8 a	20	11	..	Kasachstan
8 g	6 g	..	..	..	Katar
25 a	11 a	20	..	..	Kirgisistan
..	..	..	..	..	Korea, Republik (Südkorea)
..	..	..	..	..	Korea, Volksrep. (Nordkorea)
3	2	..	40	6	Kuwait
47	40	25	..	19	Laos
12	3	15	..	7	Libanon
-	20	20	56	7	Malaysia
15	9	31	45	10	Mongolei
45 a	31 a	18	58	16	Myanmar (Burma)
48 a	47 a	44	65	21	Nepal
..	..	..	..	..	Neuseeland
23	23	10	54	..	Oman

[3] oder letzte verfügbare Information ab 1989 [4] oder letzte verfügbare Information ab 1985 a: 0–3 Jahre i: 1–6 Jahre j: 1–7 Jahre k: 2–8 Jahre l: Schätzwert für 1990 aus ACC/SCN 1993
z: keine gravierenden Ernährungsprobleme

Population, Sector Strategy Studies, The World Bank. Washington, D. C. 1997. • Vitamin-A-Mangel (subklinisch, geschätzt): Progress in Controlling Vitamin A Deficiency, The Micronutrient Initiative/UNICEF/Tulane University. Ottawa, 1998.

Tabelle 8: Ernährungszustand und Mikronährstoffmängel (Fortsetzung)

Land	Rang[1] 1997	Ernährungsindex (EI) 1997	Früh- und Mangelgeburten (in %) 1997[2]	Jahr der Ernährungserhebung	Anteil … Auszehrung (in %) 1998[3]
Asien und Pazifikregion (Forts.)					
Pakistan	59	76,75	25	1995	..
Papua-Neuguinea	..	..	23		..
Philippinen	46	81,83	9	1993	8
Saudi-Arabien	..	..	7		..
Singapur	z	z	7		..
Sri Lanka	55	79,02	25	1993	16 d
Syrien	15	94,39	7	1995	9
Tadschikistan	..	..	..		..
Thailand	..	..	6		..
Türkei	14	94,44	8	1993	3
Turkmenistan	..	..	5		..
Usbekistan	32	87,10	..	1996	12 a
Vereinigte Arabische Emirate	z	z	6		..
Vietnam	52	79,49	17	1998	10
Europa					
Albanien	..	..	7		..
Belgien	z	z	6		..
Bosnien-Herzegowina	..	..	..		..
Bulgarien	..	..	6		..
Dänemark	z	z	6		..
Deutschland	z	z	..		..
Estland	..	..	..		..
Finnland	z	z	4		..
Frankreich	z	z	5		..
Griechenland	z	z	6		..
Großbritannien	z	z	7		..
Irland	z	z	4		..

[1] schlechtester Rangplatz 1997: 80 [2] oder letzte verfügbare Information ab 1990
b: 0,25–3 Jahre c: 0–4 Jahre d: 0,25–5 Jahre e: 0,5–5 Jahre f: 1–5 Jahre g: 0–6 Jahre h: 0,5–6 Jahre
x: Abweichung in Jahr oder Standarddefinition oder nur auf Teil des Landes bezogen

Quellen: Früh- und Mangelgeburten; Kropf bei Kindern von 6–11 Jahren: The State of the World's Children 1999, UNICEF. http://www.unicef.org/sowc99/ • Anteil der Kinder mit Auszehrung, zu geringem Wachstum, Untergewicht: WHO Global Database on Child Growth and Malnutrition, World Health Organisation (WHO). Geneva, 1997. http://www.who.int/nutgrowthdb/ (Stand vom 26.7.1999) • Anämie bei Schwangeren: Health, Nutrition and

...inder unter 5 Jahren mit		Kropf bei Kindern von 6–11 Jahren (in %) 1997[4]	Anämie bei Schwangeren (in %) 1995[4]	Vit.-A-Mangel (subklinisch, geschätzt) (in %) 1995	Land
zu geringem Wachstum (in %) 1998[3]	Untergewicht (in %) 1998[3]				
					Asien und Pazifikreg. (Forts.)
..	38	32	37	18	Pakistan
..	36 l	30	13	..	Papua-Neuguinea
33	30	7	48	10	Philippinen
..	13 l	..	..	7	Saudi-Arabien
..	..	..	..	..	Singapur
24 d	38 d	14	39	8	Sri Lanka
21	13	73	..	8	Syrien
..	..	20	50	..	Tadschikistan
..	13 l	4	57	8	Thailand
21	10	36	..	..	Türkei
..	..	20	..	..	Turkmenistan
31 a	19 a	18	..	..	Usbekistan
..	7 l	..	46	6	Vereinigte Arabische Emirate
36	40	20	52	11	Vietnam
					Europa
..	..	41	..	..	Albanien
..	..	5	..	..	Belgien
..	..	..	..	..	Bosnien-Herzegowina
..	..	20	..	..	Bulgarien
..	..	5	..	..	Dänemark
..	..	10	..	..	Deutschland
..	..	..	..	..	Estland
..	..	..	..	..	Finnland
..	..	5 x	..	..	Frankreich
..	..	10	..	..	Griechenland
..	..	..	..	..	Großbritannien
..	..	..	..	..	Irland

[3] oder letzte verfügbare Information ab 1989 [4] oder letzte verfügbare Information ab 1985 a: 0–3 Jahre
i: 1–6 Jahre j: 1–7 Jahre k: 2–8 Jahre l: Schätzwert für 1990 aus ACC/SCN 1993
z: keine gravierenden Ernährungsprobleme

Population, Sector Strategy Studies, The World Bank. Washington, D. C. 1997. • Vitamin-A-Mangel (subklinisch, geschätzt): Progress in Controlling Vitamin A Deficiency, The Micronutrient Initiative/UNICEF/Tulane University. Ottawa, 1998.

Tabelle 8: Ernährungszustand und Mikronährstoffmängel (Fortsetzung)

Land	Rang[1] 1997	Ernährungsindex (EI) 1997	Früh- und Mangelgeburten (in %) 1997[2]	Jahr der Ernährungserhebung	Anteil d… Auszehrung (in %) 1998[3]
Europa (Fortsetzung)					
Italien	z	z	5		..
Jugoslawien (Serbien, Montenegro)	3	97,74	..	1996	2
Kroatien	16	94,01	..	1995–96	1 i
Lettland	..	..	..		..
Litauen	..	..	..		..
Mazedonien	..	..	..		..
Moldawien	..	..	4		..
Niederlande	z	z	..		..
Norwegen	z	z	4		..
Österreich	z	z	6		..
Polen	z	z	..		..
Portugal	z	z	5		..
Rumänien	..	..	7	1991	3
Russische Föderation	9	96,45	6	1995	4
Schweden	z	z	5		..
Schweiz	z	z	5		..
Slowakei	..	..	..		..
Slowenien	z	z	..		..
Spanien	z	z	4		..
Tschechische Republik	z	z	6	1991	2
Ukraine	..	..	..		..
Ungarn	z	z	9	1980–88	2
Weißrußland	..	..	..		..
Zypern	z	z	..		..
Nord- und Südamerika					
Argentinien	1	98,22	7	1994	1
Bolivien	34	86,62	12	1998	1

[1] schlechtester Rangplatz 1997: 80 [2] oder letzte verfügbare Information ab 1990
b: 0,25–3 Jahre c: 0–4 Jahre d: 0,25–5 Jahre e: 0,5–5 Jahre f: 1–5 Jahre g: 0–6 Jahre h: 0,5–6 Jahre
x: Abweichung in Jahr oder Standarddefinition oder nur auf Teil des Landes bezogen

Quellen: Früh- und Mangelgeburten; Kropf bei Kindern von 6–11 Jahren: The State of the World's Children 1999, UNICEF. http://www.unicef.org/sowc99/ • Anteil der Kinder mit Auszehrung, zu geringem Wachstum, Untergewicht: WHO Global Database on Child Growth and Malnutrition, World Health Organisation (WHO). Geneva, 1997. http://www.who.int/nutgrowthdb/ (Stand vom 26. 7. 1999) • Anämie bei Schwangeren: Health, Nutrition and

inder unter 5 Jahren mit		Kropf bei Kindern von 6–11 Jahren	Anämie bei Schwangeren	Vit.-A-Mangel (subklinisch, geschätzt)	Land
zu geringem Wachstum (in %) 1998[3]	Untergewicht (in %) 1998[3]	(in %) 1997[4]	(in %) 1995[4]	(in %) 1995	
					Europa (Fortsetzung)
..	..	20	..	..	Italien
7	2	..	..	..	Jugosl. (Serbien, Montenegro)
1 i	1 i	..	..	..	Kroatien
..	..	..	..	..	Lettland
..	..	..	..	..	Litauen
..	..	19	..	..	Mazedonien
..	..	50	..	..	Moldawien
..	..	3	..	..	Niederlande
..	..	..	..	..	Norwegen
..	..	..	..	..	Österreich
..	..	10	16	..	Polen
..	..	15	..	..	Portugal
8	6	10	31	..	Rumänien
13	3	..	30	..	Russische Föderation
..	..	..	..	..	Schweden
..	..	..	..	..	Schweiz
..	..	..	..	..	Slowakei
..	..	..	..	..	Slowenien
..	..	10	..	..	Spanien
2	1	..	23	..	Tschechische Republik
..	..	10	..	..	Ukraine
3	2	..	..	..	Ungarn
..	..	22	..	..	Weißrußland
..	8 l	..	..	..	Zypern
					Nord- und Südamerika
5	2	8	26	..	Argentinien
27	8	5	54	12	Bolivien

[3] oder letzte verfügbare Information ab 1989 [4] oder letzte verfügbare Information ab 1985 a: 0–3 Jahre
i: 1–6 Jahre j: 1–7 Jahre k: 2–8 Jahre l: Schätzwert für 1990 aus ACC/SCN 1993
z: keine gravierenden Ernährungsprobleme

Population, Sector Strategy Studies, The World Bank. Washington, D. C. 1997. • Vitamin-A-Mangel (subklinisch, geschätzt): Progress in Controlling Vitamin A Deficiency, The Micronutrient Initiative/UNICEF/Tulane University. Ottawa, 1998.

Tabelle 8: Ernährungszustand und Mikronährstoffmängel (Fortsetzung)

Land	Rang[1] 1997	Ernährungsindex (EI) 1997	Früh- und Mangelgeburten (in %) 1997[2]	Jahr der Ernährungserhebung	Anteil d… Auszehrung (in %) 1998[3]
Nord- und Südamerika (Forts.)					
Brasilien	18	93,34	8	1996	2
Chile	4	97,64	5	1996	0 g
Costa Rica	10	95,88	7	1996	2 j
Dominikanische Republik	31	87,68	13	1996	1
Ecuador	..	..	13		..
El Salvador	26	91,86	11	1993	1 d
Guatemala	38	83,95	15	1995	3
Guyana	36	85,99	15	1993	..
Haiti	73	66,45	15	1994–95	8
Honduras	42	83,37	9	1996	1
Jamaika	20	92,72	10	1993	4
Kanada	z	z	6		..
Kolumbien	25	92,30	9	1995	1
Kuba	..	..	7		..
Mexiko	..	..	7		..
Nicaragua	40	83,87	9	1997–98	2
Panama	..	..	8	1992	3
Paraguay	..	..	5	1990	0
Peru	29	89,27	11	1996	1
Trinidad und Tobago	..	..	10		..
Uruguay	8	96,54	8	1992–93	1
USA	z	z	7	1988–94	1
Venezuela	21	92,54	9	1997	3

[1] schlechtester Rangplatz 1997: 80 [2] oder letzte verfügbare Information ab 1990
b: 0,25–3 Jahre c: 0–4 Jahre d: 0,25–5 Jahre e: 0,5–5 Jahre f: 1–5 Jahre g: 0–6 Jahre h: 0,5–6 Jahre
x: Abweichung in Jahr oder Standarddefinition oder nur auf Teil des Landes bezogen

Quellen: Früh- und Mangelgeburten; Kropf bei Kindern von 6–11 Jahren: The State of the World's Children 1999, UNICEF. http://www.unicef.org/sowc99/ • Anteil der Kinder mit Auszehrung, zu geringem Wachstum, Untergewicht: WHO Global Database on Child Growth and Malnutrition, World Health Organisation (WHO). Geneva, 1997. http://www.who.int/nutgrowthdb/ (Stand vom 26.7.1999) • Anämie bei Schwangeren: Health, Nutrition and

nder unter 5 Jahren mit		Kropf bei Kindern von 6–11 Jahren	Anämie bei Schwangeren	Vit.-A-Mangel (subklinisch, geschätzt)	Land
zu geringem Wachstum (in %) 1998[3]	Untergewicht (in %) 1998[3]	(in %) 1997[4]	(in %) 1995[4]	(in %) 1995	
					Nord- und Südamerika (Forts.)
11	6	14 x	33	10	Brasilien
2 g	1 g	1	13	6	Chile
6 j	5 j	4	28	6	Costa Rica
11	6	5	..	8	Dominikanische Republik
..	13 l	10	17	10	Ecuador
23 d	11 d	25	..	9	El Salvador
50	27	20	..	10	Guatemala
..	18	..	71	..	Guyana
32	28	4 x	..	17	Haiti
39	25	9	14	9	Honduras
10	10	..	40	6	Jamaika
..	..	..	..	..	Kanada
15	8	7	24	8	Kolumbien
..	8 l	10	47	6	Kuba
..	14	3	14	8	Mexiko
25	12	4	36	9	Nicaragua
10	6	13	..	7	Panama
14	4	49	29	8	Paraguay
26	8	36	53	11	Peru
..	9 l	..	53	..	Trinidad und Tobago
10	4	..	20	6	Uruguay
2	1	..	..	..	USA
15	5	11	29	7	Venezuela

[3] oder letzte verfügbare Information ab 1989 [4] oder letzte verfügbare Information ab 1985 a: 0–3 Jahre
i: 1–6 Jahre j: 1–7 Jahre k: 2–8 Jahre l: Schätzwert für 1990 aus ACC/SCN 1993
z: keine gravierenden Ernährungsprobleme

Population, Sector Strategy Studies, The World Bank. Washington, D.C. 1997. • Vitamin-A-Mangel (subklinisch, geschätzt): Progress in Controlling Vitamin A Deficiency, The Micronutrient Initiative/UNICEF/Tulane University. Ottawa, 1998.

Tabelle 9: Gesundheit

Land	Rang[1] 1997	Ernährungsindex (EI) 1997	Sterblichkeitsrate von Kindern unter 5 Jahren (pro 1000 Geburten) 1997	Lebenserwartung bei der Geburt (in Jahren) 1997
Afrika				
Ägypten	24	92,38	73	66
Algerien	19	92,89	39	69
Angola	..	..	292	47
Äthiopien	..	..	175	50
Benin	50	79,86	167	55
Botsuana	..	..	49	51
Burkina Faso	63	73,72	169	46
Burundi	..	..	176	47
Dem. Republik Kongo (Zaire)	76	63,60	207	53
Dschibuti	..	..	156	50
Elfenbeinküste	43	83,00	150	51
Eritrea	79	59,85	116	51
Gabun	..	..	145	55
Gambia	49	80,32	87	47
Ghana	39	83,89	107	58
Guinea	..	..	201	46
Guinea-Bissau	..	..	220	44
Kamerun	53	79,40	99	56
Kenia	58	76,76	87	54
Komoren	68	71,38	93	57
Kongo	..	..	108	51
Lesotho	48	80,85	137	59
Liberia	..	..	235	50
Libyen	5	97,29	25	65
Madagaskar	72	68,80	158	58
Malawi	69	70,70	215	41
Mali	62	74,31	239	48
Marokko	..	..	72	66

[1] schlechtester Rangplatz 1997: 80 [2] oder letzte verfügbare Information ab 1990

Quellen: Sterblichkeitsrate von Kindern unter 5 Jahren; Lebenserwartung bei der Geburt; Anteil der Bevölkerung mit Zugang zu Trinkwasser: The State of the World's Children 1999, UNICEF. http://www.unicef.org/sowc99/ • Anteil der Bevölkerung mit Zugang zu Gesundheitsdiensten; Anteil der einjährigen Kinder mit vollem Impfschutz gegen DPT: World Development Indicators 1999, Development Data Group, The World Bank. Washington, D.C.

Anteil der Bevölkerung mit Zugang zu		Anteil der einjährigen Kinder mit vollem Impfschutz gegen		Land
Trinkwasser (in %) 1997[2]	Gesundheitsdiensten (in %) 1995[3]	DPT[4] (in %) 1997[5]	Masern (in %) 1997[5]	
				Afrika
87	99	94	92	Ägypten
78	..	79	74	Algerien
31	24	41	78	Angola
25	55	63	52	Äthiopien
56	42	78	82	Benin
90	86	76	79	Botsuana
42	70	70	68	Burkina Faso
52	80	63	50	Burundi
42	59	18	20	Dem. Republik Kongo (Zaire)
90	..	62	59	Dschibuti
42	60	70	68	Elfenbeinküste
22	..	60	53	Eritrea
67	87	41	32	Gabun
69	..	96	91	Gambia
65	25	60	59	Ghana
46	45	53	56	Guinea
43	..	63	51	Guinea-Bissau
50	15	44	43	Kamerun
53	..	36	32	Kenia
53	82	48	49	Komoren
34	..	23	18	Kongo
62	80	57	53	Lesotho
46	..	45	..	Liberia
97	100	96	92	Libyen
26	65	73	39	Madagaskar
47	80	95	87	Malawi
66	..	52	56	Mali
65	62	95	92	Marokko

[3] oder letzte verfügbare Information ab 1985 [4] Diphtherie, Pertussis (= Keuchhusten) und Tetanus
[5] oder letzte verfügbare Information ab 1995

(CD-ROM) • Anteil der einjährigen Kinder mit vollem Impfschutz gegen Masern: World Health Report 1999, World Health Organisation (WHO). Geneva, 1999. http://www.who.int/whr/1999/; The State of the World's Children 1999, UNICEF. http://www.unicef.org/sowc99/ (Ergänzung für 1995 und 1996).

Tabelle 9: Gesundheit (Fortsetzung)

Land	Rang[1] 1997	Ernährungsindex (EI) 1997	Sterblichkeitsrate von Kindern unter 5 Jahren (pro 1000 Geburten) 1997	Lebenserwartung bei der Geburt (in Jahren) 1997
Afrika (Fortsetzung)				
Mauretanien	45	81,95	183	53
Mauritius	23	92,45	23	71
Mosambik	77	63,58	208	47
Namibia	..	..	75	56
Niger	78	60,06	320	48
Nigeria	51	79,62	187	52
Ruanda	..	..	170	40
Sambia	70	70,56	202	43
Senegal	44	82,91	124	51
Sierra Leone	..	..	316	37
Simbabwe	54	79,37	80	49
Somalia	..	..	211	49
Südafrika	17	93,74	65	65
Sudan	56	78,53	115	55
Swasiland	..	..	94	60
Tansania	66	72,00	143	51
Togo	47	80,94	125	50
Tschad	75	65,47	198	48
Tunesien	11	95,64	33	69
Uganda	57	77,81	137	41
Zentralafrikanische Republik	64	72,66	173	49
Asien und Pazifikregion				
Afghanistan	80	54,77	257	45
Armenien	28	89,70	30	71
Aserbaidschan	35	86,35	45	71
Australien	z	z	6	78

[1] schlechtester Rangplatz 1997: 80 [2] oder letzte verfügbare Information ab 1990

Quellen: Sterblichkeitsrate von Kindern unter 5 Jahren; Lebenserwartung bei der Geburt; Anteil der Bevölkerung mit Zugang zu Trinkwasser: The State of the World's Children 1999, UNICEF. http://www.unicef.org/sowc99/ • Anteil der Bevölkerung mit Zugang zu Gesundheitsdiensten; Anteil der einjährigen Kinder mit vollem Impfschutz gegen DPT: World Development Indicators 1999, Development Data Group, The World Bank. Washington, D. C.

Anteil der Bevölkerung mit Zugang zu		Anteil der einjährigen Kinder mit vollem Impfschutz gegen		Land
Trinkwasser (in %) 1997[2]	Gesundheitsdiensten (in %) 1995[3]	DPT[4] (in %) 1997[5]	Masern (in %) 1997[5]	
				Afrika (Fortsetzung)
74	30	28	20	Mauretanien
98	99	89	84	Mauritius
63	30	61	70	Mosambik
83	..	63	57	Namibia
48	30	28	42	Niger
49	67	45	69	Nigeria
..	..	77	66	Ruanda
38	..	70	69	Sambia
63	40	65	65	Senegal
34	..	26	28	Sierra Leone
79	71	78	73	Simbabwe
26	20	..	..	Somalia
87	..	73	76	Südafrika
73	70	79	92	Sudan
50	55	67	57	Swasiland
66	93	74	69	Tansania
55	..	33	38	Togo
24	26	24	30	Tschad
98	90	96	92	Tunesien
46	71	58	60	Uganda
38	13	53	46	Zentralafrikanische Republik
				Asien und Pazifikregion
12	40	45	58	Afghanistan
..	..	87	92	Armenien
..	..	95	97	Aserbaidschan
..	100	86	87	Australien

[3] oder letzte verfügbare Information ab 1985 [4] Diphtherie, Pertussis (= Keuchhusten) und Tetanus
[5] oder letzte verfügbare Information ab 1995

(CD-ROM) • Anteil der einjährigen Kinder mit vollem Impfschutz gegen Masern: World Health Report 1999, World Health Organisation (WHO). Geneva, 1999. http://www.who.int/whr/1999/; The State of the World's Children 1999, UNICEF. http://www.unicef.org/sowc99/ (Ergänzung für 1995 und 1996).

Tabelle 9: Gesundheit (Fortsetzung)

Land	Rang[1] 1997	Ernährungsindex (EI) 1997	Sterblichkeitsrate von Kindern unter 5 Jahren (pro 1000 Geburten) 1997	Lebenserwartung bei der Geburt (in Jahren) 1997
Asien und Pazifikregion (Forts.)				
Bahrain	..	..	22	73
Bangladesch	74	65,96	109	58
Bhutan	..	..	121	53
China	30	89,01	47	70
Fidschi	13	94,62	24	72
Georgien	..	..	29	73
Indien	67	71,94	108	62
Indonesien	37	84,76	68	65
Irak	..	..	122	62
Iran	27	91,77	35	69
Israel	z	z	6	78
Japan	z	z	6	80
Jemen	71	69,54	100	58
Jordanien	7	96,54	24	70
Kambodscha	..	..	167	54
Kasachstan	12	94,88	44	68
Katar	..	..	20	72
Kirgisistan	33	87,08	48	68
Korea, Republik (Südkorea)	z	z	6	72
Korea, Volksrepublik (Nordkorea)	..	..	30	y
Kuwait	2	98,01	13	76
Laos	65	72,04	122	53
Libanon	6	97,09	37	70
Malaysia	22	92,52	11	72
Mongolei	60	76,16	150	66
Myanmar (Burma)	41	83,72	114	60
Nepal	61	74,42	104	57
Neuseeland	z	z	7	77

[1] schlechtester Rangplatz 1997: 80 [2] oder letzte verfügbare Information ab 1990
y: keine zuverlässigen Angaben vorhanden z: keine gravierenden Ernährungsprobleme

Quellen: Sterblichkeitsrate von Kindern unter 5 Jahren; Lebenserwartung bei der Geburt; Anteil der Bevölkerung mit Zugang zu Trinkwasser: The State of the World's Children 1999, UNICEF. http://www.unicef.org/sowc99/ • Anteil der Bevölkerung mit Zugang zu Gesundheitsdiensten; Anteil der einjährigen Kinder mit vollem Impfschutz gegen DPT: World Development Indicators 1999, Development Data Group, The World Bank. Washington, D.C.

Anteil der Bevölkerung mit Zugang zu		Anteil der einjährigen Kinder mit vollem Impfschutz gegen		Land
Trinkwasser (in %) 1997[2]	Gesundheitsdiensten (in %) 1995[3]	DPT[4] (in %) 1997[5]	Masern (in %) 1997[5]	
				Asien und Pazifikregion (Forts.)
94	100	98	95	Bahrain
95	74	98	97	Bangladesch
58	80	87	84	Bhutan
67	..	96	96	China
77	99	86	75	Fidschi
..	..	92	95	Georgien
81	75	90	81	Indien
75	43	91	92	Indonesien
81	98	92	98	Irak
90	73	100	96	Iran
..	100	92	94	Israel
..	100	100	94	Japan
61	..	57	51	Jemen
98	90	93	95	Jordanien
30	..	70	68	Kambodscha
93	..	96	97	Kasachstan
..	100	92	87	Katar
71	..	98	98	Kirgisistan
93	100	80	85	Korea, Republik (Südkorea)
81	y	100	..	Korea, Volksrepublik (Nordkorea)
..	100	96	95	Kuwait
44	67	60	67	Laos
94	95	92	89	Libanon
78	88	91	84	Malaysia
40	100	92	98	Mongolei
60	48	90	88	Myanmar (Burma)
71	..	78	85	Nepal
97	100	86	100	Neuseeland

[3] oder letzte verfügbare Information ab 1985 [4] Diphtherie, Pertussis (= Keuchhusten) und Tetanus
[5] oder letzte verfügbare Information ab 1995

(CD-ROM) • Anteil der einjährigen Kinder mit vollem Impfschutz gegen Masern: World Health Report 1999, World Health Organisation (WHO). Geneva, 1999. http://www.who.int/whr/1999/; The State of the World's Children 1999, UNICEF. http://www.unicef.org/sowc99/ (Ergänzung für 1995 und 1996).

Tabelle 9: Gesundheit (Fortsetzung)

Land	Rang[1] 1997	Ernährungsindex (EI) 1997	Sterblichkeitsrate von Kindern unter 5 Jahren (pro 1000 Geburten) 1997	Lebenserwartung bei der Geburt (in Jahren) 1997
Asien und Pazifikregion (Forts.)				
Oman	..	..	18	71
Pakistan	59	76,75	136	64
Papua-Neuguinea	..	..	112	58
Philippinen	46	81,83	41	68
Saudi-Arabien	..	..	28	71
Singapur	z	z	4	77
Sri Lanka	55	79,02	19	73
Syrien	15	94,39	33	69
Tadschikistan	..	..	76	67
Thailand	..	..	38	69
Türkei	14	94,44	45	69
Turkmenistan	..	..	78	65
Usbekistan	32	87,10	60	68
Vereinigte Arabische Emirate	z	z	10	75
Vietnam	52	79,49	43	67
Europa				
Albanien	..	..	40	71
Belgien	z	z	7	77
Bosnien-Herzegowina	..	..	16	73
Bulgarien	..	..	19	71
Dänemark	z	z	6	76
Deutschland	z	z	5	77
Estland	..	..	14	69
Finnland	z	z	4	77
Frankreich	z	z	5	79
Griechenland	z	z	8	78

[1] schlechtester Rangplatz 1997: 80 [2] oder letzte verfügbare Information ab 1990
y: keine zuverlässigen Angaben vorhanden z: keine gravierenden Ernährungsprobleme

Quellen: Sterblichkeitsrate von Kindern unter 5 Jahren; Lebenserwartung bei der Geburt; Anteil der Bevölkerung mit Zugang zu Trinkwasser: The State of the World's Children 1999, UNICEF. http://www.unicef.org/sowc99/ • Anteil der Bevölkerung mit Zugang zu Gesundheitsdiensten; Anteil der einjährigen Kinder mit vollem Impfschutz gegen DPT: World Development Indicators 1999, Development Data Group, The World Bank. Washington, D.C.

Anteil der Bevölkerung mit Zugang zu		Anteil der einjährigen Kinder mit vollem Impfschutz gegen		Land
Trinkwasser (in %) 1997[2]	Gesundheitsdiensten (in %) 1995[3]	DPT[4] (in %) 1997[5]	Masern (in %) 1997[5]	
				Asien und Pazifikregion (Forts.)
85	89	99	98	Oman
79	85	74	74	Pakistan
32	96	45	40	Papua-Neuguinea
84	..	83	90	Philippinen
95	98	92	92	Saudi-Arabien
100	100	93	90	Singapur
57	90	97	94	Sri Lanka
86	99	95	93	Syrien
60	..	95	95	Tadschikistan
81	59	96	91	Thailand
49	100	79	76	Türkei
74	..	98	100	Turkmenistan
90	..	96	88	Usbekistan
97	90	92	95	Vereinigte Arabische Emirate
43	..	95	96	Vietnam
				Europa
..	y	99	95	Albanien
..	100	62	64	Belgien
..	..	79	85	Bosnien-Herzegowina
..	100	94	93	Bulgarien
..	100	90	84	Dänemark
..	..	45	75	Deutschland
..	..	85	88	Estland
..	100	100	98	Finnland
..	..	97	83	Frankreich
..	..	85	90	Griechenland

[3] oder letzte verfügbare Information ab 1985 [4] Diphtherie, Pertussis (= Keuchhusten) und Tetanus
[5] oder letzte verfügbare Information ab 1995

(CD-ROM) • Anteil der einjährigen Kinder mit vollem Impfschutz gegen Masern: World Health Report 1999, World Health Organisation (WHO). Geneva, 1999. http://www.who.int/whr/1999/; The State of the World's Children 1999, UNICEF. http://www.unicef.org/sowc99/ (Ergänzung für 1995 und 1996).

Tabelle 9: Gesundheit (Fortsetzung)

Land	Rang[1] 1997	Ernährungsindex (EI) 1997	Sterblichkeitsrate von Kindern unter 5 Jahren (pro 1000 Geburten) 1997	Lebenserwartung bei der Geburt (in Jahren) 1997
Europa (Fortsetzung)				
Großbritannien	z	z	7	77
Irland	z	z	7	77
Italien	z	z	6	78
Jugoslawien (Serbien, Montenegro)	3	97,74	21	72
Kroatien	16	94,01	9	72
Lettland	..	..	20	68
Litauen	..	..	15	70
Mazedonien	..	..	23	72
Moldawien	..	..	31	68
Niederlande	z	z	6	78
Norwegen	z	z	4	78
Österreich	z	z	5	77
Polen	z	z	11	71
Portugal	z	z	8	75
Rumänien	..	..	26	70
Russische Föderation	9	96,45	25	65
Schweden	z	z	4	78
Schweiz	z	z	5	79
Slowakei	..	..	11	71
Slowenien	z	z	6	73
Spanien	z	z	5	78
Tschechische Republik	z	z	7	73
Ukraine	..	..	24	69
Ungarn	z	z	11	69
Weißrußland	..	..	18	70
Zypern	z	z	9	78

[1] schlechtester Rangplatz 1997: 80 [2] oder letzte verfügbare Information ab 1990
y: keine zuverlässigen Angaben vorhanden z: keine gravierenden Ernährungsprobleme

Quellen: Sterblichkeitsrate von Kindern unter 5 Jahren; Lebenserwartung bei der Geburt; Anteil der Bevölkerung mit Zugang zu Trinkwasser: The State of the World's Children 1999, UNICEF. http://www.unicef.org/sowc99/ • Anteil der Bevölkerung mit Zugang zu Gesundheitsdiensten; Anteil der einjährigen Kinder mit vollem Impfschutz gegen DPT: World Development Indicators 1999, Development Data Group, The World Bank. Washington, D. C.

Anteil der Bevölkerung mit Zugang zu		Anteil der einjährigen Kinder mit vollem Impfschutz gegen		Land
Trinkwasser (in %) 1997[2]	Gesundheits-diensten (in %) 1995[3]	DPT[4] (in %) 1997[5]	Masern (in %) 1997[5]	
				Europa (Fortsetzung)
..	100	95	95	Großbritannien
..	100	..	..	Irland
..	100	60	75	Italien
76	..	94	91	Jugoslawien (Serbien, Montenegro)
..	..	92	93	Kroatien
..	..	75	97	Lettland
..	..	90	96	Litauen
..	..	97	98	Mazedonien
55	..	97	99	Moldawien
..	100	95	96	Niederlande
..	100	..	..	Norwegen
..	100	90	90	Österreich
..	100	..	91	Polen
..	100	95	94	Portugal
..	y	97	97	Rumänien
..	..	87	91	Russische Föderation
..	100	99	96	Schweden
..	100	..	..	Schweiz
..	..	98	98	Slowakei
..	..	91	82	Slowenien
..	95	..	..	Spanien
..	..	98	96	Tschechische Republik
..	100	96	97	Ukraine
..	100	100	100	Ungarn
..	100	97	98	Weißrußland
100	100	98	90	Zypern

[3] oder letzte verfügbare Information ab 1985 [4] Diphtherie, Pertussis (= Keuchhusten) und Tetanus
[5] oder letzte verfügbare Information ab 1995

(CD-ROM) • Anteil der einjährigen Kinder mit vollem Impfschutz gegen Masern: World Health Report 1999, World Health Organisation (WHO). Geneva, 1999. http://www.who.int/whr/1999/; The State of the World's Children 1999, UNICEF. http://www.unicef.org/sowc99/ (Ergänzung für 1995 und 1996).

Tabelle 9: Gesundheit (Fortsetzung)

Land	Rang[1] 1997	Ernährungsindex (EI) 1997	Sterblichkeitsrate von Kindern unter 5 Jahren (pro 1000 Geburten) 1997	Lebenserwartung bei der Geburt (in Jahren) 1997
Nord- und Südamerika (Forts.)				
Argentinien	1	98,22	24	73
Bolivien	34	86,62	96	61
Brasilien	18	93,34	44	67
Chile	4	97,64	13	75
Costa Rica	10	95,88	14	77
Dominikanische Republik	31	87,68	53	71
Ecuador	..	..	39	70
El Salvador	26	91,86	36	69
Guatemala	38	83,95	55	67
Guyana	36	85,99	82	64
Haiti	73	66,45	132	54
Honduras	42	83,37	45	70
Jamaika	20	92,72	11	75
Kanada	z	z	7	79
Kolumbien	25	92,30	30	71
Kuba	..	..	8	76
Mexiko	..	..	35	72
Nicaragua	40	83,87	57	68
Panama	..	..	20	74
Paraguay	..	..	33	70
Peru	29	89,27	56	68
Trinidad und Tobago	..	..	17	74
Uruguay	8	96,54	21	73
USA	z	z	8	77
Venezuela	21	92,54	25	73

[1] schlechtester Rangplatz 1997: 80 [2] oder letzte verfügbare Information ab 1990
y: keine zuverlässigen Angaben vorhanden z: keine gravierenden Ernährungsprobleme

Quellen: Sterblichkeitsrate von Kindern unter 5 Jahren; Lebenserwartung bei der Geburt; Anteil der Bevölkerung mit Zugang zu Trinkwasser: The State of the World's Children 1999, UNICEF. http://www.unicef.org/sowc99/ • Anteil der Bevölkerung mit Zugang zu Gesundheitsdiensten; Anteil der einjährigen Kinder mit vollem Impfschutz gegen DPT: World Development Indicators 1999, Development Data Group, The World Bank. Washington, D.C.

Anteil der Bevölkerung mit Zugang zu		Anteil der einjährigen Kinder mit vollem Impfschutz gegen		Land
Trinkwasser (in %) 1997[2]	Gesundheitsdiensten (in %) 1995[3]	DPT[4] (in %) 1997[5]	Masern (in %) 1997[5]	
				Nord- und Südamerika (Forts.)
71	..	85	98	Argentinien
63	..	82	98	Bolivien
76	..	79	99	Brasilien
91	95	91	92	Chile
96	97	91	99	Costa Rica
65	..	80	80	Dominikanische Republik
68	80	76	75	Ecuador
66	..	97	97	El Salvador
77	60	78	74	Guatemala
91	96	88	82	Guyana
37	45	34	30	Haiti
76	62	94	89	Honduras
86	..	90	88	Jamaika
..	99	..	..	Kanada
85	87	81	89	Kolumbien
93	100	99	99	Kuba
85	91	83	97	Mexiko
62	..	94	94	Nicaragua
93	82	95	92	Panama
60	..	82	61	Paraguay
67	..	98	94	Peru
97	99	90	88	Trinidad und Tobago
..	..	88	80	Uruguay
..	100	94	..	USA
79	..	60	68	Venezuela

[3] oder letzte verfügbare Information ab 1985 [4] Diphtherie, Pertussis (= Keuchhusten) und Tetanus
[5] oder letzte verfügbare Information ab 1995

(CD-ROM) • Anteil der einjährigen Kinder mit vollem Impfschutz gegen Masern: World Health Report 1999, World Health Organisation (WHO). Geneva, 1999. http://www.who.int/whr/1999/; The State of the World's Children 1999, UNICEF. http://www.unicef.org/sowc99/ (Ergänzung für 1995 und 1996).

Glossar zu den Tabellen 4–9

Alphabetisierungsrate Prozentsatz der Personen über 15 Jahre, die lesen und schreiben können.

Anämie bei Schwangeren Blutarmut, die überwiegend durch Eisenmangel in der Nahrung bei gleichzeitig erhöhtem Bedarf in der Schwangerschaft verursacht wird. Als Symptome treten Leistungsschwäche und Müdigkeit auf.

Auszehrung Zu geringes Gewicht des Kindes in bezug auf seine Körpergröße, definiert als unterhalb von zwei Standardabweichungen unter dem mittleren, der jeweiligen Körpergröße entsprechenden Gewicht liegend.

Bevölkerungsanteil mit unzureichender Nahrungsversorgung Anteil der Bevölkerung, der während eines Jahres nicht den Minimalbedarf an Nahrungsenergie decken konnte. Dieser Prozentsatz wird aus der durchschnittlichen Nahrungsenergieaufnahme pro Kopf, der Nahrungsmittelkonsumverteilung eines Landes und dem durchschnittlichen Minimalbedarf geschätzt, der aus der Zusammensetzung der Bevölkerung nach Alter und Geschlecht errechnet wird. Der Bevölkerungsanteil mit unzureichender Nahrungsversorgung gibt näherungsweise den Anteil der von Unterernährung betroffenen Bevölkerung wieder.

Bruttosozialprodukt (BSP) Jährliche von den Bürgern eines Staates erbrachte volkswirtschaftliche Gesamtleistung. Sie setzt sich zusammen aus dem Bruttoinlandsprodukt sowie den von Inländern im Ausland aus Arbeit und Kapital erwirtschafteten Einkommen, abzüglich der von Ausländern im Inland bezogenen Einkommen. Das BSP pro Kopf ergibt sich, wenn das BSP durch die Mitte des Jahres errechnete Bevölkerungszahl geteilt wird. Die Angabe in Kaufkraftparitäten-Dollar (PPP-$) berücksichtigt die Kaufkraft der einheimischen Währung, die auf einen weltweiten gemeinschaftlichen (»quasi-internationalen«) Warenkorb bezogen wird.

Ernährungsindex (EI) Kennzahl zur Beschreibung der Ernährungslage, die zwischen 0 und 100 als Maximalwert liegt. Der EI wird aus der Sterblichkeitsrate von Kindern unter 5 Jahren, dem Anteil der Bevölkerung ohne ausreichende Nahrungsversorgung und dem Anteil untergewichtiger Kinder errechnet.

Früh- und Mangelgeburten Kinder, die mit einem Geburtsgewicht von 2500 Gramm oder weniger zur Welt kommen (angegeben als prozentualer Anteil an allen Geburten).

Kropf bei Kindern Anteil der Kinder zwischen 6 und 11 Jahren, bei denen sich ein sicht- oder tastbarer Kropf gebildet hat. Dies ist ein Indikator für Jodmangelstörungen, die das Gehirn schädigen und zu geistigen Behinderungen führen können.

Lebenserwartung bei der Geburt Anzahl der Jahre, die ein Neugeborenes zu leben hat, wenn es dem Sterblichkeitsrisiko ausgesetzt ist, das zum Zeitpunkt seiner Geburt für den Durchschnitt der Bevölkerung gilt.

Rang Platz eines Landes in der Rangfolge, die sich beim Ordnen der Länder nach der Höhe des Ernährungsindex in absteigender Reihe ergibt. Rang 1 entspricht dem besten, für den Ernährungsindex erreichten Wert.

Selbstversorgungsgrad mit Getreide Anteil des im angegebenen Jahr im Inland produzierten Getreides am gesamten Getreideverbrauch (alle Verwendungsarten einschließlich Abfall) im selben Zeitraum.

Sterblichkeitsrate von Kindern unter fünf Jahren Jährliche Anzahl der Todesfälle bei Kindern unter fünf Jahren, bezogen auf 1000 Lebendgeburten. Dieser Wert gibt das Sterblichkeitsrisiko zwischen der Geburt und dem fünften Geburtstag des Kindes an.

Untergewicht Zu geringes Gewicht des Kindes in bezug auf sein Lebensalter, definiert als unterhalb von zwei Standardabweichungen unter dem mittleren, dem jeweiligen Alter entsprechenden Gewicht liegend.

Vitamin-A-Mangel Vitamin-A-Mangel führt zu Nachtblindheit und in schweren Fällen zu Hornhautschäden und Erblindung. Bei subklinischem Mangel sind noch keine Augenschäden erkennbar, aber das Krankheits- und Sterblichkeitsrisiko von Kindern ist bereits erhöht.

Zu geringes Wachstum Zu geringe Körpergröße des Kindes in bezug auf sein Lebensalter, definiert als unterhalb von zwei Standardabweichungen unter der mittleren, dem jeweiligen Alter entsprechende Größe liegend.

Zugang zu Gesundheitsdiensten Anteil der Bevölkerung, der binnen einer Stunde mit örtlichen Verkehrsmitteln eine adäquate örtliche Gesundheitseinrichtung erreichen kann.

Die Welternährungslage im Überblick

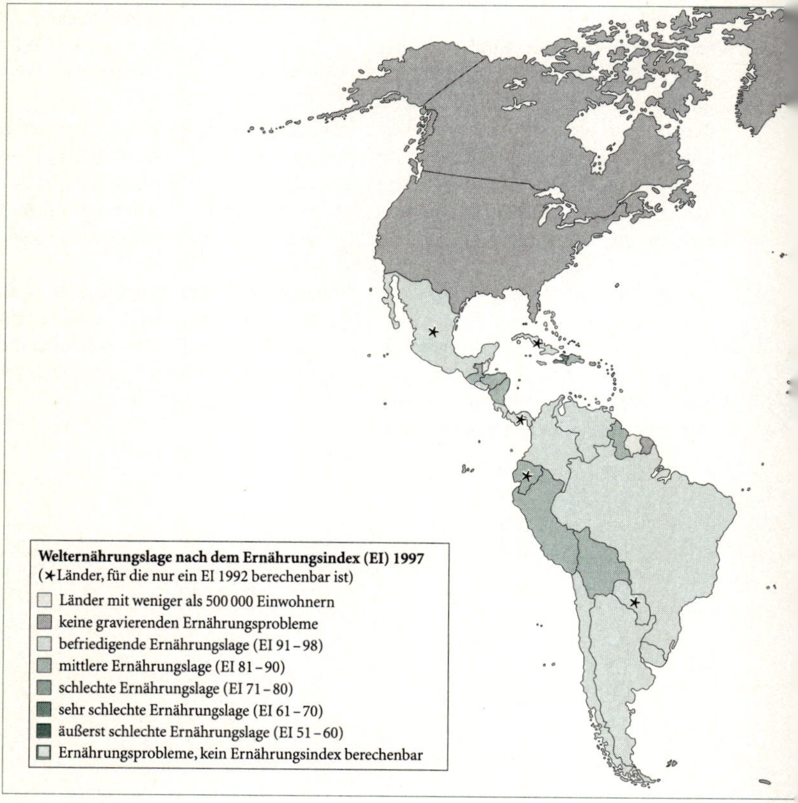

Abbildung 20

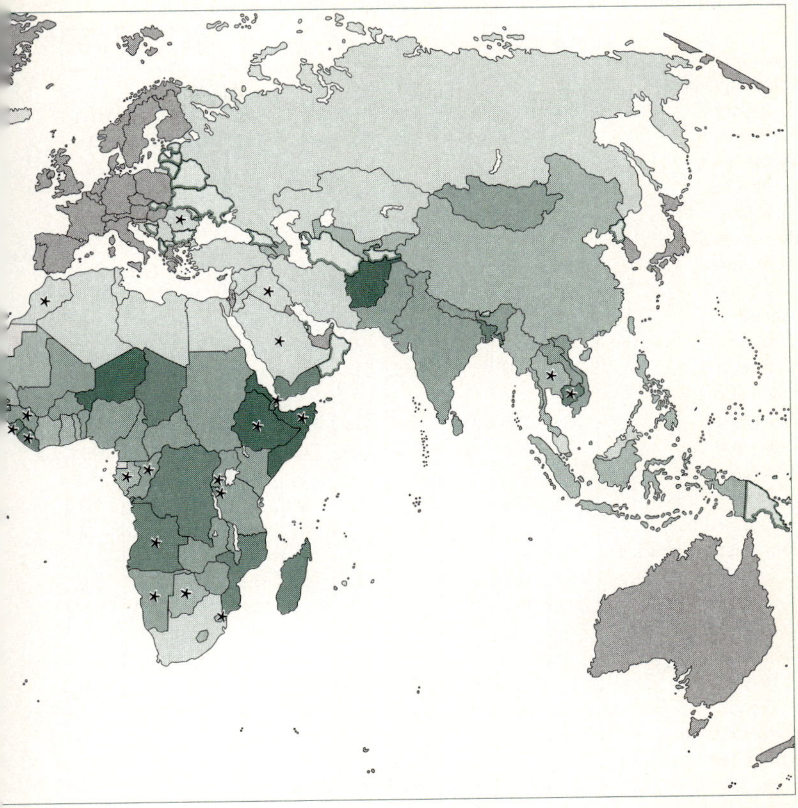

Quelle: ZEF Bonn, 1999

Tabelle 10: Internationaler Handel mit Nahrungs- und Futtermitteln
(Importe in und Exporte aus Entwicklungsländern), in Mio. t, 1988–1997

	1988	1989	1990	1991	1992	1993	1994	1995	1996	1997
Getreide(produkte)										
Importe	115,4	126,5	118,5	120,3	131,4	127,9	136,2	156,6	147,8	149,8
Exporte	32,6	29,6	29,4	38,8	46,4	44,5	43,0	41,8	37,5	53,0
Zucker										
Importe	12,4	11,7	13,6	12,5	12,0	10,5	14,7	16,1	15,7	15,7
Exporte	15,6	15,8	16,4	16,6	19,7	16,1	15,8	19,0	21,1	20,8
Obst										
Importe	6,6	7,1	7,3	8,0	8,7	9,9	11,7	12,4	13,2	13,8
Exporte	30,4	32,4	37,4	38,9	39,2	42,4	45,4	44,7	50,9	50,2
Gemüse										
Importe	5,5	5,8	6,0	6,2	7,1	7,2	7,6	7,8	8,4	8,4
Exporte	10,1	11,2	11,6	12,6	12,1	14,2	15,5	16,7	17,2	16,8
Futtermittel										
Importe	10,4	10,0	11,0	11,6	13,8	14,6	15,2	17,5	20,6	22,1
Exporte	28,9	31,1	30,0	31,3	32,3	34,5	34,2	35,6	35,7	34,7
Fleisch										
Importe	2,4	2,6	2,7	3,1	3,3	3,4	3,7	4,2	4,4	4,7
Exporte	2,4	2,6	2,9	3,1	2,9	3,2	3,5	3,9	4,2	3,8
Fisch und Meeresfrüchte										
Importe	11,1	12,0	11,0	13,5	13,5	14,7	17,5	16,8	17,9	18,0
Exporte	16,3	19,2	17,7	18,7	17,8	20,3	25,8	24,2	24,1	25,0
Milch, Molkereiprodukte und Eier										
Importe	11,5	12,1	11,7	10,8	12,5	12,9	12,3	15,4	13,7	13,2
Exporte	0,7	0,9	0,9	1,1	1,2	1,4	2,0	2,3	2,5	2,7
Pflanzliche Öle u. tierische Fette										
Importe	12,2	13,5	14,0	13,8	14,1	14,6	17,5	20,7	19,3	21,0
Exporte	11,9	13,4	15,5	15,2	15,4	16,4	20,2	21,4	21,1	24,2

Quelle: FAO 1999

Tabelle 11: Weltmarktpreise* für Getreide, 1988–1997 in US-$ pro t

	1988	1989	1990	1991	1992	1993	1994	1995	1996	1997
Weizen	149	184	179	145	164	161	156	190	218	180
Mais	141	145	154	153	157	147	156	163	202	161
Reis	348	348	298	295	330	263	284	263	300	275

* berechnet als Wert aller Importe geteilt durch die Menge der Importe, Quelle: FAO 1999

Tabelle 12: Nahrungsmittelhilfe nach Kategorien (alle Lebensmittel)

Jahr	1989	1990	1991	1992	1993	1994	1995	1996	1997	1998
Nahrungsmittelhilfe (in Mio. t)										
im Rahmen von										
Nothilfemaßnahmen	1,68	2,15	3,42	4,96	4,29	4,44	3,56	2,80	3,36	2,98
Programmen	7,12	8,45	6,92	7,69	10,57	5,65	4,33	2,86	1,60	2,50
Projekten	2,93	2,74	2,96	2,61	2,51	2,71	2,31	1,73	2,33	2,56
Gesamtmenge	11,72	13,34	13,30	15,27	17,37	12,79	10,21	7,39	7,29	8,03

Quelle: Welternährungsprogramm, INTERFAIS, 1999

Nahrungsmittelhilfe 1989 – 1998
in Mio. t

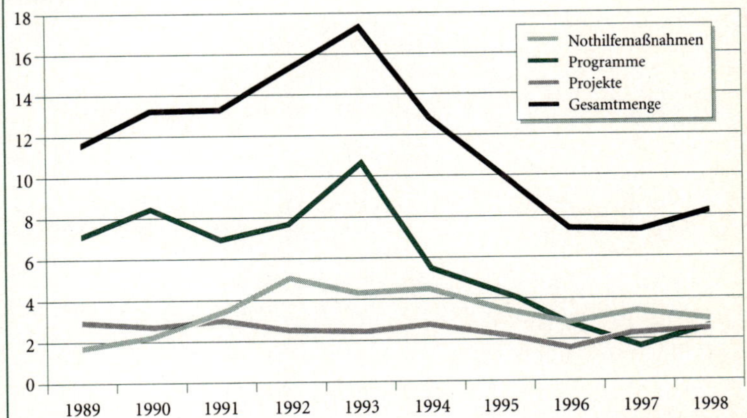

Quelle: WFP, Interfais, 1999

Nothilfemaßnahmen:
Sofort- und Nothilfe für Opfer von Katastrophen und gewaltsamen Konflikten
Programmnahrungsmittelhilfe:
Nahrungsmittelhilfe, die zur Unterstützung von Staatshaushalten und/oder Zahlungsbilanz auf bilateraler Basis (zwischenstaatlich) als Schenkung oder auf Kreditbasis vergeben wird; nicht an bestimmte Zielgruppen gerichtet
Projektnahrungsmittelhilfe:
Nahrungsmittelhilfe zur Unterstützung von Projekten der Entwicklungszusammenarbeit; zielgruppenspezifisch

Abbildung 21

Anhang

Abkürzungsverzeichnis

AKP Partnerländer der Europäischen Union in Afrika, in der Karibik und im Pazifik
BSP Bruttosozialprodukt
CFS Komitee Welternährungssicherung der → FAO
CGIAR Beratungsgruppe Internationale Agrarforschung
CIMMYT Internationales Forschungszentrum für Mais und Weizen
DWHH Deutsche Welthungerhilfe
EI Ernährungsindex
EU Europäische Union
FAO Ernährungs- und Landwirtschaftsorganisation der Vereinten Nationen
FIVIMS Food Insecurity and Vulnerability Information and Mapping System (Informationssystem zur Ernährungsunsicherheit)
GATT Allgemeines Zoll- und Handelsabkommen
GMO Gentechnisch veränderte Organismen
HDI Index für menschliche Entwicklung der UN-Entwicklungsorganisation UNDP
IAMO Institut für Agrarentwicklung in Mittel- und Osteuropa
ICARDA Internationales Agrarforschungszentrum für aride Regionen
ICRISAT Internationales Forschungszentrum für semi-aride Tropen
IFAD Internationaler Agrarentwicklungsfonds der Vereinten Nationen
IFPRI Internationales Forschungsinstitut für Ernährungspolitik (Washington, D.C.)
IRRI Internationales Reisforschungsinstitut
IWF Internationaler Währungsfonds
KKP Kaufkraftparitäten (→ PPP)
LDCs am wenigsten entwickelte Entwicklungsländer
LIFDCs Länder mit geringem Einkommen und Nahrungsmitteldefizit
NGOs Nichtregierungsorganisation(en)
ODA Öffentliche Entwicklungshilfe
OECD Organisation für wirtschaftliche Zusammenarbeit und Entwicklung
PPP Kaufkraftparitäten
SADC Entwicklungsgemeinschaft Südliches Afrika
UN Vereinte Nationen
UNCED UN-Konferenz Umwelt und Entwicklung (Erdgipfel)
UNCTAD UN-Konferenz für Handel und Entwicklung
UNDP UN-Entwicklungsprogramm

UNEP Umweltprogramm der Vereinten Nationen
UNICEF Kinderhilfswerk der Vereinten Nationen
WFP Welternährungsprogramm der Vereinten Nationen
WHO Weltgesundheitsorganisation der Vereinten Nationen
WTO Welthandelsorganisation
ZEF Zentrum für Entwicklungsforschung

Tabellen und Abbildungen

Die Lage der Welternährung

Schwerpunkt Kleinbäuerliche Landwirtschaft

Die Lage der Welternährung: Daten, Fakten, Trends

Neuere Literatur

Joachim von Braun, Friederike Bellin-Sesay, Torsten Feldbrügge, Franz Heidhues: Verbesserung der Ernährung in Entwicklungsländern. Strategien und Politikempfehlungen. Forschungsberichte des BMZ 123, Köln: Weltforum Verlag, 1998.
Hier werden neueste wissenschaftliche Erkenntnisse zusammengefaßt und ein Überdenken von Strategien zur Ernährungssicherung empfohlen.

Joachim von Braun, Tesfaye Teklu, Patrick Webb: Famine in Africa. Causes, Responses and Prevention. Baltimore: Johns Hopkins University Press, 1999.
Basierend auf mehrjähriger Forschung, vermittelt dieses Buch zum Teil überraschende Einsichten in Ursachen von Hungersnöten und Maßnahmen zu ihrer Bekämpfung und Verhinderung.

Ernährung. Ein Recht für alle. Ein Misereor Buch. Unkel: J. Horlemann Verlag, 1997.
Anschaulich und praxisnah werden in den Beiträgen unterschiedliche Ansätze, wie die Ernährung gesichert werden könnte, kritisch beleuchtet.

Food First. Bonn: Verlag J. H. W. Dietz Nachf., 1998.
Beschrieben werden in diesem von FIAN herausgegebenen Buch die Ursachen für die Verletzung des Menschenrechts auf Nahrung: Landlosigkeit, verhinderte Agrarreform, die Zerstörung kleinbäuerlicher Produktion oder Landvertreibungen durch Großprojekte, aber auch das Ausmaß des Hungers in den USA, dem reichsten Land der Erde.

Uwe Kracht, Manfred Schulz (Hrsg.): Food Security and Nutrition. The Global Challenge. Münster: Lit Verlag, 1999.
Umfangreiche Aufsatzsammlung zu verschiedenen Themenbereichen der Welternährung.

Ulrich Oltersdorf, Lioba Weingärtner: Handbuch der Welternährung. Die zwei Gesichter der globalen Nahrungssituation. Herausgegeben von der Deutschen Welthungerhilfe. Bonn: Verlag J. H. W. Dietz Nachf., 1996.
Betrachtet Ausmaß und Auswirkungen von Unter- und Überernährung in den Entwicklungs- und in den Industrieländern; mit umfassendem Datenanhang und Schaubildern.

Landwirtschaft '99, Der kritische Agrarbericht, Daten, Berichte, Hintergründe, Positionen zur Agrardebatte, Rheda-Wiedenbrück: AbL Bauernblatt, 1999.
Herausgegeben vom AgrarBündnis, einem Zusammenschluß deutscher NGOs, enthält der jährlich erscheinende Bericht

Diskussionsbeiträge, Analysen und Berichte zu nationalen, europäischen und internationalen Themen.

FAO: The State of Food Insecurity in the World 1999. Rome, 1999.
Aktuelle Daten der UN-Organisation für Ernährung und Landwirtschaft zur Ernährungssituation.

Frances Moore Lappé, Joseph Collins, Peter Rosset: World Hunger: Twelve Myths, Grove Press, 1998.
Aktualisierung des Klassikers aus den achtziger Jahren; eine radikale und umfassende Abrechnung mit den vielfältigen Ursachen des Hungers, insbesondere mit den falschen politischen Weichenstellungen und den Strategien der internationalen Agrokonzerne, aber auch Lösungsansätze.

Marc Lappé, Britt Bailey: Against the Grain. The Genetic Transformation of Global Agriculture. Earthscan Publications, London, 1999.
Das Buch analysiert die vielfältigen potentiellen Risiken einer Umstellung der Landwirtschaft auf genetisch veränderte Produkte.

Michael C. Latham: Human Nutrition in the Developing World. Food and Agriculture Organization of the United Nations, Rom, 1997.
Überwiegend ernährungswissenschaftliches, weitgehend gut verständliches Buch zu Mangel- und Unterernährung sowie Nahrungsmitteln in Entwicklungsländern.

Walter Schug, Jens Léon, Hans Otto Gravert: Welternährung. Herausforderung an Pflanzenbau und Tierhaltung. Darmstadt: Wissenschaftliche Buchgesellschaft, 1996.
Darstellung der Welternährungsproblematik aus der Sicht eines Agrarökonomen, eines Pflanzenzüchters und eines Tierzüchters mit entsprechenden Schwerpunkten der Beiträge.

UNICEF: Zur Situation der Kinder in der Welt, 1998: Ernährung und Gesundheit. Frankfurt/Main: Fischer Taschenbuch Verlag, 1997.
Sehr gut aufbereiteter und verständlicher Überblick über die Ernährungslage von Kindern in der Welt.

Martin Wolpold-Bosien: Die andere Eroberung. Rheda-Wiedenbrück: AbL Bauernblatt, 1999
Untersucht die Folgen der US-amerikanischen und europäischen Agrarexportpolitik für den Hunger und liefert damit u.a. Hintergrundinformationen für die Agrarverhandlungen in der WTO.

Nützliche Internetadressen

www.acdi-cida.gc.ca/virtual.nsf	CIDA (Kanadische Entwicklungsorganisation): Virtuelle Bibliothek zur internationalen Zusammenarbeit OP, S, E / F
www.dainet.de	Deutsches Agrarinformationsnetz (DAI-Net): Suchkatalog für Informationen in der Ernährungs-, Land- und Forstwirtschaft,
www.welthungerhilfe.de	Deutsche Welthungerhilfe
www.europa.eu.int/pol/agr/	EU-Agrarpolitik
www.fao.org/	FAO, Ernährungs- und Landwirtschaftsorganisation der Vereinten Nationen OP, S, E
www.oneworldweb.de/forum/issues/agrifood/	Forum Umwelt und Entwicklung: AG Landwirtschaft deutscher Umwelt- und Entwicklungsorganisationen
www.futureharvest.org/	Future Harvest: Informationsseiten Internationaler Agrarforschungsinstitute (CGIAR) OP, E
www.fao.org/giews/	Global Information and Early Warning System on Food and Agriculture der FAO: Frühwarnsystem für Ernährungskrisen; OP, E
www.micronutrient.org	International Development Research Center: Mikronährstoff-Initiative OP, E

www.ucc.ie/famine	International Famine Centre, Universität Cork, Irland. Zusammenstellung von Informationen zu aktuellen Hungersnöten OP, E
www.cgiar.org/ifpri/	International Food Policy Research Institute (IFPRI): Internationales Forschungsinstitut für Ernährungspolitik OP, S, E
www.reliefweb.int/	OCHA (United Nations Office for the Coordination of Humanitarian Affairs): Humanitäre Hilfe, Situationsberichte zu Katastrophen OP, E
www.unhcr.ch	UNHCR (Flüchtlingshilfswerk der UN) OP, S, E
www.unicef.org/	UNICEF (Kinderhilfswerk der UN) OP, S, E
www.unsystem.org/accscn/	United Nations Administrative Committee on Coordination / Sub-Committee on Nutrition: Koordinierungsstelle der UN zu Ernährung OP, E
www.info.usaid.gov/fews/	USAID (U.S. Agency for International Development): Frühwarnsystem für Afrika südlich der Sahara OP, E
www.wfp.org/	WFP (Welternährungsprogramm der UN): Nahrungsmittelhilfe OP, S, E
www.who.org	WHO (Weltgesundheitsorganisation der UN) OP, S, E
www.zef.de	Zentrum für Entwicklungsforschung (ZEF): Forschungsinstitut zu Entwicklungsfragen an der Universität Bonn OP, D / E

OP: Online-Publikationen; S: Statistiken; E / D / F: Englisch / Deutsch / Französisch

Sachregister

Halbfette Seitenzahlen verweisen auf Haupteinträge und Definitionen

Dan Smith

Der Fischer Atlas zur Lage der Welt

Fakten Trends Zusammenhänge

Band 14694

Der »Fischer Atlas zur Lage der Welt« ermöglicht einen einzigartigen Blick auf die globalen Trends in Politik, Wirtschaft, Kultur und Umwelt. Tausende aktueller Daten sind hier übersetzt in 40 doppelseitige, vierfarbige Weltkarten mit Grafiken, Symbolen und Diagrammen zu den Schlüsselthemen der Jahrhundertwende. In sechs großen Kapiteln ordnet der Atlas die zentralen Fragen der Zukunft unseres Planeten: Die Menschen, Die globale Wirtschaft, Arbeit, Politik, Gesellschaft, Erhaltung der Lebensgrundlagen. Ergänzt werden die Karten jeweils durch einen Kommentar, der Zusatzinformationen gibt und Zusammenhänge erläutert. Die Karten basieren auf den offiziellen Daten der Vereinten Nationen, der Weltbank und anderen internationalen Organisationen. Sie werden ergänzt durch eigene Recherchen des Autors und Analysen von Umwelt- und Menschenrechtsorganisationen.

»Dieser Atlas erzählt uns mehr über die Welt von heute als ein Dutzend statistischer Analysen oder gelehrter Wälzer.«
Los Angeles Times

»Mit diesem neuen, visuellen Journalismus haben sich die Autoren den Nobelpreis für gelungene Darstellung verdient.«
New Scientist

Fischer Taschenbuch Verlag

Stiftung Entwicklung und Frieden

Globale Trends 2000

Fakten Analysen Prognosen

Herausgegeben von Ingomar Hauchler, Dirk Messner, Franz Nuscheler
Band 14623

Die *Globalen Trends 2000* liefern die Essenz des Wissens über wichtige Entwicklungstrends in der Weltgesellschaft.

Gestützt auf die aktuellste internationale Fachliteratur und auf eine große Menge von Daten, die in vielen internationalen Kompendien und »Weltberichten« verstreut sind, dokumentieren und analysieren sie Fakten, Trends und Zusammenhänge. Schaubilder verdeutlichen die Trends, Tabellen verdichten die Daten und bereiten sie auf, Texte analysieren und interpretieren die Zusammenhänge. Jedes Kapitel zieht Schlußfolgerungen aus den Problemanalysen und liefert Handlungsempfehlungen für die nationale und internationale Politik, aber auch für das Handeln der Bürger.

Herausgeber ist die 1986 auf Initiative von Willy Brandt gegründete *Stiftung Entwicklung und Frieden (SEF)*, in der führende Persönlichkeiten aus Politik, Gesellschaft und Wissenschaft zusammenarbeiten, um Lösungen für die drängenden Weltprobleme zu erarbeiten und in die Gestaltung von Politik einzubringen. Prof. Dr. Ingomar Hauchler erarbeitete in Zusammenarbeit mit dem Duisburger *Institut für Entwicklung und Frieden (INEF)* unter Leitung von Prof. Franz Nuscheler und Dr. Dirk Messner das Konzept und die wissenschaftlichen Grundlagen.

Fischer Taschenbuch Verlag

Worldwatch Institute Report

Zur Lage der Welt 2000

Daten für das Überleben unseres Planeten

Sonderbeitrag: Umwelt in Deutschland
Band 14650

Vor 13 Jahren erschien die erste deutsche Ausgabe des Worldwatch Institute Report. Seitdem ist der alljährliche Bericht ›Zur Lage der Welt‹ zu einer festen Größe in der umweltpolitischen Diskussion geworden. Die globale Sichtweise, mit der Fakten und Zahlen aus allen Teilen der Erde analysiert werden, vermittelt auf anschauliche Weise, daß der Umweltzerstörung nur durch gemeinsame Anstrengungen aller begegnet werden kann. Die Beiträge der Worldwatch-Wissenschaftler haben manche Diskussion erst angestoßen oder einem breiteren Publikum ins Bewußtsein gerückt.

Die diesjährige Ausgabe legt in ihren Beiträgen den Schwerpunkt auf die Vorstellung eines neuen Wirtschaftsmodells, das ökologisch nachhaltig tragfähig ist und gleichzeitig weiterhin wirtschaftliches Wachstum ermöglicht. Darüber hinaus wird der Bericht *Zur Lage der Welt 2000* erstmals einen Sonderbeitrag zur *Umwelt in Deutschland* enthalten, der von GERMANWATCH, der deutschen Partnerorganisation von Worldwatch, zusammengestellt wird.

Fischer Taschenbuch Verlag